Inhaltsverzeichnis

Reggio-Pädagogik – Leitbild moderner Frühpädagogik

Gerd Schäfer

Harold Göthson

Einleitung: Die 100 Sprachen des Kindes verstehen

Die öffentliche Aufmerksamkeit für den Elementarbereich hat in den vergangenen Jahren dramatisch zugenommen. Noch in den 1990er Jahren galten Kindertageseinrichtungen als wenig attraktives Forschungsfeld für Erziehungswissenschaftler, war die Kindertagesbetreuung ein eher randständiges Politikfeld und sahen Familien die externe Betreuung eher als notwendiges Übel. Das hat sich grundlegend geändert. Inzwischen verstehen immer mehr Eltern die Zeit im Kindergarten als selbstverständlichen und wichtigen Teil der Bildungsbiographie ihrer Kinder. Politiker sehen den Ausbau der Kindertagesbetreuung als eine zentrale Aufgabe für die nächsten Jahre an und haben in diesem Zusammenhang umfassende Programme aufgelegt. Und auch an den Hochschulen beschäftigen sich immer mehr Wissenschaftler mit Fragen von Bildung und Erziehung von Kindern zwischen 0 und 6 Jahren. Einer der ersten, die sich in Deutschland mit diesem Thema beschäftigten, war Tassilo Knauf, dem dieses Buch gewidmet ist. Ihm war und ist der Ansatz der Reggio-Pädagogik immer ein besonderes Anliegen, in dessen Konzept von den „100 Sprachen des Kindes" sich viel von seinen pädagogischen Leitbildern widerspiegelt. Die besondere Bedeutung der ästhetischen Bildung und des Raumes hat für Tassilo Knauf immer eine hohe Anschlussfähigkeit gehabt, wohl nicht zuletzt, weil er seine akademische Laufbahn als Kunsthistoriker begann. Auch in diesen Verbindungen zeigt sich die Ganzheitlichkeit und Vernetzung von Themen und Lebensbereichen, die für die Arbeit von Tassilo Knauf stets von zentraler Bedeutung war und ist.

Der Idee der vielfältigen Perspektiven ist auch der vorliegende Band verpflichtet. In vier wesentlichen Schwerpunkten werden zentrale Themen der Elementarpädagogik beleuchtet: 1. Strukturelle Veränderungen, 2. Neue pädagogische Grundannahmen – das Beispiel Reggio-Pädagogik, 3. Übergang Kindergarten – Schule, 4. Entwicklungsförderung von Kindern.

Zum Thema „Strukturelle Veränderungen" behandelt *Martin R. Textor* in seinem Beitrag die starken Veränderungen im Elementarbereich in den letzten Jahren. Er sieht diese vor allem als ein Ergebnis von Interessen aus der Wirtschaft, die an der Arbeitskraft der Mütter und gut ausgebildeten Heranwachsenden interessiert sind. Vor diesem Hintergrund beobachtet Textor eine zunehmende Scholarisierung, mit der eine „neue Beschäftigungspädagogik" einhergeht. Den Ansatz der Reggio-Pädagogik sieht er als eine hilfreiche Perspektive, um diesen Verschulungstendenzen eine pädagogische Handlungsalternative entgegenzusetzen.

Aus der Perspektive der Praxis stellt *Heide Marie Syassen* in ihrem Beitrag das erweiterte Aufgabenspektrum vor, das mit der Transformation von der Kindertageseinrichtung zum Familienzentrum verbunden ist. Dabei hebt sie die besondere Rolle der beteiligten Erzieherinnen hervor, von deren Engagement und Kreativität der Erfolg eines solchen Prozesses abhängt. Syassen macht zugleich deutlich, dass der

Leitung einer Einrichtung eine entscheidende Rolle zukommt. Der Aufbau eines Familienzentrums ist dabei immer ein Prozess, der sich stark an die lokalen Gegebenheiten und Bedarfe anpassen muss – und somit immer einzigartig ist.

Im zweiten Teil des vorliegenden Buches setzen sich zwei Autoren mit den Impulsen für die Frühpädagogik auseinander, die aus der italienischen Stadt Reggio Emilia ausgehen. Der Bildungsbegriff in der Reggio-Pädagogik steht im Zentrum des Beitrags von *Gerd Schäfer*. In einem Rückblick beschreibt er die Entwicklung des Denkens über das Verhältnis zwischen Individuum und Gesellschaft im frühpädagogischen Diskurs. Er zeigt die Bedeutung des Bildungsgedankens bei Fröbel und Montessori und weiter in der Frühpädagogik des ausgehenden 20. Jahrhunderts. Die Bedeutung der Reggio-Pädagogik sieht Schäfer in diesem Zusammenhang in der Fokussierung von Bildung als biographisch-kulturellen Prozess, bei dem es notwendig ist, dass Erwachsene sich gemeinsam mit Kindern in den Bildungsprozess hineinbegeben.

Nicht nur in Deutschland, auch in anderen Ländern hat die Reggio-Pädagogik das elementarpädagogische Wirken geprägt, so auch in Schweden. Der schwedische Pädagoge *Harold Göthson* setzt sich in seinem Beitrag mit Individualität und dem damit verbundenen Umgang mit Diversität auseinander. Er schildert zunächst die Entwicklung und den aktuellen Stand des Kindergarten- und Vorschulbereichs in Schweden. Harold Göthson verdeutlicht, dass der starke Ausbau der Kinderbetreuung und -erziehung auf Kosten der Qualität realisiert wurde. Vor diesem Hintergrund stellt die Reggio-Pädagogik einen sehr hilfreichen Ansatz dar, die einerseits durch ihre inspirierende Kraft die Qualitätsentwicklung vorantreiben kann und andererseits durch ihren auf Individualität und zugleich Kooperation setzende Arbeit das demokratische Zusammenleben fördern kann.

Der dritte Teil des Buches ist dem wichtigen Übergang vom Kindergarten in die Grundschule gewidmet. Mit der Entwicklung von Identität und Selbstkonzept setzt sich *Renate Niesel* in ihrem Beitrag auseinander. Sie geht der Frage nach, wie Kinder den Übergang in die Schule bewältigen und welche Unterstützungen sie dabei benötigen. Ein besonderes Augenmerk liegt hierbei auf der Situation von Kindern mit Migrationshintergrund. Diese Kinder haben möglicherweise besondere Hürden zu überwinden, um ein positives akademisches Selbstkonzept zu entwickeln. Renate Niesel greift auf das von ihr mit entwickelte Transitionsmodell zurück, das eine differenzierte Analyse der verschiedenen mit einer Transitionsphase verbundenen Entwicklungsaufgaben ermöglicht.

Der Übergang vom Kindergarten in die Grundschule ist ebenfalls Gegenstand des Beitrags von *Elke Schubert*. Sie beleuchtet allerdings die institutionelle Seite und zeigt Wege auf, wie die am Übergang beteiligten Akteure enger miteinander zusammenarbeiten können. Grundlage dieser Zusammenarbeit kann ein Netzwerk sein, in dem Kindergärten, Schulen und Eltern auf Augenhöhe am gemeinsamen Ziel der Schaffung von mehr Kontinuität in der Bildungsbiographie arbeiten. Beispielhaft schildert Elke Schubert das von ihr wissenschaftlich begleitete Netzwerk „Bildungs-Werk-Stadt“ in Osterholz-Scharmbeck, in dem diese Kooperation über einen Zeitraum von bislang drei Jahren vorbildlich gelungen ist.

Im vierten Teil des Bandes finden sich drei Beiträge, die sich mit der Entwicklungsförderung und Unterstützung von Kindern im Kindergarten befassen. Die besondere Bedeutung der Resilienz als wichtige Ressource für einen erfolgreichen Bildungsweg stellt *Susanne Miller* in ihrem Beitrag in den Vordergrund. Sie macht deutlich, wie positiv sich eine frühe Resilienzförderung im Kindergarten auswirken kann. Dadurch, dass der Kindergarten schon früh ansetzt und eine große Zahl von Kindern erreicht, kommt dieser Institution eine zentrale Bedeutung zu. Von Resilienzförderung profitieren von Armut betroffene Kinder in besonderem Maße – so konnten Langzeitstudien die nachhaltige Wirkung von resilienzstärkenden Maßnahmen bei sogenannten Risikokindern nachweisen. Susanne Miller zeigt auf der Grundlage dieser hohen Bedeutung des Kindergartens verschiedene Wege der Förderung von Resilienz auf und macht deutlich, dass sowohl die Förderung im emotional-sozialen Bereich als auch die Einbeziehung von Eltern besonders erfolgversprechend ist.

Als einen zentralen Faktor bei der Betreuung von Unter-3-Jährigen stellt *Annette Boeger* die Berücksichtigung der Entwicklungsaufgaben heraus. Sie macht deutlich, wie wichtig Emotionen, Bindung und die Entwicklung von Autonomie für diese Altersstufe sind. Gerade bei jungen Kindern sind Reifungsprozesse zu berücksichtigen; Erziehung und Sozialisation können hier aber als Entwicklungsmotor wirken. Dafür ist jedoch die Feinfühligkeit der Bezugspersonen von ganz entscheidender Bedeutung. Neben diesem empathischen und sensiblen Verhalten von Erzieherinnen ist auch die Gruppenatmosphäre wichtig, die sich nicht nur in qualitativen, sondern auch in quantitativen Faktoren äußert, wie etwa dem zahlenmäßigen Verhältnis von Erzieherinnen und Kindern (Betreuungsschlüssel).

Cornelia Giebeler sensibilisiert in ihrem Text zum „Doing Gender' in der Elementarpädagogik" für die Bedeutung und Wirkmächtigkeit von vorgefertigten Geschlechterrollen. Giebeler macht deutlich, dass gerade der Kindergarten Möglichkeiten eröffnet, eingefahrene Wege der binären Geschlechtskonstruktion zu verlassen, und arbeitet heraus, wie wichtig es ist, Erwartungen an Verhalten und Leistungen nicht unhinterfragt mit dem primären Geschlecht von Kindern zu verknüpfen.

In ihrem Beitrag über „Individuelle und begabungssensible Förderung von Kindern" umreißt *Christa Hartmann* zunächst das heutige Verständnis von Begabung und stellt typische Erkennungsmerkmale begabter Kinder dar. Sie macht deutlich, dass Hochbegabung und Begabungsdiagnostik weniger im Kontext von Hochleistung und Überflieger-Karrieren zu sehen sind, sondern vor allem ein Thema für die Herstellung von Lebenszufriedenheit und glückender Sozialisation sind. Als besonders geeignet für den mit der Unterstützung begabter Kinder verbundenen Bedarf nach individueller Förderung identifiziert Christa Hartmann den Ansatz der Reggio-Pädagogik. Dieser Ansatz ermöglicht bereits im Kindergartenalter ein angemessenes Eingehen auf die ausgeprägten Interessen und Lernwünsche begabter Kinder. Vor diesem Hintergrund schildert Christa Hartmann Erfahrungen und Konsequenzen aus der pädagogischen Arbeit mit Hochbegabten.

Den Abschluss des Bandes bietet ein Beitrag von *Helen Knauf* mit neun Thesen zu Entwicklungen im Elementarbereich, der die Themen der Beiträge noch einmal aufgreift und zusammenführt, aber auch darüber hinausgehende Perspektiven auf den Elementarbereich eröffnet.

Ausbau und Umbau –
Neue Perspektiven für den Elementarbereich

Freispiel, Beschäftigung, Projekt – drei Wege zur Umsetzung der Bildungspläne der Bundesländer

Martin R. Textor

1 Von der Familienergänzung zum Familienersatz

In den letzten fünf, sechs Jahren hat sich das System der Kindertagesbetreuung stärker verändert als in den 20 Jahren davor. Die tiefgreifenden Umwälzungsprozesse wurden aber nicht von der pädagogischen Praxis, durch neue theoretische Ansätze oder aufgrund von empirischen Forschungsergebnissen initiiert, sondern durch die Wirtschaft, die Frauen-, die Sozial- und die Bildungspolitik.

Die Wirtschaft hat erst relativ spät erkannt, dass aufgrund des Geburtenrückgangs – der von Bevölkerungswissenschaftlern schon seit mehr als 20 Jahren untersucht wird – dem Arbeitsmarkt immer weniger Schul- und Hochschulabgänger zugeführt werden. Um die wachsende Lücke zwischen Bedarf und Angebot schließen zu können, hat die Wirtschaft zwei Gruppen von Menschen ins Auge gefasst, die dem Arbeitsmarkt noch nicht voll zur Verfügung stehen:

- Zum einen handelt es sich um junge Mütter, die nach der Geburt eines Kindes für drei Jahre Erziehungsurlaub nehmen und danach nur Teilzeit arbeiten können bzw. wollen oder weiter zu Hause bleiben. Hier entstehen der Wirtschaft zudem hohe Kosten, da einerseits während der Elternzeit Ersatzkräfte gesucht und eingearbeitet werden müssen und andererseits die zurückkehrenden Mütter nachzuschulen sind. Häufig müssen sogar die in ihre Aus- und Fortbildung investierten Mittel abgeschrieben werden, wenn die jungen Mütter nach Ablauf des Erziehungsurlaubs daheim bleiben. Deshalb fordert die Wirtschaft seit einigen Jahren mehr Betreuungsplätze für Unter-3-Jährige und längere Öffnungszeiten von Kindertagesstätten, damit junge Mütter besser Familie und Beruf miteinander vereinbaren können. Hier sind sie auf volle Zustimmung gestoßen bei Frauenpolitikern – die Gleichberechtigung am Arbeitsplatz nur gewährleistet sehen, wenn Frauen sich voll(-zeit) ihrer Karriere widmen können – und bei Sozialpolitikern – die mit weniger Armut und Sozialhilfebedürftigkeit rechnen, wenn in Familien beide Eltern erwerbstätig sind bzw. wenn im Falle von Trennung und Scheidung die (allein erziehende) Mutter ein eigenes Einkommen erwirtschaftet. So hat die Politik entschieden, dass bis zum Jahr 2013 für jedes dritte Kind unter drei Jahren ein Betreuungsplatz geschaffen werden soll und dass mehr Plätze zu Ganztagsangeboten umgewandelt werden sollen. Das 2007 eingeführte Elterngeld wird nur noch für maximal 14 Monate gezahlt, und das 2008 reformierte Unterhaltsrecht stellt getrennt lebende bzw. geschiedene Mütter hinsichtlich der Unterhaltsleistungen schlechter, sodass Frauen jetzt gut beraten sind, wenn sie beruflich nicht wegen ihrer Kinder „zurückstecken".

- Zum anderen sieht die Wirtschaft in jungen Menschen, die bisher ohne Abschluss die Schule verließen oder die nur einen Hauptschulabschluss erwarben, eine Arbeitsmarktreserve. In diese Gruppe fallen einerseits viele Heranwachsende mit Migrationshintergrund, die wegen schlechter Deutschkenntnisse in der Schule versagten bzw. ihr Potential nicht voll entfalten konnten. Andererseits sind junge Menschen aus sozial schwachen Familien betroffen, deren kognitive Entwicklung und Schullaufbahn von ihren Eltern kaum gefördert wurden und die daheim weder Selbstdisziplin noch Lern- oder Leistungsmotivation erwarben. Die Wirtschaft fordert, dass diese Personen so früh wie möglich – also schon in der frühen Kindheit – dem negativen Einfluss ihres Milieus entzogen werden, damit sie andere Einstellungen, Werte und Kompetenzen als ihre Eltern entwickeln können. Sie müssten in Kindertageseinrichtungen und Schulen so gefördert werden, dass sie beim Eintritt in die Arbeitswelt nicht nur die deutsche Sprache und die kulturellen Techniken perfekt beherrschen, sondern darüber hinaus noch weitere marktrelevante Fähigkeiten erworben haben. Auch hier findet die Wirtschaft ein offenes Ohr bei Sozial- und Bildungspolitikern, die im Post-Wohlfahrtsstaat soziale Ungleichheit nicht mehr mit kostspieligen materiellen Zuwendungen ausgleichen, sondern mit preiswerteren (sozial-)pädagogischen Maßnahmen bekämpfen wollen: Mit der Herausbildung einer neuen Mentalität, von Eigenverantwortung und Erwerbsfähigkeit. So sollen Kinder aus unteren sozialen Schichten, mit Migrationshintergrund oder aus Randgruppenmilieus, die bisher oft erst mit vier Jahren in Kindertageseinrichtungen angemeldet werden, möglichst schon mit drei Jahren (siehe die derzeitige Diskussion um ein beitragsfreies erstes Kindergartenjahr) oder – noch besser – schon mit ein oder zwei Jahren in Tagesstätten gebildet und (kompensatorisch) gefördert werden (siehe die weit verbreitete Ablehnung des im Kinderförderungsgesetz vorgesehenen Betreuungsgeldes: Unterschichtseltern würden es für den eigenen Konsum ausgeben anstatt ihre Kinder in Kinderkrippen anzumelden). Auch aus diesen Gründen werden derzeit – wie bereits erwähnt – immer mehr Plätze für Unter-3-Jährige und immer mehr Ganztagsplätze geschaffen. Ferner wurden in allen Bundesländern besondere Sprachförderprogramme für Migrantenkinder und andere Kinder mit Sprachauffälligkeiten eingeführt, in der Regel verbunden mit besonderen Screeningverfahren (zumeist zu Beginn des letzten Kindergartenjahres, zunehmend aber früher).

Egal aus welcher Schicht Kleinkinder kommen, die Tendenz geht also in die Richtung, dass sie immer früher und immer länger fremdbetreut werden. Damit wandeln sich Kindertagesstätten zunehmend von familien*ergänzenden* zu familien*ersetzenden* Einrichtungen. Dies ist zumindest bei Kindern mit Migrationshintergrund und aus unteren sozialen Schichten so von Wirtschaft und Politik gewollt, selbst wenn dies nicht offen geäußert wird. Aber auch immer mehr (Mittelschichts-)Eltern übertragen von sich aus Erziehungsfunktionen auf Kindertageseinrichtungen: Dort sollen ihre Kinder z. B. lernen, „sauber" zu werden, sich selbst an- und auszuziehen, mit Messer und Gabel umzugehen usw. Dort sollen sie sogenannte „Sekundärtugenden" entwickeln.

Schließlich fordert die Wirtschaft (mehr) besser gebildete junge Menschen, mit deren Hilfe sie dem zunehmenden Wettbewerb auf einem globalisierten Markt standhalten könne. Insbesondere müssten mehr Heranwachsende hohe Qualifikationen in Naturwissenschaften, Mathematik, Ingenieurwissenschaften und Betriebswirtschaft erwerben sowie mehrere Sprachen beherrschen. Die Wirtschaft fühlt sich bei ihrer Forderung nach einem besseren „Output" des Bildungssystems durch internationale Vergleichsstudien wie PISA und IGLU bestätigt, nach denen deutsche Schüler schlechtere Leistungen als Gleichaltrige aus anderen Ländern erbringen. Diese Studien haben – mitbedingt durch das große Echo bei den Medien und in der Öffentlichkeit – auch die (Bildungs-)Politiker aufgerüttelt, die in den letzten Jahren viele Schulreformen einleiteten. Diese beschlossen außerdem, dass die Kindertagesstätten die frühkindliche Bildung intensivieren müssten. So wurden einerseits in allen Bundesländern Bildungspläne für Kindertageseinrichtungen entwickelt: Auf zum Teil mehr als 500 Buchseiten wird beschrieben, welche Kompetenzen von Kleinkindern zu fördern und welche Bildungsbereiche abzudecken sind. In besonderen Fortbildungen werden nun die Fachkräfte geschult, diese „Curricula" umzusetzen. Andererseits wird eine Intensivierung der mathematischen, naturwissenschaftlichen und technischen Bildung während der frühen Kindheit durch eine Unmenge an Materialien, Fachbüchern und Programmen gefördert, die in den letzten zwei bis drei Jahren von Verlagen, Wissenschaftlern und Stiftungen „auf den Markt geworfen" wurden. Wirtschaftsverbände und Unternehmen fördern diese Entwicklung durch die Ausschreibung von Preisen für besonders „gute" naturwissenschaftlich-technische Projekte.

2 Die Scholarisierung der frühkindlichen Bildung

Kindertageseinrichtungen stehen somit unter einen großen politischen Druck: Sie sollen durch immer längere und flexiblere Öffnungszeiten sowie durch die Aufnahme von Unter-3-Jährigen die Vereinbarkeit von Familie und Beruf erleichtern, Kinder aus unteren sozialen Schichten und Randgruppenmilieus „umerziehen", familienersetzende Funktionen übernehmen, die Sprachentwicklung insbesondere von Kindern mit Migrationshintergrund fördern, die ganze denkbare Bandbreite an kindlichen Kompetenzen schulen, mindestens genauso viele Bildungsbereiche wie die Schule abdecken und speziell die mathematische, naturwissenschaftliche und technische Bildung intensivieren. Überspitzt ausgedrückt: Kindertageseinrichtungen sollen die deutsche Wirtschaft und Gesellschaft „retten", indem sie

- einerseits einen bedeutsamen Beitrag dazu leisten, dass mehr Heranwachsende mit guten Sprachkenntnissen, mit einer hohen Leistungsmotivation, mit einer ausgeprägten Lernkompetenz (die also das Lernen gelernt haben) und mit Interesse an naturwissenschaftlich-technischen Arbeitsfeldern den Wettbewerbsvorsprung von Wirtschaftsbranchen erweitern oder zumindest erhalten können, und
- andererseits den entscheidenden Beitrag dazu leisten, dass endlich die Menschen mit Migrationshintergrund in die deutsche Gesellschaft integriert werden und die Menschen aus unteren sozialen Schichten echte Aufstiegschancen haben.

Und das alles soll im Vergleich zu den 1980er und 1990er Jahren bei denselben oder bei tendenziell eher schlechter gewordenen Rahmenbedingungen geleistet werden!

Viele Kindertageseinrichtungen haben wohl die eher impliziten bzw. öffentlich weniger diskutierten Anforderungen noch nicht erkannt, nahezu alle haben aber auf den im jeweiligen Bundesland geltenden Bildungsplan reagiert: So haben sie ihre pädagogische Arbeit dahingehend geändert, dass sie einerseits alle zu fördernde Kompetenzen und andererseits alle Bildungsbereiche zu berücksichtigen versuchen. Dieses ist aber aufgrund der knappen verfügbaren Zeit (die meisten Kinder besuchen – noch immer – Kindertageseinrichtungen für weniger als sechs Stunden, die Kernzeit schrumpft aufgrund der Flexibilisierung der Bring- und Abholzeiten, die Befriedigung körperlicher Bedürfnisse und die Verhaltenskontrolle beanspruchen viel Zeit) und der immer breiter werdenden Altersmischung (bei Ein- bis Fünfjährigen in einer Gruppe werden die Jüngeren leicht überfordert bzw. die Älteren unterfordert) nur schwer möglich. Deshalb wird einerseits zumindest die Kernzeit genau verplant (manche Kindertagesstätten haben schon richtige „Stundenpläne") und andererseits werden immer mehr Angebote nur für Kleingruppen (die „Schulanfänger", die „sprachauffälligen" Kinder, die Unter-3-Jährigen) gemacht. Letzterem wird auch dadurch Vorschub geleistet, dass viele der in den letzten Jahren entwickelten Programme, z. B. zur Förderung der phonologischen Bewusstheit, der Resilienz, des Deutschlernens, und die meisten der naturwissenschaftlich-technischen Experimente bzw. Aktivitäten nur mit wenigen Kindern durchgeführt werden können. Während diese Kinder „gebildet" werden, werden die anderen Kinder (oft der größere Teil der Gruppe) von der zumeist schlechter qualifizierten Zweitkraft „betreut". Die „Gesamtbildungszeit" beim einzelnen Kind – insbesondere wenn dieses mittleren Alters ist und keine besonderen Auffälligkeiten aufweist – wird also im Vergleich zu früher eher kürzer.

Prinzipiell gibt es viele Wege, wie Bildungspläne umgesetzt werden können: Sie lassen sich aus frühpädagogischen Theorien wie beispielsweise der Fröbel-, Montessori-, Waldorf-, Freinet-, Reggio- bzw. Waldpädagogik oder dem Situationsansatz ableiten (Knauf, Düx und Schlüter 2007). Sie können entweder mehr in die Richtung von Selbstbildung, von ko-konstruktiver Bildung oder von Lehren/Unterrichten gehen (Textor 2007 a), oder sie können auf bestimmte Methoden wie das Spiel oder die Projektarbeit fokussieren. Wie bereits angedeutet, geht die Tendenz aber dahin, Kleinkindern – insbesondere in Kleingruppen – besondere

Angebote zu machen. Es entsteht eine „neue Beschäftigungspädagogik", bei der nicht mehr (nur bzw. wie früher) Basteln, Malen, Singen und Gruppenspiel auf dem Programm stehen, sondern (auch) mathematische Übungen, naturwissenschaftliche Experimente, technische Konstruktionen, Arbeitsblätter und nach bestimmten Programmen ablaufende Aktivitäten zur Förderung von Spracherwerb, phonologischer Bewusstheit bzw. Resilienz oder zur Prävention von Gewalt- und Suchtverhalten etc.

Die skizzierten Entwicklungen hin zu einer Verplanung des Kita-Tages und hin zu einer „neuen Beschäftigungspädagogik" haben zu einer *Verschulung* vieler Kindertageseinrichtungen geführt. Fölling-Albers (2008) konstatiert eine „Scholarisierung" des Kindergartens, die sich z. B. in der systematischen Vermittlung schulbezogener Inhalte, der Ausrichtung der Bildungsbereiche an Schulfächern, der hohen Gewichtung abstrakter Inhalte, der starken Betonung des kognitiven Lernens und dem zunehmenden Umgang mit Symbolen zeigen würde. Es käme zu einer Angleichung von vorschulischem und schulischem Lernen; formelles, fremdbestimmtes Lernen würde immer mehr an Stelle des informellen, selbstbestimmten Lernens treten; der pädagogische Auftrag des Kindergartens würde zunehmend mit Bezug auf die Vorbereitung von Kleinkindern auf die Schule definiert.

3 Das Ignorieren pädagogischer Ansätze

Die skizzierte Verschulung von Kindertageseinrichtungen widerspricht den Erkenntnissen der Hirnforschung, der Lern- und der Entwicklungspsychologie, obwohl diese in den letzten Jahren eine weite Verbreitung fanden (vgl. Textor 2002, 2006). Ihre Vertreter sehen im Kleinkind ein außerordentlich neugieriges, lernbereites und lernfähiges Individuum, das sich eigentätig selbst oder in der Interaktion mit anderen bildet. Es muss in der Kindertagesstätte nicht „beschult" werden, sondern es sollte selbstständig eine anregungsreiche und mit vielfältigen Materialien ausgestattete Umwelt erkunden und dabei mit anderen Kindern gemeinsam Lernerfahrungen machen können. Konkretes Lernen im Umgang mit Gegenständen und Menschen und unter Einsatz alle Sinne ist kindgemäßer als jegliche „Erfahrung aus zweiter Hand".

Es überrascht, dass Erzieher so schnell die ihnen durchaus bekannten Erkenntnisse der Hirnforschung, der Lern- und der Entwicklungspsychologie ignorieren, anstatt sie offensiv als „Anwälte der Kleinkinder" gegenüber den Vertretern einer „neuen Beschäftigungspädagogik" vorzubringen. Noch überraschender ist, wie schnell die Fachkräfte die von ihnen vertretenen frühpädagogischen Ansätze „über Bord geworfen" haben – schließlich wurden ihre Einrichtungen ja über mehrere Jahrzehnte hinweg insbesondere durch den Situationsansatz (Zimmer 2000) oder den Situationsorientierten Ansatz (Krenz 2008) definiert. Und diese sprechen sich keinesfalls für eine curricular strukturierte, an vorgegebenen Lernzielen orientierte und durch Beschäftigungen realisierte frühkindliche Bildung aus!

Am meisten einer Verschulung widersetzt haben sich bisher Kindertageseinrichtungen, die eher seltene frühpädagogische Ansätze wie Waldorf-, Montessori- oder Reggio-Pädagogik in die Praxis umsetzen (im Überblick bei Knauf, Düx und Schlüter 2007). Vielleicht ist hier die Identifikation mit dem Ansatz größer, sind dessen Grundsätze stärker reflektiert und verinnerlicht worden als dies beim Situationsansatz der Fall war, dessen Aussagen oft etwas „schwammig" blieben bzw. nur oberflächlich verstanden wurden. Sicherlich trägt zu der stärkeren Identifizierung mit den seltener praktizierten pädagogischen Ansätzen auch bei, dass die Erzieher oft eine besondere Zusatzausbildung erhielten. Während dies bei der Waldorf- und Montessori-Pädagogik bereits seit Jahrzehnten der Fall ist, wird eine Weiterbildung zur „Fachkraft für Reggio-Pädagogik" (Knauf und Fischer 2007) erst seit wenigen Jahren angeboten.

4 Der Ansatz der Reggio-Pädagogik als alternatives Modell

Bedenkt man, dass die Reggio-Pädagogik in vielen Ländern sehr geschätzt wird und die Einrichtungen in Reggio-Emilia 1991 von der UNESCO als die besten Kindergärten der Welt ausgezeichnet wurden, ist es sehr verwunderlich, wieso dieser pädagogische Ansatz (wie auch die meisten anderen) weder bei der Erstellung der Bildungspläne berücksichtigt wurde noch von den Erziehern bei der Umsetzung der Bildungspläne beachtet wird. Die Reggio-Pädagogik, die in Deutschland vor allem durch Tassilo Knauf bekannt gemacht wurde und repräsentiert wird, hat der Verschulung der Kindertageseinrichtungen bzw. der „neuen Beschäftigungspädagogik" viel entgegenzusetzen, was nun anhand von drei Beispielen erläutert werden soll.

4.1 Selbstbildung

Wie die Hirnforschung sowie die Lern- und die Entwicklungspsychologie begreift die Reggio-Pädagogik das Kleinkind als einen *kompetenten* Forscher und Entdecker voller Wissbegierde und Energie, der sich aktiv mit der gegenständlichen und sozialen Welt auseinandersetzt. „Forscher sein bedeutet dabei zweierlei:

1. Das Kind will Welt – und das sind die Dinge, Lebewesen und Vorgänge, die es in seinem Erfahrungsfeld, in Medien oder in seinen Fantasien sieht – verstehen und in eine Beziehung zu sich bringen;

2. Das Kind will durch Experimente, durch Versuch und Irrtum, durch das Ausloten von Grenzen seine alltagspraktische und soziale Handlungskompetenz erweitern" (Knauf 2005a).

Beides resultiert aus seinem Bedürfnis nach Verstehen der Lebenswirklichkeit und nach wirkungsvollem Handeln in realen Lebensbezügen. Das Kleinkind deutet auf der Grundlage seiner Sinneswahrnehmungen Beziehungen zwischen Objekten, Personen, Strukturen und Prozessen. Neue Erfahrungen führen es immer wieder zu einer Neusortierung und Neuinterpretation seiner Wissensbestände. Hierzu trägt auch der „sich auseinandersetzende Dialog" mit anderen bei, in dem von verschiedenen Personen vertretene unterschiedliche „provisorische Wahrheiten" (Standpunkte, Sichtweisen) „verhandelt" werden.

Das Kleinkind wird von der Reggio-Pädagogik somit als Konstrukteur seiner Entwicklung und seines Wissens betrachtet. Dabei bearbeitet es in der Regel selbst gewählte Themen, da es am besten weiß, was es braucht. „Das Kind konstruiert in der Reflexion seiner Erfahrungen sein Wissen, seine Überzeugungen und Strategien seines Alltagshandelns. Das Interesse an der Lösung von Problemen und am erfolgreichen Austausch mit der Umwelt ist Motor und wichtigstes Kriterium bei der Reflexion von Erfahrungen" (Knauf 2005b). Dabei bedient es sich „100 Sprachen", um sich mit der Welt auszutauschen bzw. sich selber (auch emotional) auszudrücken.

Das Kind bildet sich selbst, indem es sich an Prozessen beteiligt, „in denen es neue Kompetenzen gewinnt und seine Identität aufbaut. Dafür braucht es Ressourcen und Impulse: das Vertrauen und die Zuneigung von Erwachsenen, die ihm Sicherheit, Geborgenheit, Rückmeldung und Handlungsanstöße, aber auch Freiräume geben; es braucht Partner ungefähr gleichen Alters, mit denen gemeinsam in Spielhandlungen und Projekten emotionale, soziale, sinnliche und gegenständliche Erfahrungen gemacht und Deutungsmuster ausgetauscht werden; es braucht Gegenstände, die die Komplexität von Welt repräsentieren und die dazu herausfordern, durch Experimentieren strukturelle Momente von Stoffen und Prozessen und etwas von der Magie der Welt herauszubekommen; es braucht aber auch Materialien und Gegenstände, die es für den Ausdruck der eigenen Person oder für zwischenmenschliche Kommunikation nutzen kann" (Knauf 2000). Aufgabe von Erziehern und anderen Erwachsenen ist es, dem Kleinkind diese Rahmenbedingungen und Materialien bereitzustellen. Sie sollen ihm Spielräume für seine forschende Tätigkeit und Impulse für das genaue Beobachten, das Aufstellen und Prüfen von Hypothesen, das kognitive Verarbeiten neuer Beobachtungen und das Versprachlichen vom Lernerfahrungen geben.

Bildung in der frühen Kindheit ist somit in erster Linie *Selbstbildung*, die oft in der Interaktion bzw. im „sich auseinandersetzenden Dialog" mit anderen Menschen erfolgt – also *ko-konstruktiv*. Das Kleinkind folgt seinem Entdeckungs- und Forscherdrang, seiner Neugier und den eigenen Interessen. Aus der Möglichkeit, selbstbestimmt und eigenaktiv die Welt zu erkunden, resultiert seine hohe Lernmotivation.

Der Grundschule gelingt es dann innerhalb weniger Jahre, den Kindern ihre Lernfreude „auszutreiben", indem sie die Selbstbildung bzw. das ko-konstruktive Lernen weitgehend ignoriert und an deren Stelle vor allem den lehrerzentrierten Unterricht setzt. Die Schüler werden als inkompetent und defizitär angesehen, in die nun wie durch den „Nürnberger Trichter" Wissen „hineingegossen" werden müsse. Das Lernen wird als eine „ernste Angelegenheit", als Pflicht bzw. als „Arbeit" verstanden – dass Lernen und Unterricht auch Spaß machen, für Schüler *sinn*voll sein, auf Eigenaktivität und Selbsttätigkeit aufbauen oder Selbstbildung und ko-konstruktive Bildung umfassen können (wie in manchen anderen Ländern bzw. wie zur Zeit der Reformpädagogik), ist im deutschen Schulsystem nicht vorgesehen.

Die mit dem rein rezeptiven Lernen einhergehende Fremdbestimmung, vor allem aber die mangelnde Orientierung an den kindlichen Lernbedürfnissen und -motivationen, frustriert die Kinder und lässt sie zunehmend am Lehrstoff desinteressiert werden. Dies zwingt Eltern immer mehr dazu, auf die Demotivation ihrer Kinder mit Druck zu reagieren – durch Hausaufgabenkontrolle, Üben vor Prüfungen und (professionelle) Nachhilfe. In kaum einem anderen Land dieser Erde sind die Eltern-Kind-Beziehungen und das Familienklima so stark durch Schulisches belastet wie in Deutschland; Konflikte mit den Eltern oder Auseinandersetzungen zwischen Mutter und Vater wegen der Hausaufgaben treten in rund 40 % aller Familien mit Schulkindern häufig auf (Träbert 2004). Der Nachhilfeunterricht, der inzwischen für jeden achten bis zehnten Schüler geordert wird, ist zu einem wichtigen Wirtschaftszweig geworden – mit einem Umsatz von bis zu 1,2 Mrd. Euro pro Jahr (Forschungsinstitut für Bildungs- und Sozialökonomie 2008).

Je mehr sich die „neue Beschäftigungspädagogik" in Kindertageseinrichtungen durchsetzt, umso früher könnte die Demotivierung von Kindern beginnen. Da Kleinkinder Frustrationen noch nicht verbalisieren können, internalisieren oder externalisieren sie diese häufig. So könnte die skizzierte Entwicklung zu einer weiter steigenden Zahl verhaltensauffälliger Kinder führen. Hingegen dürfte der Übergang vom Kindergarten in die Grundschule leichter verlaufen, wenn Kleinkinder bereits in der Tagesstätte unterrichtsähnliche Situationen („erzieherdominierte" Beschäftigungen, Experimente, Übungen usw.) erleben, dort lange stillsitzen und zuhören müssen oder Arbeitsblätter auszufüllen haben.

4.2 Das Spiel

Bei der Verschulung von Kindertageseinrichtungen bzw. bei der „neuen Beschäftigungspädagogik" wird dem (Frei-)Spiel – das bisher als die beste Form des Lernens in der frühen Kindheit galt – nur noch eine „Lückenbüßerrolle" zugewiesen: Kinder können oft nur noch in den Randzeiten spielen oder in Situationen, in denen einige andere Kinder aus der Gruppe herausgezogen wurden, damit die Fachkraft sie besonders fördern kann.

Im Kleinkindalter ist das Spiel aber *die* Methode der Selbstbildung bzw. des kindgemäßen Lernens. Dies haben schon „klassische“ Pädagogen, Philosophen und Psychologen wie John Locke, Friedrich Schiller, Jean-Jacques Rousseau, Friedrich Fröbel, Sigmund Freud, Maria Montessori, Jean Piaget, Lew Wygotski und Arnold Gehlen erkannt (Textor 2007 b), und dies wird durch aktuelle Forschungsergebnisse bestätigt (siehe z. B. Textor 2007 c). Auch in der Reggio-Pädagogik bildet das Spiel „das Rückgrat der Kinderaktivitäten“. Rodari (1992, S. 174, zitiert nach Knauf 2000) schreibt: „Das Spiel ist ... schöpferische Aufarbeitung, ein Prozess, durch den das Kind die Gegebenheiten der Erfahrung miteinander verbindet, um eine neue Realität zu konstruieren“. „Mit den Dingen zu spielen, dient dazu, sie besser kennen zu lernen. Und ich sehe keinen Sinn darin, die Freiheit des Spiels einzugrenzen, weil das heißen würde zu leugnen, dass es die Funktionen der Bildung und Erkenntnisfähigkeit besitzt“ (ebd., S. 98).

In der Reggio-Pädagogik sind vor allem folgende drei Arten von Spielen bedeutsam:

1. Das *Bauspiel* mit Holzbauklötzen, Legosteinen, mitgebrachten Spielsachen sowie Abfall-, Recycling- und Naturmaterialien aktiviert experimentelle, ästhetische, kreative und soziale Dimensionen. Entweder kommen die Impulse für gestaltende Spielhandlungen aus dem Material selbst oder dieses wird entsprechend der Aktionsbedürfnisse und Gestaltungsfantasien der Kinder ausgewählt. Im Miteinander-Spielen werden kommunikative und zwischenmenschliche Kompetenzen ausgebildet.
2. Das *Erkundungs- bzw. Entdeckungsspiel*, das innerhalb und außerhalb der Kindertageseinrichtung stattfinden kann, dient dem Experimentieren mit Gegenständen und dem Erforschen von Phänomenen. Die Kinder befassen sich mit (selbst gesammelten) Naturmaterialien und mit in der Tagesstätte vorfindbaren Materialien, wobei sie sich der von den Fachkräften bereitgestellten Mess- und Vergrößerungsinstrumente, der Overhead- und Diaprojektoren sowie der Leuchttische bedienen (zur Vielfalt und Auswahl von Materialien siehe Knauf 2003 a). Ihrer Neugier folgend, beobachten und registrieren sie materielle Strukturen, stoffliche Veränderungen und Ursache-Wirkungs-Beziehungen, stellen sie Hypothesen auf und überprüfen diese. Oft werden die Materialien auch auf kreative und fantasievolle Weise neuartig genutzt.
3. Das *darstellende Spiel* ermöglicht das Experimentieren mit verschiedenen Rollen, was auch zur Identitätsentwicklung beiträgt. Die Kinder gewinnen hier ganz unterschiedliche soziale Erfahrungen, indem sie z. B. in andere Rollen schlüpfen, Interaktionssituationen gestalten, andere Perspektiven erproben, Konflikte nachspielen und lösen, gegenläufige Interessen tolerieren und immer wieder zwischen emotionaler Nähe und Distanz wechseln. Für das darstellende Spiel stehen den Kindern in reggianischen Kindertagesstätten nicht nur Verkleidungsutensilien und Requisiten zur Verfügung, sondern auch Podeste und Leinwände für Diaprojektionen, mit deren Hilfe unterschiedliche Hintergründe für Rollenspiele hergestellt werden können. Marionetten, (Hand-)Puppen und Stofftiere

ermöglichen Spielhandlungen aus einer größeren personalen Distanz heraus, bei denen auch eigene Geheimnisse und Gefühle auf die Puppen projiziert werden, sodass sich die Kinder – im Sinne des kathartischen Spiels – emotional entlasten können.

Alle diese Formen des Spielens müssen von den Erziehern unterstützt werden. Es gilt, die vielfältigen Äußerungen, Bedürfnisse und Ausdrucksformen der Kinder wahrzunehmen und darauf aufbauend die benötigten, ganz unterschiedlichen Ressourcen bereitzustellen „(z. B. in Gestalt von Zeit, speziellen Räumlichkeiten, Nähe und Zuwendung, Interesse, herausfordernden Fragen, Ideen oder Gegenständen)...Das pädagogische Planen wird Teil dieses Begleitprozesses, in dem Beobachtungen dokumentiert und im Hinblick auf die Frage interpretiert werden: Was brauchen die konkreten Kinder dieser Gruppe für ihre Entwicklung? Die als Antwort auf diese Frage bereitgestellten entwicklungsfördernden Ressourcen wirken auf die Kinder als Impulse, die ihre Aktivität stimulieren. Impulse können verbaler und nonverbaler Natur sein: z. B. Fragen, Kommentare oder aber Gegenstände, die ... die Kinder zum Erinnern, Fantasieren und konkreten Handeln herausfordern. Da die Impulse Antworten auf das beobachtete und dokumentierte Handeln der Kinder darstellen, können Kinder selbstbewusst nach dem Prinzip der freien Wahl mit Impulsen umgehen. Und Erzieherinnen erhalten ihrerseits Rückmeldungen darüber, inwieweit der gewählte Impuls auf die situationsabhängigen Kinderbedürfnisse abgestimmt war. Die Erzieherinnen begleiten die (Inter-) Aktionen der Kinder nicht distanziert, sie befinden sich vielmehr in einer ständigen intellektuellen, emotionalen, experimentellen und kreativen Auseinandersetzung mit dem, was die Kinder inhaltlich beschäftigt“ (Knauf 2005 a).

In einem solchen, von den Fachkräften immer wieder durch neue Impulse bereicherten Spiel machen Kinder ganz unterschiedliche, vielfältige und komplexe Lernerfahrungen. Sie bilden sich selbst, und sie bilden sich (ko-konstruktiv) in der Interaktion mit anderen Personen. Deshalb sollten das Freispiel und das Rollenspiel weiterhin im Mittelpunkt der pädagogischen Arbeit in Kindertageseinrichtungen stehen: *Spielen ist Bildungszeit par excellence!*

4.3 Projekte

Neben dem Spiel – und oft aus diesem sich ergebend – ist das Projekt eine besonders kindgemäße Form des Lernens in Kindertageseinrichtungen (Textor 2005). Im Gegensatz zur „neuen Beschäftigungspädagogik“ entspricht es Prinzipien und Zielen wie Handlungsorientierung, Erfahrungslernen, Selbsttätigkeit, Lebensnähe, Mitbestimmung/Partizipation, ganzheitliche Kompetenzförderung, Methodenvielfalt und „spiralförmiges Lernen“ (d. h. der fortwährende Wechsel von Gruppendiskussionen, Besichtigungen, Experimenten, Rollenspielen, Mal- und Bastelaktivitäten führt zu einem immer tiefer gehenden Eindringen in die jeweilige Thematik). Auch ermöglichen Projekte die Öffnung der Kindertageseinrichtung zu ihrem natürlichen, sozialen, wirtschaftlichen und kulturellen Umfeld hin, sodass Kinder Erlebnis- und Lernfelder am Wohnort zurückgewinnen: Sie entdecken ihre Umgebung (Wald und Flur, Ortsteil, Gärten und Parks, Geschäfte, Betriebe, kulturelle Einrichtungen etc.) und lernen viele andere Menschen kennen.

Bei Projekten bauen Beobachtung, Erforschen, Erfahrung, Reflexion, Gesprächsaustausch, Handeln, Bewegung, Gesang und kreativer bzw. künstlerischer Ausdruck aufeinander auf, stimulieren einander und stehen in Zusammenhang mit dem Projektthema – im Gegensatz zur „neuen Beschäftigungspädagogik“, bei der Beschäftigungen und Aktivitäten wenig Bezug zueinander haben. So können im Rahmen *eines* Projekts alle Bildungsbereiche einbezogen und miteinander verknüpft bzw. integriert werden. Zugleich erfolgt eine ganzheitliche Förderung der Kinder, da in *einem* Projekt alle Kompetenzen berücksichtigt werden. Die Abwechslung und Vielfältigkeit der Aktivitäten, insbesondere aber die vielen Entscheidungsfreiheiten und Mitbestimmungsmöglichkeiten, tragen zur Zufriedenheit und zum Wohlbefinden der Kinder bei. Diese konsumieren kein vorgegebenes Angebot an Beschäftigungen, sondern prägen den Projektablauf durch ihre Ideen und Vorschläge mit.

Auch die Reggio-Pädagogik betont die große Bedeutung von Projekten für das frühkindliche Lernen (Knauf 2001): „Projekte sind thematisch gebundene Kinderaktionen, in denen Kinder, angetrieben von ihrem eigenen Interesse, verschiedene Handlungen verknüpfen“:

- „sinnliche Wahrnehmung,
- Erkunden und Experimentieren (‚Forschen‘),
- Reflexion,
- Aktivieren von Gefühlen und Erinnerungen,
- Vernetzen von Wahrnehmungen, Fiktionen, Wünschen oder Ängsten,
- Kommunikation mittels Sprache oder nonverbalen Mitteilungsformen,
- Schulung und Erprobung sinnlich-ästhetischer Darstellungs- und Ausdrucksformen,
- Herstellen, Gestalten oder Verändern von Objekten“ (Knauf 2005 b).

„Diese Handlungselemente lassen sich nicht in eine bestimmte projekttypische Abfolge bringen, wie sie im schulischen Kontext häufig praktiziert wird (vgl. z. B. das Prozessmodell von Frey 1996, S. 63 ff.). Die Prozess-Struktur reggianischer Projekte lebt vielmehr von der variierenden Wiederholung der Momente Wahrnehmung – Reflektion – Aktion – Kommunikation“ (Knauf 2003 b).

Die konsequente Orientierung an den authentischen Interessen der Kinder wird auch darin deutlich, dass nicht wie in der Schule alle Kinder an einem Projekt teilnehmen müssen: Vielmehr sind es in der Regel nur zwei bis fünf Kinder, weil in solch einer Kleingruppe eine gemeinsame Motivation am ehesten stabil bleibt. Das jeweilige Projekt kann dann in Abhängigkeit vom Interesse der Kinder von zwei Stunden bis zu mehreren Monaten oder gar einem Jahr dauern; bei längeren Projekten können einzelne Kinder „aussteigen“ und andere dafür „einsteigen“.

Die Rolle der Erzieher bei Projekten ist diejenige von Begleitern, (Mit-)Forschern und Krisenmanagern. Sie beobachten die Kinder, stellen bei Bedarf Materialien und andere Ressourcen zur Verfügung oder geben Impulse. „Ausgangsbasis für solche Impulse sind die Beobachtungen und die darauf basierenden (täglichen) Kurzprotokolle über die Aktivitäten der in Projekte eingebundenen Kinder. Die Protokolle einschließlich knapper schriftlicher Interpretationen werden regelmäßig im Team diskutiert. Ziel des Austauschs der Kolleginnen ist die Verständigung darüber, welche Materialien, Räume, Orte und Impulse die Kinder für die Stabilisierung und Weiterentwicklung ihres Projektes brauchen könnten. Dabei bleibt das Prinzip der freien Wahl der Kinder unberührt" (Knauf 2003 b). Ferner erstellen die Erzieher parallel zum Projektverlauf großflächige Wanddokumentationen („sprechende Wände") oder Heftdokumentationen (vgl. Knauf 2003 c), die Kinderarbeiten, Kinderäußerungen, Fotos, Überschriften und kurze Kommentierungen umfassen. Diese Dokumentationen verleihen dem Projekt*prozess* Struktur, da sie die Vorstellungen, Entdeckungen und Erkenntnisse der Kinder festhalten. Sie haben also eine andere Funktion als die Ausstellungen am Ende schulischer Projekte, die erst zu deren Abschluss erstellt werden und die Projekt*ergebnisse* dokumentieren sollen.

Deutlich wird, dass auch bei derartig verstandenen Projekten die Selbstbildung des Kindes und das ko-konstruktive Lernen im Mittelpunkt stehen. Die Kinder können weitgehend selbstbestimmt, eigenaktiv und selbsttätig ihre eigenen Interessen verfolgen, sich forschend und entdeckend betätigen und durch neue Lernerfahrungen ihre Neugier befriedigen. In Projekten können sich Kinder so verhalten, wie es laut den Erkenntnissen von Hirnforschung und Entwicklungspsychologie ihrem Wesen entspricht (vgl. Textor 2002, 2006).

5 Fazit

In diesem Beitrag wurde gezeigt, dass die gegenwärtige Verschulung von Kindertageseinrichtungen, bei der didaktisch-methodisches Planen, das Durchführen von Beschäftigungen, das „Abwickeln" von Förderprogrammen und das Überprüfen des Entwicklungsstandes der Kinder einen hohen Stellenwert einnehmen, mit dem Bild eines kompetenten, sich selbst bildenden und ko-konstruktiv lernenden Kindes nicht vereinbar ist. Am Beispiel der Reggio-Pädagogik wurde aufgezeigt, dass diese Entwicklung auch den frühpädagogischen Theorieansätzen widerspricht.

Bevor aber ein Missverständnis entsteht: Natürlich haben Beschäftigungen (Malen, Basteln, Vorlesen, Singen, Tanzen usw.) einen Platz in der frühkindlichen Bildung, insbesondere wenn es gilt, Kindern neue Fertigkeiten zu vermitteln oder z. B. einen Liedtext zu lehren. Zumeist lassen sie sich aber in Projekte integrieren – und wenn dies nicht möglich ist, sollten sie nur einen kleinen Teil des Kita-Tages beanspruchen. Können sich Kinder im Freispiel, im Rollenspiel und in

Projekten ganzheitlich entwickeln und werden Selbstbildung und ko-konstruktives Lernen in hohem Maße realisiert, sind auch keine auf einzelne Kompetenzen (z. B. Resilienz, phonologische Bewusstheit) bezogene Förderprogramme angezeigt. Selbst für die Sprachentwicklung von Migrantenkindern sind keine ausgefeilten Programme notwendig, denn am erfolgreichsten wird sie in alltäglichen Interaktionen unterstützt (Fried und Briedigkeit 2008) – wofür die Erzieher aber genügend Zeit haben bzw. sich nehmen müssen. Es ging in diesem Beitrag also nicht um eine Ablehnung von Beschäftigungen per se, sondern um die Problematisierung der „neuen Beschäftigungspädagogik" und der damit verbundenen Verschulung von Kindertageseinrichtungen.

Fachkräfte, Träger, Eltern und Wissenschaftler sollten sich diesem Trend einer Scholarisierung der frühkindlichen Bildung widersetzen. Erst recht sollten sie Forderungen von Politik und Wirtschaft zurückweisen, dass in erster Linie in Kindertageseinrichtungen Kinder aus unteren sozialen Schichten und Randgruppenmilieus „umerzogen" und Kinder mit Migrationshintergrund in die deutsche Gesellschaft integriert werden sollen – einerseits ist dies unter den derzeitigen Rahmenbedingungen nicht möglich, andererseits können Tagesstätten nicht das bisherige Versagen von Schulen, Jugendhilfe, Sozialarbeit und Politik kompensieren.

Das bedeutet auch, dass sich Erzieher nicht als „Vorschullehrer" sehen dürfen (selbst wenn die Orientierung am Lehrerberuf scheinbar den eigenen Status erhöht), die Kindern „lehrend" oder gar „unterrichtend" begegnen. Vielmehr sollten sie sich als Fachkräfte verstehen, die Selbstbildung und ko-konstruktives Lernen bei Kleinkindern fördern, wie es sich vor allem im Freispiel, im Rollenspiel und in Projekten zeigt. Oder wie Knauf (2000) formulierte: „Die ... Erzieherin sieht sich als Begleiterin und Dialogpartnerin der Kinder. Sie versteht Erziehung als einen von Erwachsenen und Kindern gestalteten und verantworteten Interaktionsprozess, in dem sie und die Kinder gleichermaßen zum Staunen, Nachdenken, Fragestellen und Experimentieren herausgefordert werden..."

Literatur

Fölling-Albers, M. (2008): Kinder und Kindheit im Blick der Erziehungswissenschaft. In: Thole, W., Roßbach, H.-G., Fölling-Albers, M. & Tippelt, R. (Hrsg.): Bildung und Kindheit. Pädagogik der Frühen Kindheit in Wissenschaft und Lehre. Opladen, 33–47.

Forschungsinstitut für Bildungs- und Sozialökonomie (2008): FiBS legt Analyse zu Angebot, Nachfrage und Wirkungen von Nachhilfe vor. Pressemitteilung vom 5. Mai.

Frey, K. (1996): Die Projektmethode. Weinheim, 7. Aufl.

Fried, L. & Briedigkeit, E. (2008): Sprachförderkompetenz – Selbst- und Teamqualifizierung für Erzieherinnen, Fachberatungen und Ausbilder, Berlin.

Knauf, T. (2000): Reggio-Pädagogik. Ein italienischer Beitrag zur konsequenten Kindorientierung in der Elementarerziehung. www.kindergartenpaedagogik.de/1595.html.

Knauf, T. (2001): Projekte in der Reggio-Pädagogik. In: PÄD Forum, Heft 3, 15–19.
Knauf, T. (2003a): Materialien für Kinder. Impulse der Reggio-Pädagogik. www.kindergarten-paedagogik.de/1066.html.
Knauf, T. (2003b): Projekte in der Reggio-Pädagogik. www.kindergartenpaedagogik.de/1067.html.
Knauf, T. (2003c): Dokumentation als zentrales Element in der Reggio-Pädagogik. www.kindergartenpaedagogik.de/1059.html.
Knauf, T. (2005a): Reggio-Pädagogik: kind- und bildungsorientiert. www.kindergartenpaedagogik.de/1138.html.
Knauf, T. (2005b): PISA, Reggio und der Bildungsauftrag des Kindergartens. www.kindergarten-paedagogik.de/1323.html.
Knauf, T. & Fischer, V. (2007): Die hundert Sprachen der Kinder – Die Weiterbildung zur „Fachkraft für Reggio-Pädagogik". www.kindergartenpaedagogik.de/1561.html.
Knauf, T., Düx, G. & Schlüter, D. (2007): Handbuch Pädagogische Ansätze. Praxisorientierte Konzeptions- und Qualitätsentwicklung in Kindertageseinrichtungen. Berlin.
Krenz, A. (2008): Der „Situationsorientierte Ansatz" in der Kita. Grundlagen und Praxishilfen zur kindorientierten Arbeit. Troisdorf.
Rodari, G. (1992): Grammatik der Fantasie. Die Kunst, Geschichten zu erfinden. Leipzig.
Textor, M. R. (2002): Gehirnentwicklung und Lernen im Kleinkindalter – Konsequenzen für die Erziehung im Kindergarten. www.kindergartenpaedagogik.de/779.html.
Textor, M. R. (2005): Projektarbeit im Kindergarten. Planung, Durchführung, Nachbereitung. Norderstedt.
Textor, M. R. (2006): Bildung im Kindergarten. Zur Förderung der kognitiven Entwicklung. Münster.
Textor, M. R. (2007a): „So bilden wir in der Kita!" Ein beispielhafter Elternbrief. In: Rieder-Aigner, H. (Hrsg.): Zukunfts-Handbuch Kindertageseinrichtungen. Bildungsarbeit im Mittelpunkt. Regensburg, 55. Aktualisierung.
Textor, M. R. (2007b): Rettet das Freispiel! Plädoyer gegen die Verschulung des Kindergartens. www.kindergartenpaedagogik.de/1681.html.
Textor, M. R. (2007c): Zur Bedeutung des Freispiels – die IEA-Längsschnittstudie. www.kindergartenpaedagogik.de/1695.html.
Träbert, D. (2004): Starke Eltern – erfolgreiche Schüler. Reinbek bei Hamburg, 2. Aufl.
Zimmer, J. (2000): Der Situationsansatz in der Diskussion und Weiterentwicklung. In: Fthenakis, W. E. & Textor, M. R. (Hrsg.): Pädagogische Ansätze im Kindergarten. Weinheim, 94–114.

Vom Kindergarten zum Familienzentrum – Wandel des gesellschaftlichen Auftrags und seine konkrete Umsetzung

Heide Marie Syassen

1 Veränderte Anforderungen an Kindertageseinrichtungen – eine persönliche Perspektive

Seit 34 Jahren bin ich ganztags berufstätig. Als Erzieherin im Anerkennungsjahr habe ich bereits kommissarisch den ersten Kindergarten geleitet. Wenige Jahre später nahm ich das Angebot an, mich für den Neu- und Aufbau eines dreigruppigen Kindergartens zu engagieren. Mit großer Freude an dieser Arbeit und mit dem Blick auf viele Details dieser verantwortungsvollen Aufgabe wurde mir die Bedeutung der Zusammenarbeit mit den Familien als Voraussetzung für ganzheitliche Kindergarten-Pädagogik schnell bewusst. Heute leite ich ein Familienzentrum in kommunaler Trägerschaft. Von August 2006 bis Juli 2007 war unsere Einrichtung als kommunales Modell ausgezeichnet. Danach begann die Pilotphase im Modell des Landes Nordrhein-Westfalen. Mit der Leitung dieses Hauses, einer Kindertagesstätte mit fünfundachtzig Kindern und 14 Mitarbeiterinnen und zuzüglich Praktikantinnen, beschäftige ich mich seit fast fünfundzwanzig Jahren.

Meine persönliche, berufliche Entwicklung von der Leiterin eines Kindergartens zur Leiterin eines Familienzentrums gibt mir die Möglichkeit, Aufschluss über die Hintergründe der Entwicklung einer solchen Institution zu geben. Insbesondere geht es hier um die Weiterentwicklung des Teams.

Die Herausforderungen an Tageseinrichtungen für Kinder, die zum einen die Qualifizierung als erste Bildungseinrichtung mit dem Auftrag zu Bildung, Erziehung und Betreuung voraussetzt und zum anderen ein flexibles Reagieren auf die veränderten Bedarfe von Familien mit differenzierten, vielfältigen Angeboten erwartet, sind den Kolleginnen in den Kitas nicht entgangen. Von Familienzentren wird zudem die Öffnung in den Sozialraum und ihre Vernetzung mit anderen Feldern der Jugendhilfe erwartet. Mit diesen Anforderungen direkt konfrontiert brauchen die Profis in den Tageseinrichtungen Unterstützung und neue Wege, um Zielen und Aufgaben exzellent entsprechen zu können.

In der Wahrnehmung meiner Leitungstätigkeit hat mich folgende Aussage von Albert Einstein sehr geprägt:

> „Das Ziel der Erziehung muss die Heranbildung selbstständig handelnder Individuen sein, die aber im Dienste an der Gemeinschaft ihre höchste Lebensaufgabe sehen."

Im Folgenden werde ich beschreiben, wie die Umsetzung der neuen gesellschaftlichen Anforderungen an Kindertageseinrichtungen vom Sozialraum akzeptiert gelingen kann und welche Voraussetzungen dazu erfüllt werden müssen. Dabei gehe ich den Fragen nach: Was hat uns ausgemacht in dieser Zeit? Wie hat sich unser Profil entwickelt? Was macht meine Tätigkeit aus? Wie konnte ich diese Prozesse begleiten?

2 Die Idee des Familienzentrums

In Nordrhein-Westfalen wurde 2006 das Programm „Familienzentrum NRW" ins Leben gerufen. Ziel des Programms ist es, Kindertageseinrichtungen so auszubauen, dass sie nicht nur Bildungsmöglichkeiten schaffen und Betreuungsleistungen bieten, sondern eine umfassende Unterstützung von Familien durch Beratung, Bildung, Information, Hilfe und Austausch für Familien bereitstellen können. So soll es für Familien leichter werden, ihre Erziehungsaufgaben angemessen wahrzunehmen und Familie und Beruf zu verbinden. Bis 2012 sollen im ganzen Land 3000 Familienzentren entstehen. Das Land NRW vergibt hierfür ein Gütesiegel, das Einrichtungen verliehen werden kann und diese als „Anerkanntes Familienzentrum" ausweist. Dazu müssen bestimmte Kriterien erfüllt werden (vgl. MFGGI 2007). Kindertagesstätten, die sich am Landesprojekt Familienzentrum NRW beteiligen wollen, müssen ihre Qualität im Rahmen eines Zertifizierungsprozesses dokumentieren.

Der Kriterienkatalog erfasst vor allem Leistungen und Strukturen, die für die Förderung und Unterstützung von Kindern und Familien wesentlich sind, die gewährleisten, dass es sich um ein niederschwelliges Angebot handelt und die in der Praxis nicht zum allgemeinen Standard von Tageseinrichtungen gehören. Die Gütesiegelkriterien richten sich dabei an den erforderlichen Leistungen und Strukturen eines Familienzentrums aus. Entsprechend gliedert sich das Gütesiegel in vier Leistungsbereiche und in vier Strukturbereiche. Die Leistungsbereiche stellen die Inhalte der Angebote des Familienzentrums dar (vgl. MFGGI 2007):

Beratung und Unterstützung von Kindern und Familien

Das Familienzentrum hält ein niederschwelliges Angebot der Beratung und Unterstützung von Kindern und Familien bereit. Da fast 40 % der Unter-6-Jährigen eine Zuwanderungsgeschichte haben, sollte das Angebot für alle interkulturell ausgerichtet sein, d. h. alle Familien sollten sich im Sinne eines interkulturellen Dialogs einbringen und ihren Bedürfnissen entsprechend in den Angeboten wieder finden.

Familienbildung und Erziehungspartnerschaft

Das Familienzentrum sieht sich als Partner der Eltern und hält ein vielfältiges Angebot der Familienbildung bereit. Das Angebot berücksichtigt die unterschiedlichen Ansprüche verschiedener Familien und stellt sich auch auf die besonderen Kompetenzen und Bedürfnisse von Eltern mit Zuwanderungsgeschichte ein.

Kindertagespflege

Das Familienzentrum unterstützt Familien im Hinblick auf die Nutzung einer qualifizierten Kindertagespflege. Dazu gehören die Beratung von Eltern sowohl bezogen auf die Leistungen von Tagespflege als auch über die Vermittlungswege, die Zusammenarbeit mit Tageseltern und die Unterstützung ihrer Qualifizierung. Je nach Organisation in der Kommune kann das Familienzentrum auch an der qualifizierten Vermittlung von Tages-Eltern mitwirken oder diese selbst durchführen.

Vereinbarkeit von Beruf und Familie

Das Familienzentrum unterstützt die Vereinbarung von Beruf und Familie durch die Bereitstellung eines bedarfsgerechten Betreuungsangebots.

Ziel ist es, über das im Gesetz geregelte Standardangebot hinaus Leistungen zu entwickeln, die auf die unterschiedlichen Bedürfnisse verschiedener Familien abgestimmt sind. Dabei wird Wert gelegt auf eine qualitativ hochwertige Bildung, Betreuung und Erziehung, die den Bedürfnissen der Kinder entspricht.

Die Strukturbereiche beschreiben die organisatorischen Rahmenbedingungen, die eine erfolgreiche und nachhaltige Arbeit ermöglichen sollen:

Sozialraumbezug

Der Sozialraumbezug ist ein grundlegendes Merkmal eines Familienzentrums. Zum einen erfordert das Ziel der niederschwelligen Beratung ein Angebot von Leistungen in räumlicher Nähe zu den Familienwohnorten, zum anderen soll jedes Familienzentrum sein Angebot an dem besonderen Bedarf seines Umfelds orientieren. Die Kriterien für Basis- und Aufbauleistungen sind darauf ausgerichtet, dass die Familienzentren sich mit der Situation in ihrem Umfeld auseinandersetzen, sich mit Unterstützung des örtlichen Jugendamtes und des Trägers Daten und qualitative Informationen beschaffen und ihr Angebot entsprechend planen.

Kooperation und Organisation

Familienzentren können ihre Leistungen mit eigenen Ressourcen und in Kooperation zwischen Tageseinrichtungen und anderen Partnern erbringen. Sie bündeln für die Gestaltung ihrer Angebote die Kompetenzen und Ressourcen lokaler

Kooperationspartner und sorgen für eine kooperative Entwicklung von Angeboten ebenso wie für eine verbindliche Regelung von Zuständigkeiten.

Kommunikation

Das Familienzentrum sorgt dafür, dass seine Angebote bekannt sind. Es nutzt dabei unterschiedliche Wege und wählt, wo immer es sinnvoll ist, eine zielgruppendifferenzierte bzw. zielgruppenspezifische Ansprache.

Leistungsentwicklung und Selbstevaluation

Das Familienzentrum arbeitet kontinuierlich an der Weiterentwicklung seines Konzepts und seiner Leistungen sowie der Qualität.

Diese allgemeinen Vorgaben und Kriterien muss nun jedes einzelne Familienzentrum für sich umsetzen und vor allem an die jeweiligen lokalen Bedingungen anpassen. Auf die Frage „Welche Merkmale zeichnet ein Familienzentrum jetzt aus?" muss die Antwort lauten: „Eben, dass es einzigartig ist und den vielfältigen Möglichkeiten aller Beteiligten vor Ort Fachkräfte, Familien und Sozialraum entspricht."

Die Qualität eines Familienzentrums leitet sich aus den Leitbildern und Zielvorstellungen der Beteiligten ab. Das heißt, wir müssen uns sehr genau darüber bewusst sein und verständigen, was wir für Kinder und ihre Familien erreichen wollen. Unser Bild vom Kind und unsere Vorstellung von einer menschlichen Gesellschaft und vom Zusammenleben der Menschen – interkulturell und generationsübergreifend – prägt unsere Zielsetzung. Unsere Grundhaltung hat bedeutenden Einfluss auf diese Entwicklung.

Wie sollen Erzieher und ihnen voran die Leitungskräfte sein, damit sich das entwickeln kann, was an der Grundidee Familienzentrum so besonders ist? Grundsätzlich gilt hier dasselbe, was auch für eine exzellente Kita Voraussetzung ist: Die Fachkräfte sollten

- Strukturen schaffen, die Kommunikation fördern.
- Verbindungen schaffen, in Sinnzusammenhängen und ganzheitlich denken.
- Beziehungen stiften, nicht das Einzelne hat Bedeutung, sondern die Beziehung, die Bewegung, der Prozess.
- ein neues Ganzes schaffen, aus der Summe der unterschiedlichen Wahrnehmungen aller Beteiligten Erzieherinnen, Eltern und Externer entsteht etwas Neues.
- einander mit Achtung und Wertschätzung begegnen.
- Brücken bauen, nicht Barrieren.

Träume und Visionen können und müssen Prozesse auslösen, die zum Überdenken alter Standpunkte einladen. Notwendig ist eine Dynamik, die Fortgang, Verlauf und Entwicklung deutlich macht. Das allerdings ist ein Meilenstein, den es zu überwinden gilt, denn: Neue Ideen werden häufig belächelt. Dann werden sie verstanden und wenn die Zeit gekommen ist, werden sie wie eine *eigene Idee* empfunden.

3 Was macht unsere Einrichtung aus?

Im Folgenden möchte ich unsere Einrichtung und die in den letzten Jahrzehnten dort entstandenen Ideen und Strategien vorstellen. Jede Einrichtung arbeitet und lebt unter ihren je eigenen Rahmenbedingungen und mit ihren je eigenen Akteuren. Dennoch lassen sich gemeinsame Strukturen erkennen, so dass die im Folgenden vorgestellte Einrichtung sicher auch Anregungspotential für andere bietet und zugleich exemplarisch betrachtet werden kann.

3.1 Unsere Philosophie

Die Städtische Kindertagesstätte Oberlohmannshof folgt seit vielen Jahren der Reggio-Philosophie. Reggio-Pädagogik bezeichnet die Konzeption und Praxis der kommunalen Kindertagesstätten in Reggio Emilia (Norditalien). Sie zählt weltweit zu den ambitioniertesten elementarpädagogischen Konzepten. Seit mehr als zwei Jahrzehnten orientieren sich an ihr Reformbemühungen pädagogischer Einrichtungen in vielen Ländern der Welt. Im Wissen darum, dass man keine pädagogische Konzeption eins zu eins übernehmen kann, übertragen und leben wir die Grundgedanken dieser Philosophie in unserem Haus. Dr. Elena Giacopini (Fachberaterin der kommunalen Kindertagesstätten in Reggio Emilia) attestierte uns die gelungene Umsetzung mit den Worten: „Ich erlebe hier die Reggio-Pädagogik im besonderen Maße in der Beachtung und Wertschätzung den Menschen – aber auch den Dingen gegenüber." Unsere Umsetzung und gelebte Praxis dieses humanistischen Ansatzes möchte ich durch folgende Thesen deutlich machen:

- Wir müssen erkennen, dass wir die Möglichkeit haben, uns mit Kindern in einer Beziehung der gegenseitigen Achtung den „einfachen" und doch sehr tiefen Fragen der Philosophie stellen können.
- Wir müssen Möglichkeiten schaffen, die uns Rückschlüsse geben, wie Kinder denken, handeln, experimentieren, kommunizieren. Notwendig ist Be(ob)achtung, Dokumentation, Interpretation, Reflexion.
- Dokumentation, um zu verstehen, was und wie etwas passiert. Das ist der Punkt, wo Erzieherinnen neu lernen! Es geht darum, den Prozess sichtbar zu machen. Es geht um den Sinn!
- Wir müssen Kindern Möglichkeiten geben, Fragen zu formulieren, die wir gemeinsam zu lösen versuchen!

- Wenn wir staunen, entdecken oder überrascht sind heißt das, dass wir Fragen stellen.
- Wenn wir Kindern zuhören, lernen sie, dass das, was sie sagen, wichtig ist.
- Wenn Kinder uns mitteilen, wie sie ihre Welt begreifen – und wir aufmerksam bei ihnen sind, wenn wir sie wirklich ernst nehmen, dann zeigen wir ihnen damit, dass sie auf dem richtigen Weg sind. Sie werden forschen und entdecken. Sie werden Fragen stellen und Antworten finden.
- Reggio-Pädagogik ist kein Modell, sondern eine bestimmte Weise zu denken, wahrzunehmen, zu beobachten, zu arbeiten und zu dokumentieren.
- Eine wichtige Aufgabe der Erzieherin ist es, sich Zeit zu nehmen. Jedes Problem, jede Frage verdient Respekt und Beachtung. Es gibt dafür keine vorgesehenen Lerntempi und Ergebnisse.
- Es ist sehr wichtig, eine Struktur zu schaffen, die Kommunikation fördert.
- Verbindungen müssen geschaffen werden! Alles hat mit allem zu tun! Denken in Sinnzusammenhängen, so dass Ganzheitlichkeit entsteht.
- In der Projektarbeit geht es um sinnliches Begreifen „Nichts ist im Geiste, was nicht in den Sinnen war"
- Nicht der Gegenstand hat Bedeutung, sondern die Beziehung, die Bewegung, der Prozess.
- Erfahrungen der Kinder müssen wir sichtbar machen! Dies ist eine Möglichkeit zu verstehen, wie Kinder lernen.
- Wir brauchen nicht über große Theorien zu sprechen, sondern über das tatsächliche Leben. Dadurch jedoch entstehen große Theorien!
- Dokumentationsmaterial ist eine Art von Gedächtnis und eine Art, Gedanken Bedeutung zu geben.
- Philosophische Gespräche mit Kindern sind nicht das auf wundersame Weise zustande gekommene Ergebnis eines höchst seltenen Gedankenaustausches, sie entstammen vielmehr der tagtäglichen Erfahrung hellhöriger Eltern und Erzieherinnen!
- Die Summe der unterschiedlichen Wahrnehmungen einzelner Erzieherinnen wird zu einem neuen Ganzen. Kinder bekommen so neue Chancen.

Erzieherinnen können sich weiterentwickeln, wenn durch Leitung Steuerungsmodelle geschaffen werden, die Entwicklung möglich machen. Die Qualität der pädagogischen Arbeit steht parallel zur Personalentwicklung. Wenn Leitung Prozesse in Gang setzt und diese kontinuierlich begleitet, ist eine Veränderung zugunsten qualitativerer Arbeit möglich, die das Innenleben von sozialpädagogischen Institutionen verbessert.

Die Sensibilisierung und Erweiterung von grundlegenden Voraussetzungen der sozialpädagogischen Fachkräfte wird erst dadurch möglich. Dabei spielt Beratung eine wichtige Rolle. Beratung ist eine Form der fachlichen Fortbildung mit dem Praxismaterial vor Ort, der persönlichen Auseinandersetzung mit sich selbst und der Beziehungserklärung mit den Mitarbeitern auf der Grundlage der gemeinsam erstellten hauseigenen Konzeption. Die sozialpädagogische Arbeit verlangt ein *sich ständiges*

Neueinstellen auf veränderte Situationen. Damit nicht Starrheit den täglichen Kita-Ablauf bestimmt, müssen die Erzieher und alle weiteren sozialpädagogischen Fachkräfte mit ihr, mit Flexibilität und Offenheit auf neue Entwicklung reagieren.

Wandel geschieht – unabhängig davon ob wir ihn suchen und unterstützen. Wir sollten die Chance nutzen, dabei zu sein. Die Möglichkeiten, daraus etwas zu machen, sind so groß wie wir sie sehen.

Am veränderten Bild von Familie lassen sich die Anforderungen an Tageseinrichtungen für Kinder deutlich machen. Die Bandbreite von der familienergänzenden Vormittagsgruppe bis hin zu Einrichtungen, die Defizite von Familien auffangen und umfassende Erziehungs- und Bildungsarbeit leisten, ist groß, von organisatorischen Anforderungen ganz zu schweigen. Die Aufgaben der Erzieherinnen haben sich damit geändert. Die notwendige Anpassung ihrer Arbeit an veränderte Kindheit ist erforderlich! An dieser Stelle möchte ich beschreiben, wie wir diese Veränderungsprozesse aufgegriffen und umgesetzt haben.

In einem Beitrag zum Arbeitsbuch *„Bildungswerkstatt KiTa"*, beschreiben wir den Prozess der Entwicklung unserer Tageseinrichtungen für Kinder (Lill 2004). Die Schlüsselrolle der Leitung beschreibt Gerlinde Lill:

„Leiterinnen sind Motor der Entwicklung, sie motivieren ihre Teams, halten den roten Faden und geben die Richtung vor – oder auch nicht. In dem Maße, wie sie selbst Klarheit über ihre Positionen gewinnen und Ziele ins Auge fassen, wachsen ihre Chancen, die Mitarbeiterinnen zu überzeugen und für einen Prozess der permanenten Reflektion und Weiterentwicklung zu gewinnen. Sind sie in der Lage, Diskussionen zu strukturieren und Auseinandersetzungen in konstruktiver Weise zu ermöglichen, tragen sie zu einer verbesserten Kommunikations- und Streitkultur bei – erfahrungsgemäß eine der wichtigsten Voraussetzungen für jede Art von Bewegung im Team. Denn die Bereitschaft sich mit wechselnden und wachsenden Anforderungen auseinander zu setzen, hängt davon ab, ob das in vertrauensvoller Atmosphäre geschieht, überschaubare Schritte gegangen werden und Erfolge abzusehen und zu erleben sind. Die Leiterin muss den Kurs halten und das Ziel erkennbar werden lassen, ein schwieriges Unterfangen, für das Unterstützung und gegenseitige Hilfe notwendig sind.

Besonders, wenn man sich – wie beim Thema Bildung – mit ungewohnten Fragen, wachsenden Ansprüchen und provokanten Thesen auseinandersetzen soll, haben die Leiterinnen ein hartes Stück Arbeit zu leisten. Leiterinnen sind zugleich Multiplikatorinnen und Filter – auch das will gelernt sein.

Neben Klarheit und Transparenz von Zielen muss die Aufmerksamkeit gegenüber vorhandenen und möglichen Entwicklungen im Team treten, die Wahrnehmung von Unterschiedlichkeit, die Nutzung von Ressourcen, die Förderung von Interessenschwerpunkten und die Anerkennung von Engagement.

Bei diesen schwierigen Aufgaben brauchen Leiterinnen Unterstützung. Es geht nicht allein um fachliches Wissen, sondern um kommunikative und Personalführungskompetenzen, um Stehvermögen und Zielstrebigkeit in Kombination mit methodischen Kenntnissen und einer klaren Strategie. Träger, denen an Qualitätsentwicklung gelegen ist, müssen die Leiterinnen in ein System von Austausch und

Qualifizierung einbinden und ihnen Gelegenheit zur eigenen Weiterbildung bieten. Der Bildungsanspruch an Kindertagesstätten bedeutet auch, Bildungsprozesse der Mitarbeiterinnen, vorneweg der Leiterinnen zu fördern. Denn die Qualität der Arbeit kann nur so gut sein, wie die Kompetenz der Mitarbeiterinnen."

3.2 Kontinuierliche Teamentwicklung für professionelles pädagogisches Handeln

Die Komponente der Kompetenzbildung beinhaltet sowohl die persönliche, die fachliche als auch die soziale Kompetenz. In diesem Bereich scheint es mir eine bedeutende Aufgabe, das Team zu unterstützen. Die Grundhaltung der pädagogischen Fachkraft, ihr Selbstverständnis und die daraus resultierende Handlungskompetenz sind ausschlaggebend für die positive Zusammenarbeit mit den Familien. Erzieherinnen müssen die Profis in der Kindertagesstätte sein – Eltern sind die Profis ihrer Kinder!

Profilmerkmale eines Familienzentrums wie unseres möchte ich wie folgt benennen:

- Teamqualifizierung, Kita als lernende Organisation, wenig Fluktuation
- Familienzentrum mit erweiterten Räumen durch eine zusätzlich angemietete Wohnung in der Siedlung und Vernetzung mit Kooperationspartnern
- Beziehungs- und Resilienzförderung
- Umfassende Partizipation von Kindern
- Erziehungs- und Bildungspartnerschaft und Partizipation von Eltern
- Ein differenziertes Raumkonzept und Binnendifferenzierung
- Differenzierte Projektarbeit und Dokumentation
- Bildungsdokumentationen für alle Kinder
- Umsetzung der Philosophie der Reggio-Pädagogik
- Öffnung nach innen und außen
- Einbeziehung von externen Spezialisten
- Lust und Freude an der gemeinsamen Weiterentwicklung.

Seit 1992 finden in der von mir beschriebenen Kindertagesstätte jährlich zwei Studientage statt, an denen das Team sich sowohl fachlich als auch persönlich intensiv mit konzeptionellen Themen auseinander setzt. Bei der relativ geringen Fluktuation im Team haben alle erarbeiteten Themen bis heute deutliche Spuren hinterlassen und somit das Profil und den pädagogischen Alltag geprägt. Neu dazu gekommene Kolleginnen und Kollegen, auch Berufspraktikantinnen und Berufsanfängerinnen, finden schnell ihren Zugang zur Hausphilosophie. Dies ist auch der Sicherheit des Stammpersonals zuzuschreiben und das wiederum erhält seine Wirkung durch Steuerungsmodelle, die durch die Leitung geschaffen werden. Spezifisch ausgewählte Themen zur Weiterentwicklung des Teams und des pädagogischen Handelns waren zum Beispiel:

- Familienbilder und die Bedeutung für unsere Arbeit
- Entwicklungspsychologische Erkenntnisse als Grundlagen für den Kita-Alltag
- Zielformulierungen und Begründungen für die Kita-Arbeit
- Die eigene Rolle innerhalb des Teams
- Gruppendynamische Prozesse
- Reggio-Pädagogik: Projektarbeit und Dokumentation
- Bildung und ästhetisches Handeln
- Leben und Lernen – Entwicklung in der Kindertagesstätte
- Entdeckendes Lernen: Die Kreativität unserer Kinder, die Kreativität der Erzieherinnen, ausprobieren – experimentieren – umsetzen
- Implementieren von Bildungsplänen
- Qualität im Dialog entwickeln: Standortbestimmung und Perspektiven
- Das Management der IQUE (Integrierte Qualitäts- und Personalentwicklung)
- Emotionale Intelligenz und Herzensbildung
- Teamentwicklung, Standortbestimmung
- Kontakt – Kommunikation – Konflikt: Inhouse-Kommunikationstraining
- Kollegiale Beratung
- Sich präsentieren lernen
- Familienzentrum: Die Kleinen kommen

Das Team muss sich individuell entwickeln dürfen, seinen Schwerpunkt der Arbeit herausfinden und festlegen können und sich zu einem einzigartigen Modell formen, das authentisch eigene Erkenntnisse benennt und umsetzt. Trägern wäre anzuraten, solches Engagement zu fördern. Leider fehlt diese innovative Sichtweise häufig, denn immer noch werden durch Einheitsprinzipien gute Entwicklungen verhindert.

3.3 Die besondere Rolle der Leitung

In meiner Leitungstätigkeit sehe ich in der Begleitung und Beratung des Teams in den oben beschriebenen Prozessen eine besondere Möglichkeit der Teamentwicklung. Beratung muss sich auf intrapersonale Konflikte einzelner Mitarbeiterinnen, gruppendynamische Strukturen innerhalb des Teams, organisatorische Belange der Einrichtung und Arbeitsstrukturen der Institution beziehen. Beratung muss aktuelle Probleme der Praxis aufnehmen und Lösungsstrategien entwickeln helfen. Es müssen Ursachen von Problemen und Widersprüchen in Erfahrung gebracht werden, um Mitarbeiterinnen dabei zu unterstützen, diese fachkompetent zu lösen.

In dieser Rolle als Teamberaterin kann ich persönliches und fachliches Wachstum der einzelnen Fachkräfte fördern, ihre Handlungskompetenz erweitern, ihre berufliche Qualifikation verstärken und ihnen helfen, ihre Wahrnehmungsfähigkeiten zu verbessern. Dies führt gleichzeitig zur Entwicklung eines guten Arbeitsklimas und das wiederum ist die Voraussetzung einer gemeinsam gelebten Hausphilosophie und eines besonderen Profils, das großen Einfluss auf die gute

Zusammenarbeit mit den Familien hat. Ein gesundes Selbstverständnis und Kompetenz sind das Handwerkszeug der Erzieherin. Ohne die Erkenntnis, dass gerade die eigene Kindheit und das daraus resultierende Verhaltensmuster sich auf das Tun in gerade diesem Beruf auswirken, wird oft nicht die Bedeutung des Bezugs zwischen der eigenen Person und der handelnden Erzieherin deutlich. Gerade aber dieser Zusammenhang ist wichtig für die Bildung des Selbstverständnisses bzw. der Eigenkompetenz, die man vor sich selbst und nach außen vertreten kann.

Meine Tätigkeit als Leiterin – zunächst eines Kindergartens bis zuletzt eines Familienzentrums – umfasst Organisations- und Verwaltungsarbeiten in vielfältigem Maß und schließt aktuell den Aufbau eines Kooperationsnetzes mit Partnern wie Beratungsstellen, Sportjugend der Stadt, Frühförderungsstellen, Volkshochschule, Grundschulen, Musik-, Kunst- und Fachschulen, dem Internationalen Bund und weiteren Experten zu speziellen Themen ein. Wie aber oben beschrieben, gilt ein besonderer Schwerpunkt meiner Arbeit und gleichzeitig meiner beruflichen Leidenschaft der Begleitung und Beratung des Teams und der Eltern. So ist meine Arbeit an der Weiterentwicklung des pädagogischen Prozesses ebenso wie die enge, partnerschaftliche Zusammenarbeit mit den Familien eine Hauptausrichtung meines Schaffens in diesem psychosozialen Arbeitsfeld. Um diesen Schwerpunkten weiterhin – ohne gesundheitliche Einschränkungen – treu zu bleiben sind zusätzliche Fachkräfte, wie eine Büroassistenz und ein Hausmeister für viele andere Dinge von größter Notwendigkeit. Und das muss für alle Familienzentren in Zukunft eingeklagt werden. Es ist auch für Erzieherinnen und Leiterinnen nicht möglich, in vierzig Stunden die Arbeit von sechzig Stunden zu vollbringen.

Wertschätzung und Toleranz sollten die zentralen Themen des pädagogischen Alltags sein. Dann ist im ständig fortschreitenden Prozess der Diskussion und Reflexion eine Philosophie der Alltagspraxis erlebbar, die individuelle Wandlungsprozesse berücksichtigt und das Kind als Akteur seiner eigenen Entwicklung betrachtet. Loris Malaguzzi spricht in diesem Zusammenhang von einer Pädagogik, die eher nomadenhaft und ständig im Wandel ist.

4 Von der Kindertagesstätte zum Familienzentrum

Wie wird nun also aus einer Kindertagesstätte ein Familienzentrum? Welche Bedingungen erleichtern die notwendigen Schritte und welche Bedingungen erschweren sie? Welche Auseinandersetzungen sind Grundvoraussetzung für Veränderungsprozesse und wie gelingt der Spagat zwischen Anforderung und Umsetzung?

Zunächst einmal möchte ich hervorheben, dass auch dieser Prozess von Personen abhängt, die ihn gestalten. Zu welchen Bedingungen arbeiten Fachkräfte in Kindertagesstätten? Was bringen sie mit, wenn sie ihren beruflichen Weg beginnen? Wie konnten sie sich bilden, wie wurden sie ausgebildet? Welche Werte haben sie geprägt, über welche Kompetenzen verfügen sie? Mit welchem Selbstverständnis begleitet die Leiterin das Team, wie gestaltet sie den Entwicklungsprozess ihres Hauses, wie gelingt ihr die Profilbildung, mit welcher Philosophie? Wie entwickelt sie sich selbst weiter, agiert oder reagiert sie nur? Erkennt sie neue gesellschaftliche und politische Anforderungen, gestaltet sie neue Ansätze in der Frühpädagogik und setzt sie eigene Strategien zur Gestaltung ihrer Kindertagesstätte/ihres Familienzentrums um? Trägt sie politische Verantwortung?

Die vorhandenen fachlichen Standards als „Haus für Familien" und die bereits gelebte Praxis seit mehr als zwei Jahrzehnten waren in unserem Beispiel die Ausgangslage, zu einem Familienzentrum zu werden. Als Leiterin der Kita konnte ich Prozesse in Gang setzen, die gekennzeichnet sind durch:

- Gemeinwesenorientierung
- Zusammenarbeit mit Familien
- Projektarbeit und Dokumentation
- Zusammenarbeit mit unterschiedlichen Kooperationspartnern

Gemeinwesenorientierung

Die Kita ist Bestandteil des öffentlichen Lebens. Sie kooperiert mit anderen Institutionen. Die Verknüpfung der Kita-Kinder mit dem Gemeinwesen, in dem sie leben, und die Offenheit der Kita gegenüber Familien und Nachbarn sind wesentlicher Bestandteil unserer Arbeit. So steht die Arbeit der Kita in Wechselwirkung mit der Umgebung. Die Erfahrungen der Kinder mit Kunst und Kultur, Verkehr und Kommunikation, Handwerk und Gewerbe sowie Bildung und Forschung vermitteln der Öffentlichkeit einen Eindruck von den Bildungsprozessen in der Kita. Gemeinsame Projekte entwickeln sich daraus.

Zusammenarbeit mit Familien

Die Einbeziehung der älteren Generation (wie Großeltern) war seit Beginn meiner Leitungstätigkeit ein wichtiger Schwerpunkt unserer Arbeit. Vier Faktoren der Elternarbeit werden seit mehr als zwanzig Jahren in der Kita umgesetzt: Elternberatung, Elternbildung, Elternmitentscheidung, Elternmitarbeit.

In den letzten zehn Jahren fand auch die Zusammenarbeit mit den Großeltern und darüber hinaus mit älteren Bürgern des Stadtteils und der Umgebung immer mehr Beachtung. Durch diese Öffnung haben sich seit mehreren Jahren Projekte entwickelt, von denen alle profitieren. So spielt seit dreieinhalb Jahren jeden Donnerstag die inzwischen einundsiebzigjährige Dorothea Weißhaupt mit drei- bis sechsjährigen Kindern der Kita Schach. Heinz Wörmann, der Großvater eines Kita Kindes, spielt seit zwei Jahren zweimal wöchentlich Klavier in unserem Haus und schafft damit einen bedeutenden Beitrag für die Familien und für das

Mitarbeiterteam. Welchen Stellenwert diese Aufgaben für die betroffenen „Alten" haben, wird immer mehr thematisiert.

Projektarbeit und Dokumentation

Die Dokumentation der Arbeit ist ein wesentlicher Aspekt der pädagogischen Praxis. Familien und die Öffentlichkeit erhalten dadurch ein differenziertes Bild und Transparenz unserer Arbeit. Eltern und Interessierte werden informiert, das Interesse wird geweckt. Die Kommunikation – auch in der Öffentlichkeit – wird darüber gefördert.

Zusammenarbeit mit unterschiedlichen Kooperationspartnern

Unsere Mitarbeit in Modellprojekten des SPI Köln zur Integration von Migranten hat uns bereits vor ca. fünfzehn Jahren Wege gezeigt, wichtige Erkenntnisse für unsere Arbeit zu nutzen. Unsere ersten Sprach- und Alphabetisierungskurse für Migranten liegen mehr als zwanzig Jahre zurück. Des Weiteren ist Kooperation und Vernetzung mit Partnern aus der Gemeinde und externen Fachkräften, mit Spezialisten und Institutionen in den vergangenen Jahren ein wichtiger Aspekt unseres vorausschauenden Handelns und eine große Bereicherung für unsere Praxis gewesen. Frei nach der Devise „Die Möglichkeiten sind so groß wie man sie sieht" sind wir kreativ mit unseren Visionen umgegangen und haben vieles umgesetzt. Das Team ist in Bewegung. Ein hoher Standard der pädagogischen Praxis ist erreicht und durchaus messbar.

5 Fazit

Durch die Darstellung meiner Tätigkeit als Leiterin und durch die Reflexion meiner beruflichen und persönlichen Rolle wird mir wieder einmal bewusst, in welch großer Verantwortung einerseits Erzieherinnen in der elementarpädagogischen Arbeit stehen und zum anderen, welche Schlüsselposition die Leiterinnen dabei einnehmen. Sie können Prozesse ermöglichen, sie können sie aber ebenso auch verhindern. Handlungskompetente Leitungskräfte brauchen dazu Handlungsvollmacht, gute Rahmenbedingungen und damit auch zusätzliche Kapazitäten, die gewährleisten, dass sie ihre kostbare Arbeitszeit für die wesentlichen Dinge nutzen können. Ich bin sicher, dass jede Teamleiterin zum einen ein großes Maß an Intuition braucht und gleichzeitig mit viel Empathie und großer Aufmerksamkeit beobachtet, wo das Team steht, dass sie erkennt, wohin sich das Team entwickeln kann, will und soll und dann entscheidet, was passieren muss.

Entwicklung wird erst dann möglich, wenn das Selbstverständnis der Leitung oder des Leitungsteams gut geprägt ist und Möglichkeiten schafft, diese Bewegung zu einer „lustvollen" Passion zu machen. Das hört sich möglicherweise nach unbeschwerter Leichtigkeit an. Ist es aber nicht! Manchmal frage ich mich, um welchen Preis was noch alles zu gleichen Konditionen, in der gleichen Zeit, zu gleicher Qualität, für gleiches Gehalt, aber zu immer schlechteren Bedingungen geschafft werden soll. Wer oder was bleibt dabei auf der Strecke? Und dann noch dieses Bild der politischen Entscheidungsträger, die Gesetze entwerfen, ohne die Praxis zu hören. Sicher gibt es schlechte Beispiele pädagogischer Praxis. Aber es gibt auch unzählig viele gute. Die pädagogische Praxis hängt immer von den Menschen ab, die sie ausführen.

Die pädagogische Arbeit ist in ihrer Qualität abhängig von Personen, die sie mit Inhalt füllen. Darum hat die Haltung der pädagogischen Fachkraft eine zentrale Bedeutung für die Entwicklung von Kindern und die Zusammenarbeit mit Familien.

Ausbildungen an sozialpädagogischen Fachschulen sind „Grundausbildungen", die ähnlich wie bei einem Hochschulstudium nur allgemeine Ausbildungsinhalte vermitteln. Sie können nicht ein ganzes Berufsleben lang ausreichen. Sie gehen wenig auf die sich ständig veränderten Praxisanforderungen ein. Dabei muss die Veränderung von Lebenswelten von Kindern einhergehen mit Wachstum und Veränderung des pädagogischen Handelns.

Intuition, Empathie und Handlungskompetenz sind wichtige Voraussetzungen dazu. Ich wünsche jeder Leiterin den richtigen Blick zu erkennen, was sie dazu braucht und dass sie das auch für sich selbst entscheidet umzusetzen. Doch dazu braucht sie Unterstützung von außen. Die Qualität der pädagogischen Konzepte und ihrer Umsetzung setzt zunächst adäquate und verlässliche Rahmenbedingungen voraus. Jede Erweiterung des Angebots braucht entsprechende personelle und räumliche Kapazitäten und natürlich auch eine angemessene Ausstattung. Viele Kitas stoßen hier an enge Grenzen, weil ihnen Räume für den Mittagsschlaf der Kinder, für die Arbeit der therapeutischen Hilfen vor Ort, für Beratungsgespräche und für einen Pausenraum der Erzieherinnen fehlen. Und es fehlt an Zeit! Den Fachkräften in den Tageseinrichtungen in unserem Land geht es nicht gut. Bei bester Struktur fehlt Zeit, um die pädagogische Arbeit zu planen und zu organisieren, Zeit zur Zusammenarbeit mit den Eltern, Zeit für Fortbildungen und Qualifizierungsmaßnahmen, um den neuen Anforderungen gewachsen zu sein. Visionen von exzellenten Familienzentren können nicht kostenneutral umgesetzt werden. Es ist kurzsichtig, den Elementarbereich hinsichtlich guter Rahmenbedingungen zu vernachlässigen, denn alle wissen doch inzwischen, Erziehungswissenschaftler, Pädagogen und Entwicklungspsychologen, dass der Grundstein für die Bindungsfähigkeit jedes Kindes in allen Bereichen der kognitiven und der sozial-emotionalen Entwicklung in den ersten Lebensjahren gelegt wird. Die besten Pädagogen und Bedingungen brauchen wir in den Kindertagesstätten und somit auch in den Familienzentren.

Wenn Gesellschaft und Politik nun endlich wach geworden sind, wenn die Bedeutung der frühen Kindheit auch in Deutschland ein Thema geworden ist, dann müssen wir die Hoffnung vielleicht doch nicht aufgeben, dass auch Gelder in die sozialpädagogischen Tageseinrichtungen für Kinder fließen, denn inzwischen wissen es ja alle: Auf den Anfang kommt es an. Wozu die Gelder für Bildung in Eliteuniversitäten stecken, wenn es kaum noch Studenten gibt, die dort hingehen können. Müssen sich diese nicht zuvor in exzellenten Tageseinrichtungen für Kinder bilden können? In meinen Visionen sehe ich „Schulen der Kindheit". Dort leben und arbeiten die besten Pädagogen, denn dort gehören sie hin. Sie haben alle eine hervorragende Ausbildung genossen, wiederum von charismatischen Menschen, die nicht nur Pädagogen sein dürfen. Neben ihnen arbeiten externe „Leute vom Fach". Aber auch die Pädagogen selbst leben in den Schulen der Kindheit ihre Leidenschaften. Es gibt dort Techniker und Konstrukteure, Naturwissenschaftler, Schriftsteller, bildende Künstler, Musiker, Schauspieler, jede Menge Handwerker und viele weitere. Die Schulen der Kindheit werden von Teams geleitet, die sich wunderbar ergänzen und ihre Berufung in ihrer Arbeit erkannt haben.

Noch herrschen andere Zustände in der weiten Landschaft der Tageseinrichtungen für Kinder. Noch gehen wir reichliche Umwege und kaum jemand, der uns heute den Weg weist, begleitet uns morgen noch. Dabei fällt mir gerade noch ein, dass wir in der Schule der Kindheit nur Optimisten brauchen. Und diese gibt es ja „Gott sei Dank" in vielen Kitas heute schon.

Ich möchte mit einem Zitat von Martin Buber schließen:

„Es kommt einzig darauf an, bei sich zu beginnen."

Anmerkung der Herausgeberin:

Das oben beschriebene Familienzentrum – Städtische Kindertagesstätte Oberlohmannshof – wurde im Sommer 2008 mit dem Gütesiegel des Landes NRW ausgezeichnet. Alle Kriterien dafür wurden mit sehr guten und herausragenden Leistungen beurteilt.

Literatur

Gerlinde Lill (Hrsg.) (2004): Bildungswerkstatt KiTa. Bildungsmöglichkeiten im Alltag entdecken. Weinheim.

Ministerium für Generationen, Familie, Frauen und Integration des Landes Nordrhein-Westfalen (MGFFI) (Hrsg.) (2007): Das Gütesiegel Familienzentrum NRW. Zertifizierung der Piloteinrichtungen.

Reggio-Pädagogik –
Leitbild moderner Frühpädagogik

Die Reggio-Pädagogik in der Bildungstradition

Gerd Schäfer

Im folgenden Beitrag wird eine ausgewählte Traditionslinie des Bildungsbegriffs – bezogen auf die frühe Kindheit – herausgearbeitet. Wenn der Bildungsbegriff nicht völlig beliebig für alles herhalten soll, was mit frühkindlichem Lernen zu tun hat, dann sollte klarer bestimmt werden, was gemeint ist, wenn man sagt, dass Bildung mit der Geburt beginne.

1 Wurzeln des Bildungsbegriffs

Während unter Erziehung in der Regel ethisch vertretbare Formen eines absichtsvollen Einwirkens auf andere verstanden werden, rückt der Bildungsbegriff eher das eigenwillige und selbstständige Handeln des Individuums bei seinen Lernprozessen in den Mittelpunkt sowie deren Beziehungen zu einem übergreifenden soziokulturellen Zusammenhang. Von Humboldt ausgehend stellt Bildung ein Verhältnis zwischen dem individuellen Ich und der Welt her. Dabei wird Individualität nur durch die Auseinandersetzung mit dieser Welt gewonnen. Das Subjekt braucht ein Gegenüber, durch das es sich bilden kann. Bildung wird möglich sowohl durch die Verbesserung und Veredelung der individuellen Kräfte der eigenen Natur als auch durch die Verbesserung der Werkzeuge, mit deren Hilfe sich das Subjekt mit der Welt auseinander setzt. Ziel ist dabei die höchste und „proportionierlichste" (Humboldt) Bildung aller individuellen Kräfte zu einem Ganzen, was nur gelingen kann, wenn die Bildung des Menschen nicht mit seinem Nutzen für die Gesellschaft gleichgesetzt wird. Das hat zur Folge, dass die gesellschaftlich-kulturellen Kräfte nicht als einzige und ausschlaggebende die Bildung des Menschen bestimmen. Aus diesen Überlegungen lassen sich zusammenfassend einige Merkmale ableiten, die auch heute noch als wesentlich für das Verständnis des Bildungsbegriffs gelten können:

- Bildung ist durchweg mit einer Vorstellung von der Selbsttätigkeit des Individuums verbunden. Sie ist etwas, was der Mensch selbst verwirklichen muss und kann nicht von außen erzeugt werden.
- Bildung vollzieht sich jedoch nur durch die Auseinandersetzung mit einer kulturellen Welt.
- Bildung hat einen umfassenden Anspruch: Sie integriert auf individueller Ebene Empfinden, Handeln, Können und Wissen, auf der sozialen Seite Alltagskultur, Ästhetik und Wissenschaft.

- Das Ergebnis hat etwas mit einer subjektiven Form zu tun, mit einer (Selbst-)Gestaltung, in der dieser umfassende Anspruch auf eine individuelle Weise immer wieder neu ausbalanciert wird.

Der Verwirklichung von Selbsttätigkeit im Rahmen eines sozialen und kulturellen Austauschs als einem zentralen Gedanken des Bildungsbegriffs soll in den folgenden Überlegungen in verschiedenen Ansätzen der Frühpädagogik nachgegangen werden (vgl. hierzu auch Schäfer 2007).

2 Fröbel – Pionier des Bildungsgedankens in der frühen Kindheit

Fröbel entwarf einerseits den Kindergarten als einen Ort frühkindlicher Bildung, unabhängig von den sozialen Notwendigkeiten einer institutionellen Betreuung. Andererseits verstand er auch die Familie als einen Ort der allseitigen Bildung des Kindes. Er gilt als *der* frühpädagogische Bildungstheoretiker und -praktiker.

In seinen Bildungsvorstellungen gesteht er dem Kind ein hohes Maß an Selbsttätigkeit zu, aber seine didaktischen Vorstellungen bleiben widersprüchlich. Die eine Konzeption geht vom frei erfindenden Explorieren des Kindes mit den Spielgaben aus. Die zweite didaktische Struktur trägt die Züge von Unterricht im Sinne von Vor- und Nachmachen (Heiland 1982).

Im Umgang mit den von ihm entwickelten Spielgaben sollen die Kinder unter Anleitung und Mittun der Mutter die Welt als lebenspraktische, ästhetische und mathematische Ordnung erfassen. Das erste kindliche Verständnis von der Welt erwächst damit aus der Auslegung seiner körperlich-sinnlichen Erfahrungen sowie den daraus entstehenden Vorstellungen. Das theoretische Modell für die Auslegung bietet die „Philosophie der Sphären“ (Heiland 1982).

Fröbel gab der Bildungsdiskussion für die nächsten anderthalb Jahrhunderte einige Stichpunkte vor: Frühe Kindheit als Bildungszeit, Spiel- und Beschäftigungsmaterialien, welche die Kinder in die – mathematische – Ordnung der Wirklichkeit einführen, das selbsttätige Handeln des Kindes bei seinem Bildungsprozess, die Einbettung der kindlichen Tätigkeit in ein übergreifendes, kosmisches Modell. Darüber hinaus formulierte er erstmals einen weiteren Aspekt frühkindlicher Bildung in den „Mutter- und Koseliedern“ aus und zwar den der zwischenmenschlichen Beziehungen, die den Bildungsprozess des Kindes tragen, strukturieren und herausfordern, der bis heute uneingeschränkt Bedeutung hat.

3 Maria Montessori – Der Bildungsgedanke auf eine empirische Basis gestellt

Maria Montessori denkt Fröbels Vorstellung von der Selbsttätigkeit des Kindes konsequent weiter. Für sie zeigt sich die Selbsttätigkeit von Anfang an im „absorbierenden Geist", einer Fähigkeit des kleinen Kindes, die Verhältnisse, die es in seiner Umwelt vorfindet, unbewusst wie ein Schwamm aufzusaugen und zum Ausgangspunkt einer Ordnung des Geistes zu machen. Sie bezeichnet deshalb das kleine Kind als „geistigen Embryo" und die ganze Zeit der frühen Lebensjahre als eine „sensible Periode", die dem Kind „eine wahrhaft wunderbare Fähigkeit" verleiht, „sich Bilder aus der Umwelt anzueignen" (Montessori 1952, S. 92). Montessori bringt das Verständnis von dieser Selbsttätigkeit insofern auf den Stand der wissenschaftlichen Kenntnisse zu Beginn des 20. Jahrhunderts, als sie, ausgehend von den Vorarbeiten Itards und Seguins, auf der Basis von Beobachtungen ein autodidaktisches Material entwickelt, das Kinder selbstständig benutzen können, um ein Verständnis von der Welt zu gewinnen. Dies geschieht in erster Linie über Sinnesmaterialien. Dem positivistischen Geist ihrer Zeit folgend entwickelt sie dieses Material so, dass die Kinder entlang elementarisierter Lernschritte einzelne sinnliche, lebenspraktische oder geistige Funktionen (wie Schreiben, Lesen oder Mathematik) selbst entwickeln können. In der „Polarisation der Aufmerksamkeit" – darunter versteht Montessori eine Art der Vertiefung des Kindes in eine Sache, bei der es nicht gestört werden will – verbindet sich das selbsttätige Zusammenspiel der geistigen Kräfte des Kindes mit einer vorbereiteten Umgebung, die so strukturiert ist, dass das Kind selbstständig Erkenntnisse gewinnen kann.

Während Fröbels Anthropologie weitgehend in einer philosophischen Auslegung seiner eigenen biographischen Erfahrungen bestand, ergänzt durch Beobachtungen von Kindern, folgt Montessori dem positivistisch-empirischen Denken ihrer Zeit und versucht, ihre theoretische und praktische Arbeit auf eine erfahrungswissenschaftliche Grundlage zu stellen. Das führt allerdings auch zu einer Spaltung in ihrem Werk: Während sie theoretisch an einem ganzheitlichen, ja kosmischen Zusammenhang festhält, zerlegt sie praktisches Handeln in elementare Einzelteile, die sich zwar eng an die Alltagspraxis anlehnen, deren Einbettung in übergreifende Sinnzusammenhänge für Kinder aber nicht mehr unmittelbar nachvollziehbar ist.

4 Die Reform der 1970er Jahre

4.1 Entwicklungs- und wissenschaftsorientierte Ansätze

Ein nächster innovativer Schritt in der Entwicklung des Bildungsgedankens für die frühe Kindheit erfolgte in der Bundesrepublik erst wieder durch die Bildungsreform in den 70er Jahren des 20. Jahrhunderts, die durch den Sputnikschock, die zunehmende Bewusstwerdung der sozialen Ungerechtigkeit im Bildungswesen und die bildungspolitischen Notwendigkeiten des Wirtschaftswachstums angestoßen wurde. Sie erfasste auch die Zeit vor der Schule, denn hier schien einerseits Bildungszeit vergeudet zu werden, andererseits konnte hier die soziale Ungerechtigkeit des Bildungswesens durch die frühzeitige Förderung von benachteiligten Kindern unterlaufen werden. Es gab drei wesentliche Trends:

Entwicklungsorientierte Lernkonzepte

Der Trend, das Wissen über Kinder nicht nur der persönlichen Intuition zu überlassen, sondern auf eine empirische Basis zu stellen, wurde von der Entwicklungspsychologie übernommen. Ihre Ergebnisse wurden zu Normwerten, die den Entwicklungs- und Lernprozessen als Orientierungslinie dienten. Allen voran war es die kognitive Psychologie Piagets, welche die Teilschritte für eine kindgerechte Entwicklung vorzugeben versprach. Ein umfassender Bildungsanspruch ging dabei allerdings verloren. Entwicklungsorientierte Curricula befassten sich mit einzelnen psychischen, hauptsächlich kognitiven Funktionen, wie mathematischem oder sprachlichem Denken. Daneben gab es Stufen der sozialen Entwicklung. Emotionale oder ästhetische Lernbereiche verloren an Bedeutung. Kindorientierung erschöpfte sich in der Orientierung am entwicklungspsychologisch beschriebenen Allgemeinkind, auf welches das reale Kind reduziert wurde.

Wissenschaftsorientierte Lernkonzepte

Ein zweiter Entwicklungsstrang von frühpädagogischen Lernkonzepten orientierte sich an den elementaren Schritten einzelner Wissens- oder Wissenschaftsbereiche, der Mathematik, dem Lesen und Schreiben oder den elementaren Formen von Naturwissenschaft. Bildung in der frühen Kindheit wurde zur elementaren Einführung in diese Bereiche, die der Systematik der jeweiligen Wissensbereiche folgte.

Sozial orientierte Lernkonzepte

Der Bildungsgedanke – wie er eingangs skizziert wurde – entfaltete sich nach der Bildungsreform eher außerhalb wissenschafts- oder entwicklungsorientierter Curricula. Für die deutsche Diskussion lassen sich drei wesentliche Diskussionslinien ausmachen:

- Einflüsse der Psychoanalyse auf die Frühpädagogik;
- Hervorhebung der Einbettung von Bildung in soziale Sinnzusammenhänge in den Varianten des Situationsansatzes;
- Einfluss der Reggio-Pädagogik auf die deutschen Kindergärten ab Beginn der 1980er Jahre.

4.2 Individuum und Gesellschaft im Bildungsprozess – der Beitrag der Psychoanalyse

Der Einfluss der Psychoanalyse auf die (Früh-)Pädagogik hatte in der Bildungsdiskussion der 1960er und 1970er Jahre eine Hochzeit. Die spektakulärsten Debatten wurden in der Kinderladenbewegung geführt. Die Pädagogik der Kinderläden speist sich aus zwei Quellen: Der Psychoanalyse und der marxistischen Gesellschaftstheorie. Die Psychoanalyse bot ein Instrument zur Beschreibung der individuellen psychischen Formations- und Deformationsprozesse. Die marxistische Gesellschaftstheorie war das Werkzeug einer gesellschaftlichen Analyse, das geeignet schien, Prozesse der Unterdrückung ausfindig und beschreibbar zu machen. Im Miteinander vom kritischen Aufspüren individueller Formen der Abhängigkeit und gesellschaftlichen Formen der Unterdrückung sollten die Voraussetzung für ein repressionsfreies autonomes und von der eigenen Initiative geleitetes Aufwachsen der Kinder geschaffen werden. Die Perspektive der Kinderladenbewegung hatte einerseits die Autonomie der Kinder im Blick, bettete diese aber in einen übergreifenden sozialen und gesellschaftlichen Zusammenhang ein. Sie verfolgte wenigstens drei Ziele:

- Die Befreiung des individuellen Kindes durch die Anerkennung seiner Entwicklungsbedürfnisse;
- die Befreiung der Gesellschaft von repressiven Strukturen durch Menschen, die diese Repressionen nicht bereits in den frühesten Lebensjahren verinnerlichen mussten, und – gewissermaßen als Drehscheibe für diese beiden Perspektiven –
- die Befreiung der Familie, und das hieß die Befreiung der Frauen, aus der Pflicht zur Mutterrolle.

Der Situationsansatz holte sich – gerade was seinen emanzipativen Anspruch betrifft – entscheidende Anregungen aus dieser Diskussion.

4.3 Situationsansätze – Bildung als sozialer Prozess

Weil es *den* Situationsansatz nicht gibt, sondern eher unterschiedliche Varianten, wird im Folgenden auf den „Situationsansatz" des Deutschen Jugendinstituts (DJI;

vgl. Zimmer, 1985) und den „Situationsorientierten Ansatz“ in Nordrhein-Westfalen (Militzer et al. 1999) Bezug genommen. Bei vielen Gemeinsamkeiten scheint das wesentliche Unterscheidungsmerkmal dieser beiden Versionen zu sein, dass sich der erstere vorwiegend an der allgemeinen Lebenssituation der Kinder, letzterer mehr am einzelnen Kind orientiert, wobei sich diese Gegensätze im Laufe der Jahre immer mehr verwischt haben.

Der Situationsansatz des DJI geht von der Vorstellung aus, dass das Kind sich aktiv seine Umwelt aneignet, wobei der Aneignungsbegriff inhaltlich unausgeführt bleibt. Damit bleibt die Eigentätigkeit des Kindes bei seiner Bildung im Dunkeln. Im situationsorientierten Ansatz aus Nordrhein-Westfalen verbinden sich Piagets Verständnis von der Beteiligung des Kindes an seiner Entwicklung und Bronfenbrenners (1980) Auffassung, nach der das Kind untrennbar mit den spezifischen Gegebenheiten seines Lebensumfeldes verbunden ist. Diese sind Teil seiner Person, seiner Individualität (vgl. Militzer et al. 1999, S. 23). Im situationsorientierten Ansatz konnte sich eine Kultur des individuellen, alltagsbezogenen Lernens entwickeln. Dabei sollten die Kinder die Möglichkeit haben, die Lebenswirklichkeit der Kinder nicht in Fach- oder Wissenschaftsdisziplinen kennen zu lernen. Weiter wird darauf bestanden, dass Kinder unter Berücksichtigung ihrer subjektiven Lebenssituation in Alltagszusammenhängen lernen.

Das Bild vom selbsttätigen Kind und die Verbindung des individuellen Lernens mit den sozialen, kulturellen und gesellschaftlichen Kontexten fügen die Konzepte der Situationsansätze in den hier skizzierten Bildungsgedanken ein. Mit der Akzentsetzung auf eine soziale Struktur der Bildungsprozesse wird eine Dimension des Bildungsgedankens besonders unterstrichen, die ihn nicht nur an die subjektive Tätigkeit des Kindes bindet. Gleichzeitig – und besonders deutlich im situationsorientierten Ansatz NRW – wird die Anonymisierung des kindlichen Subjekts in den psychologischen Entwicklungs- und Lerntheorien überwunden. Es wird eine neue Aufgabe wahrnehmbar, dem Kind sowohl in seiner soziokulturellen Vernetzung wie auch in seiner individuellen Differenz im Bildungsprozess zu begegnen. Dafür hat die Reggio-Pädagogik ein weltweit anerkanntes Konzept entwickelt, das seit den 1980er Jahren die Bildungsdiskussion in der frühen Kindheit in Deutschland zunehmend beeinflusst.

5 Reggio-Pädagogik – Auf die hundert Sprachen der Kinder hören

Selbstkonstruktion, soziale Konstruktion, Weltkonstruktion

„Jedes Kind ist ... eine Konstruktion (selbst-konstruiert und sozial-konstruiert), die auf einen spezifischen Kontext und eine Kultur bezogen ist“ (Rinaldi 2001, S. 39; Übersetzung des Verfassers).

Was meint Selbstkonstruktion?

Kinder werden „als aktive Konstrukteure ihres eigenen Lernens und als Produzenten origineller Ansichten über die Welt" (Cagliari et al., 2004, S. 29) wahrgenommen. Sie entwickeln sich, indem sie neugierig und forschend Erfahrungen machen. Daraus formen sie sich ein Bild von der Welt und von sich selbst.

Inwiefern soziale Konstruktion?

Für diese „Selbstkonstruktionen" bedienen sich Kinder der Möglichkeiten, die sie in ihrem sozialen und kulturellen Umfeld vorfinden. Ihre Bildungsprozesse vollziehen sich, selbst wenn jedes Kind ganz für sich selbst tätig wäre, in einem sozialen Rahmen. Im Beisein von anderen gleicht die „Selbstkonstruktion" eher einem Ping-Pong-Spiel von gegenseitigem Nehmen und Geben. Es gibt also gar keine „Selbstkonstruktion" ohne „soziale Konstruktion" und jede „soziale Konstruktion" bleibt unverbindliches Angebot, wenn sie nicht als ein Beitrag zur „Selbstkonstruktion" angenommen wird. Wenn dieses Wechselspiel vom Kindergarten – in Reggio spricht man von der *scuola infanzia*, also von Schule – akzeptiert und auch unterstützt wird, „kann die Tatsache, dass die Kinder ihre Standpunkte mit anderen Kindern und mit Erwachsenen teilen, in eine Kultur der Kindheit übertragen werden, die tief in der Schule selbst verwurzelt ist – ebenso wie in der weiteren sozialen Struktur" (Cagliari et al. 2004, S. 29).

Daraus entstehen *Weltkonstruktionen*.

Mit diesem Wechselspiel von Selbst- und sozialer Konstruktion entsteht aber auch eine Konstruktion der Welt, als innerer Aufbau von Welt, der sich immer wieder verändert. Durch ihre Verbindungen mit den sozialen Konstruktionen sind diese Weltkonstruktionen überindividuell und denen anderer Kinder vergleichbar. Als schöpferische Erzeugnisse, die einer individuellen Lebensgeschichte entspringen, sind sie vielfältige individuelle Abwandlungen dieser Allgemeinheit. Soziale Konstruktionen sowie individuelle Selbst- und Weltkonstruktionen verhalten sich wie Thema und Variationen in der Musik. In zahlreichen Projektdokumentationen aus Einrichtungen in Reggio können Originalität und Reichtum solcher Themen mit Variationen nachvollzogen werden.

Die Selbst- und Weltkonstruktion des Kindes lassen das Handeln des Kindes gleichzeitig vertraut und fremd erscheinen. Vertraut ist es gerade in seinen sozialen – also den unindividuellen – Anteilen, fremd, manchmal sehr fremd, kann es in den individuellen Variationen erscheinen.

Man braucht eine pädagogische Haltung des „Zuhörens", um die individuellen Versionen der Gedanken, Theorien oder Antworten von Kindern zu bemerken und zu verstehen. Zuhören meint hier ein „Hören" mit allen Sinnen. Daraus ergibt sich als zweiter Schritt, Kinder in ihrer Besonderheit zu verstehen; das setzt voraus, dass ihr jeweiliges Anders-Sein anerkannt und respektiert wird („welcome stranger", Dahlberg und Moss 2006, S. 15). Der dritte pädagogisch bedeutsame Schritt besteht nun darin, die Ideen und Handlungsmöglichkeiten der Kinder miteinander in einen Dialog zu bringen. Dieser kann ihnen – zum einen – Resonanz im sozialen Raum verschaffen und sie – zum zweiten – in den Prozess eines gemeinsamen Lernens einbetten. Akzeptiert und unterstützt tragen sie zu einer gemeinsamen Kinderkultur bei, deren Ergebnisse z. B. in den Ausstellungen der Reggio-Pädagogik wahrgenommen werden können. In dieser Hinsicht sind Dokumentation in der Reggio-Pädagogik ein multifunktionales Werkzeug, mit dem Erwachsene die Lernprozesse der Kinder erforschen, kennen lernen und in Projekten einsetzen, um den Dialog mit den Kindern anzuregen (making learning visible).

Integration von Können, Wissen und Ästhetik in der Reggio-Pädagogik

Die Metapher von den „hundert Sprachen der Kinder“ (oder des Kindes, beide Übersetzungsvarianten werden angetroffen und ergeben Sinn) ist der deutlichste Ausdruck einer Integration der Werkzeuge des Handelns, Denkens, Vorstellens, Empfindens und Fühlens. Sie besagt, dass jedes dieser Werkzeuge gleich wertig ist. Sie macht aber auch anschaulich, dass jedes Ausdrucksmittel dafür benutzt werden kann, „Sprache“ zu werden. Es gibt kein minderwertiges Denkwerkzeug und keine Ausdrucksmöglichkeit, die man ausschließen sollte. Gerade in der Vielfalt von Werkzeugen und Ausdrucksmöglichkeiten erschließt sich der Reichtum im Umgang mit der Welt. Und dieser Reichtum ist die Voraussetzung für die Erfindungen von Variationen des Weltverständnisses.

Die leitende Funktion dieser Integration von Denkwerkzeugen und Ausdrucksmöglichkeiten ist die Ästhetik. Im Sinne von Bateson sind es die ästhetischen Umgangsmöglichkeiten mit der Wirklichkeit, die davor bewahren, dass wir die Welt in einzelne funktionale Teilstücke zerlegen, sowie sichern, dass wir Zusammenhänge wahrnehmen und begreifen können. Die ästhetische Betrachtung ist in allen Zusammenhängen enthalten, in die ein Verhalten, ein Tun oder Gedanke eingebettet ist. Das analytische Denken muss sie zerlegen, um zu begreifen. Die Ästhetik wird damit als Gegenspieler der analytischen Vernunft benötigt. Wo sie fehlt, gewinnt der Funktionalismus die Übermacht.

„In seinem Buch ‚Geist und Natur‘ reflektiert Gregory Bateson ... über die Bedeutung einer ästhetischen Herangehensweise als Methode, die Verbindungen zwischen den Elementen der Realität herstellt ... Es kann keinen Zweifel geben, dass diese Methode uns helfen kann, die verborgenen Strukturen hinter der Realität zu entdecken und ein Netz zu flechten, das fähig ist, Prozesse der Logik und der Gefühle, der Technik und des Ausdrucks zusammenzuführen. Sie ist ein großartiges Curriculum für das Lernen. Das war die grundlegende Philosophie, die hinter der Einführung des Ateliers – eines Studios – und der Atelierista – eines Menschen mit einem künstlerischen Background – in den städtischen Schulen von Reggio Emilia am Ende der 60er Jahre stand“ (Vecchi 2004, S. 19). Für jede Handlung, für jedes Produkt, für jedes Verhalten, für jeden Gedanken kann eine Ausdrucks-Form gefunden werden. Das Versuchslaboratorium dafür ist das Atelier. Die sprachliche Form ist die der Geschichten. So kann z. B. die Projektarbeit in

Reggio „als eine Serie von kleinen Geschichten verstanden werden, Geschichten, die schwer auf additive Weise miteinander verbunden werden können" (Dahlberg und Moss 2006, S. 15). Ihre Verbindung ähnelt vielmehr einem Rhizom, einem Wurzelgeflecht, das sich verzweigt und an vielen Stellen eine neue Pflanze wachsen lässt (vgl. Deleuze und Guattari 1977).

Die Einflüsse der Reggio-Pädagogik im historischen Kontext

Stärker noch als die Situationsansätze hat die Reggio-Pädagogik den Wert und die Bedeutung der individuellen Vielfalt herausgearbeitet und mit dem Gedanken der sozialen Vernetztheit allen Denkens und Tuns nahtlos verknüpft. Diese Verbindung zieht sich als Grundgedanke durch die Projektarbeit in der Reggio-Pädagogik. In deren Dokumentationen zeigt sich, dass der individuelle Reichtum kindlichen Denkens und Handelns gleichzeitig den Grundstock für den Variationsreichtum und das rhizomhafte Wachstum der Projektarbeit legt. Reggio-Pädagogik versteht das Kind als reiches Kind. Das heißt aber auch, dass der Reichtum sich vergrößert, wenn mehrere Kinder zusammenarbeiten.

Mit dieser Verbindung von Individualität und sozialem Zusammenspiel hat die Reggio-Pädagogik den Grund gelegt für eine neue Facette des Bildungsgedankens: Bildung als einen biographischen Prozess zu verstehen, der es notwendig macht, dass Erwachsene, die sich an Bildungsprozessen, insbesondere von Kindern, beteiligen, nicht nur wissen, wo es entlang gehen soll, sich nicht nur darüber kundig machen, was Kindern im Allgemeinen möglich oder zugänglich ist, sondern sich auf einen individuellen und alltäglichen Forschungsprozess einlassen, der die individuellen Variationen erfasst, in welchen Kinder ihre Welt begreifen. Die Notwendigkeit zu Berücksichtigung von individueller Differenz in Lern- und Bildungsprozessen ist nun auch eines der wichtigsten Ergebnisse der derzeitigen Kognitionsforschung. Sie gibt damit Anstoß zu einer weiterführenden Facette der Bildungsdiskussion, welche die historischen Schwerpunkte aufnimmt und weiter denkt:

- Den Gedanken der Selbsttätigkeit des Individuums bei seinem Bildungsprozess;
- den Reichtum seiner inneren Wahrnehmungs- und Verarbeitungsmöglichkeiten;
- das empirische Wissen über die Entwicklung von Kindern im Rahmen ihrer Lebensbedingungen;
- die soziale und kulturelle Einbettung allen Könnens und Wissens
- und schließlich die individuellen, biographisch verankerten Varianten des Könnens und Wissens im Bildungsprozess.

6 Bildung als biographisch-kultureller Prozess – die neue Aufgabe

Durch die Ergebnisse der beobachtenden Säuglings- und Kleinkindforschung, durch Entwicklungspsychologie, Hirnforschung und Sprachforschung hat die Idee vom Kind, das etwas kann und das seine Entwicklung, eingebettet in soziale und kulturelle Bezüge, in hohem Maße mitbestimmt, seit den 1990ern neue Unterstützung bekommen.

Damit wird die Aufmerksamkeit der Erwachsenen einerseits auf die Selbstbildungspotentiale gelenkt, welche die Kinder in ihre Bildungsprozesse einbringen. Unter Selbstbildungspotentialen werden dabei die Möglichkeiten verstanden, die ein Kind zum aktuellen Zeitpunkt seiner Biographie in die Bewältigung von Aufgaben einbringen kann. Zwei von ihnen seien beispielhaft an dieser Stelle hervorgehoben:

- Die Möglichkeiten, durch sinnliche Erfahrungen sich ein eigenes Bild von der Welt zu machen, bilden den Ausgangspunkt kindlicher Welterforschung (Selbstbildungspotential: sinnliche Wahrnehmung).
- Die Möglichkeiten, sich mit der sozialen Umwelt auszutauschen, sind rudimentär bereits mit der Geburt gegeben. Sie zu nutzen – sowohl mit Gleichaltrigen als auch mit Erwachsenen – ist eine wichtige kindliche Ressource, um Bildungsprozesse voranzubringen (Selbstbildungspotential: Soziale Verständigung).

Andererseits wird durch Neurobiologie und Säuglingsforschung hervorgehoben, dass Gehirn und Denken des Kindes nicht einfach einer individuellen oder kollektiven Entwicklungslinie folgen, sondern die Erfahrungen widerspiegeln, die ein Kind in seiner konkreten, soziokulturellen Umwelt macht. Damit wird die besondere Bedeutung der Herausforderungen der sozialen Mitwelt und der kulturellen Umwelt für den kindlichen Bildungsprozess betont.

Weder ist Bildung ein Prozess, der sich allein aus den Potentialen der Kinder entfaltet, noch ist Bildung einfach der Niederschlag soziokultureller Verhältnisse im Körper und Geist des Kindes. Indem man einerseits Kinder in ihren Ressourcen wahrnimmt, diese anderseits im Kontext gegebener Möglichkeiten ausdifferenziert, ergibt sich eine Vielfalt individueller kindlicher Denk- und Handlungsweisen. Deren Anerkennung bildet die Grundlage und den Ausgangspunkt für alle weiteren Bildungsprozesse.

Konstruktivistische Wende

Insbesondere war es eine „konstruktivistische Wende“ innerhalb der Wissenschaften, die es heute nicht mehr möglich macht, über pädagogisches Handeln nachzudenken, ohne das Kind als ein selbstständig denkendes und handelndes Wesen dabei zu berücksichtigen.

Es waren die Biologen Maturana und Varela (1987), die hervorhoben, dass jeder Organismus in sich eine Einheit bildet. Diese Einheit muss sich – zum einen – in jedem Augenblick selbst erzeugen. Tut sie das nicht, stirbt der Organismus. Zum zweiten muss der Organismus eine Verbindung zur Umwelt dauerhaft eingehen, um sich von dort das zu holen, was er zum Leben braucht. So gesehen gestaltet sich der Organismus selbst, zum einen aufgrund einer gegebenen biologischen Organisation, zum zweiten dadurch, dass diese Organisation einen Austausch mit der vorhandenen Umwelt ermöglicht. Der Organismus wird nicht von außen gemacht, sondern er macht sich selbst mit den Mitteln, die ihm durch seine (biologische) Organisation und seine Umwelt dazu zur Verfügung stehen. Er ist gleichzeitig autonom, indem er sich selbst aufbaut, wie auch abhängig, weil er dazu auf das angewiesen ist, was seine Umwelt möglich macht.

Überträgt man dieses Denkmodell auf den Menschen und insbesondere auf seine geistige Entwicklung, dann bildet sich der Mensch selbst, aber eben in der Auseinandersetzung mit den Einflüssen der gegebenen Umwelt.

Die Hirnforschung hat diesen Gedanken weiter geführt. Sie konnte wenigstens für die ersten Lebensjahre des Menschen zeigen, dass wir nicht nur mit bestimmten Programmen geboren werden, die uns ermöglichen, aus dem soziokulturellen Vorrat zu lernen. Vielmehr programmiert sich das Gehirn – ausgehend von den vorhandenen Programmen – selbst weiter, entsprechend den Anforderungen, welche die soziokulturelle Umwelt stellt. Die Programme wachsen also mit den Anforderungen mit. In gewisser Weise spiegelt damit das individuelle Gehirn die Möglichkeiten wider, die es im Laufe seiner Geschichte erfahren hat.

Diese Wissenschaftsauffassung, die davon ausgeht, dass sich ein Individuum – ausgestattet mit Basisprogrammen – entlang den Erfahrungen bildet, die eine soziale und eine kulturelle Umwelt bieten, versteht sich konstruktivistisch. Soziale Konstruktion und Selbstkonstruktion bilden dabei eine kooperative Einheit.

7 Fazit

Bildung ist ein Begriff, der die Zusammenhänge beim Erwerb von Erfahrung nicht in einzelne Funktionen zerlegt, sondern zusammen denkt. Drei wesentliche Kontexte, die mit dem Bildungsbegriff verknüpft sind, seien zusammenfassend hervorgehoben. Bildung erfordert

- ein komplexes Zusammenspiel der inneren Verarbeitung und dadurch eine Einbettung in die Geschichte der individuellen Erfahrungen;
- Austausch innerhalb sozialer Bezüge;
- Einbezug und die Nutzung kultureller Speicher.

Setzt man Bildung nicht mit bestimmten Lerninhalten gleich, sondern mit einer bestimmten Qualität des Lernens, beginnt Bildung bereits mit der Geburt. Denn es sind die ersten Lebensjahre, in denen die grundlegenden Werkzeuge geschaffen werden, mit denen ein Mensch seine Umwelt erforscht und begreift.

So gesehen steht der Bildungsbegriff der frühen Kindheit in einer Tradition, die man für die frühkindliche Bildung explizit bei Fröbel beginnen lassen kann. Etwas holzschnittartig zusammengefasst, ließe sich folgende Linie ziehen:

Fröbel gibt der Perspektive des Kindes – so wie er sie eher philosophisch verstanden hat – in seinem Bildungskonzept Raum. Montessori hat versucht, diese Perspektive allgemein und empirisch zu beschreiben, um sie zur Grundlage der Selbsttätigkeit des Kindes in seinem Bildungsprozess mit Hilfe geeigneter Materialien zu machen. Diese Tradition hat eine an der kindlichen, insbesondere der kognitiven Entwicklung orientierte Frühpädagogik in den späten 1960ern fortgeführt und gleichzeitig damit das individuelle Kind einem entwicklungspsychologischen Allgemeinkind geopfert. Zeitlich parallel haben psychoanalytische Perspektiven in der Frühpädagogik jedoch dieses individuelle Kind in seiner Beziehungswirklichkeit wahrnehmbar gemacht. Gesellschaftskritische Analysen haben seine Abhängigkeit von den materiellen und ökonomischen Lebensbedingungen aufgezeigt und damit dazu beigetragen, dass man von nun an nicht mehr vom Kind ohne seine sozialen und gesellschaftlichen Bedingungen sprechen konnte. Die weitere Entwicklung in den beiden Situationsansätzen hat einmal stärker die gesellschaftlichen Verbindungen hervorgehoben, zum anderen den individuellen Werdeprozess im Kontext des soziokulturell geprägten Alltags.

Es war die Reggio-Pädagogik, die eine neue Verbindung zwischen den beiden Polen Individuum und Gesellschaft, individuelle und soziale Entwicklung verwirklicht hat. Über Beobachtung und Dokumentation hat sie die Vielfalt der Individualität und das soziale Miteinander pädagogisch so miteinander verknüpft, dass einerseits der individuelle Reichtum den gesellschaftlichen Ansprüchen nicht geopfert werden muss, andererseits der individuelle Reichtum durch seine sozialen und gesellschaftlichen Verflechtungen weiter gesteigert wird. Konstruktivistische Erkenntnismodelle und die neuere Kognitionsforschung haben diese enge Verzahnung von gesellschaftlich-kulturellen Mustern und individuellen Variationen bestätigt und vertieft. Sie nötigen dazu, die Bildungsaufgaben in einem breiten Horizont neu zu akzentuieren. Nach dem philosophischen und dem empirischen Allgemeinkind, nach dem sozial und gesellschaftlich konstruierten Kind gilt es nun – über diese bisherigen Orientierungen hinaus –, auch dem individuellen Kind den erforderlichen Spielraum für seine Bildungsprozesse nicht nur in programmatischen Parolen, sondern als konkrete Beteiligung von Geburt an zu verschaffen. Es versteht sich, dass diese Aufgabe die vorher genannten Bezüge nicht außer Kraft setzt, sondern sie um eine neue Facette erweitert. Die Reggio-Pädagogik ist international das konkret am weitesten ausgearbeitete Bildungsmodell, das in diese Richtung führt. Zukünftige Entwicklungen werden nicht dahinter zurückfallen dürfen.

Literatur

Bateson, G. (1979): Mind and Nature. A Necessary Unity. Bantam Books.

Bronfenbrenner, U. (1980): Die Ökologie der menschlichen Entwicklung. Stuttgart.

Cagliari, P., Barozzi, A. & Guidici, C. (2004): Gedanken, Theorien und Erfahrungen für ein Erziehungsprojekt mit Beteiligung. In: Kinder in Europa, Beiheft von klein & groß, S. 28–30

Dahlberg, G. & Moss, P. (2006): Introduction: our Reggio Emilia. In: Rinaldi, C.: In Dialogue with Reggio Emilia. London, NY, Routledge, S. 1–22.

Deleuze, G. & Guattari, F. (1977): Rhizom, Berlin.

Fröbel, H. & Pfaehler, D. (1982): Kommt, lasst uns unsern Kindern leben – Friedrich Fröbels Mutter- und Koselieder. Neustadt a. d. Saale.

Heiland, H. (1982): Fröbel und die Nachwelt. Bad Heilbrunn.

Heiland, H. (1991): Maria Montessori. Reinbek bei Hamburg.

Maturana, H. R. & Varela, F. J. (1987): Der Baum der Erkenntnis. Bern, München, Wien.

Militzer, R., Demandewitz, H. & Solbach, R. (1999): Tausend Situationen und mehr! Münster.

Montessori, M. (1952): Kinder sind anders. Stuttgart.

Montessori, M. (1969): Die Entdeckung des Kindes. Freiburg.

Montessori, M. (1972): Das kreative Kind. Freiburg.

Palm, R. & Winkler, M. (1995): Der Kinderladen – Eine Alternative im elementarpädagogischen Bereich. In: Beiträge zum 155. Gründungsjahr der Institution Kindergarten. Friedrich-Fröbel-Museum, Bad Blankenburg, S. 81–102.

Rinaldi, C. (2001): Infant-toddler Centers and Preschools als Places of Culture. In: Reggio Children; making, learning visible – children as individual an group learners. Reggio Emilia, S. 38–46.

Prott, R. & Preissing, C. (Hrsg.) (2006): Bridging Diversity – an Early Childhood Curriculum. Weimar and Berlin.

Rockstein, M. (2004): Kindergarten. Bad Blankenburg.

Schäfer, G. E. (2005 a): Bildungsprozesse im Kindesalter. Selbstbildung, Erfahrung und Lernen in der frühen Kindheit. Weinheim. 3. Auflage.

Schäfer, G. E. (2005 b): Bildung beginnt mit der Geburt. Ein offener Bildungsplan für Kindertageseinrichtungen in Nordrhein-Westfalen. Weinheim. 2. Auflage.

Vecci, V. (2004): Die verschiedenen Quellen des Wissens. In: Kinder in Europa, Beiheft von „klein & groß“, S. 18–19.

Zimmer, J. (1985): Der Situationsansatz als Bezugsrahmen der Kindergartenreform. In: Enzyklopädie Erziehungswissenschaft. Bd. 6, Erziehung in früher Kindheit, S. 21–38.

In Dialog mit Reggio Emilia: Pädagogik für eine neue Identität als Weltbürger

Harold Göthson

1 Neue Zeiten erfordern ein neues Identitätsverständnis

In Zeiten wachsender Globalisierung müssen sich unsere engen Vorstellungen von Identität verändern und öffnen. Identität wird zu einem ausdifferenzierten Begriff, der Veränderung und Vielfalt umfasst. Verstehen wir Identität auf diese Weise, dann werden herkömmliche Vorstellungen von Zugehörigkeit, von öffentlich und privat in Frage gestellt. Ein neue Begriffsbestimmung wird notwendig, die sowohl die ethische Dimension umfasst als auch eine Neudefinition von Raum und Zeit. Das Konzept der hundert Sprachen – das wir mit den Erfahrungen im Elementarbereich der italienischen Stadt Reggio Emilia verbinden – kann Orientierung für dieses neue Verständnis von Identität liefern. Dieses Konzept kann ein wertvolles Instrument zur Orientierung in der globalisierten Welt sein. Die Ideen aus Reggio Emilia können uns inspirieren, Identität als Treffpunkt, als Piazza, als Forum zu verstehen, wo Beziehungen auf neue und vielfältige Weise definiert werden müssen.

Unterstützung bei der Entwicklung dieser neuen Identität ist eine wesentliche Aufgabe des Bildungssystems. Es muss Heranwachsenden helfen, eine interkulturelle und bewegliche Identität zu entwickeln für eine Welt, in der sich strikte Definitionen von Kultur, Klasse, Ethnie und Weltanschauung auflösen und neue Strategien des Lebens und des Zusammenlebens entwickelt werden müssen.

Wir müssen uns von der Vorstellung verschiedener Stufen der Intelligenz lösen und stattdessen von verschiedenen Sprachen ausgehen, die die Menschen sprechen. Dabei geht es weniger darum, dass sich Einzelne besonders anstrengen, sondern vor allem um eine Erweiterung der menschlichen Fähigkeit, Wissen und Persönlichkeit wachsen zu lassen – indem wir die Botschaften und Vorstellungen der anderen empfangen. Heute ist es notwendig, dass wir unsere Werkzeuge nutzen und weiterentwickeln, die uns dabei helfen, anderen zuzuhören und uns ihnen zu öffnen.

Die Hauptaufgabe von Bildung sollte deshalb die Entwicklung und Neudefinition einer Gesellschaft sein, die Diversität unterstützt und dennoch einen Zusammenhalt hat. Dies ist heute notwendiger denn je. Daraus folgt auch, dass wir uns für eine Form der Demokratie entscheiden müssen, in der nicht jede Gruppe ihre eigene Elementareinrichtung beansprucht, weil dies jeder Minderheit verwehren würde, auf ihre eigene Art zu denken.

Vor diesem Hintergrund möchte ich im Folgenden die Situation der schwedischen Elementareinrichtungen im Spannungsfeld von Familie, Sozialarbeit, Bildung und Demokratie vorstellen.

2 Hintergrund: Schweden und das schwedische Bildungssystem

Schweden – ein Land mit nur neun Millionen Einwohnern – war noch vor 100 Jahren eines der ärmsten Länder Europas. Heute hat Schweden eines der umfassendsten Wohlfahrtssysteme der Welt, ist aber noch immer ein Land mit wachsenden Herausforderungen. Die Globalisierung hat Schweden in den letzten 50 Jahren in ein multiethnisches, multireligiöses und multipolitisches Land verwandelt. Die Mitgliedschaft in der EU seit den frühen 1990ern hat zu einer Aufgabe der Neutralitätspolitik geführt und möglicherweise auch die Möglichkeit geschwächt, solche Länder zu unterstützen, die ausgebeutet wurden durch Kolonialismus oder Imperialismus – sowohl im historischen als auch im aktuellen Sinne. Unser Land hat sich gegenüber der Welt geöffnet, sowohl durch Immigranten als auch durch die Beschäftigung junger Menschen mit dem Internet und Reisen in die ganze Welt. Dies verändert langsam die schwedische Identität, die einer weltweiten Studie zufolge Teil einer besonders einzigartigen Kultur ist: Im Hinblick auf Familienstrukturen, Betonung von Unabhängigkeit, Verknüpfung von politischen Entscheidungen mit Alltagsentscheidungen und in Bezug auf die Aufgabenteilung zwischen den Geschlechtern hat Schweden eine ganz eigne Struktur entwickelt. In diesen Bereichen sind es die Einwanderer, die die dominanten und typischen Verhaltensweisen und Lebensmuster in unsere Gesellschaft einbringen, nicht die Mehrheit der Bevölkerung unseres Landes.

Wo findet sich Schweden in einer internationalen Perspektive auf Erziehung in der frühen Kindheit? Unsere Regierung betont die besonderen Leistungen des schwedischen „Childcare Systems" in den letzten 30 Jahren, wobei insbesondere die Integration von Bildung und Fürsorge in einem Bildungssystem betont wird. Diese besonderen Leistungen werden durch Studien der OECD und andere wissenschaftliche Studien ebenfalls hervorgehoben. Ebenso wird die ambitionierte Zugänglichkeit beschrieben sowie die insbesondere in Bezug auf die hohen Ansprüche im Bereich der Qualitätsentwicklung stabile Finanzierung. Die schwedische Politik hat im Vergleich zu anderen EU-Ländern sehr frühzeitig mit der Etablierung eines Fürsorgesystems begonnen und ermöglicht Eltern die Integration von Familien- und Arbeitsleben bei gleichzeitiger pädagogischer Unterstützung der Kinder. Seit den EU-Beschlüssen von Lissabon aus dem Jahr 2000 hat dieses

Ziel europaweite Bedeutung bekommen. Schweden hat diese Ziele schon lange erfüllt und es besteht teilweise die Befürchtung, dass das europäische Kindheitsverständnis eher zu einem Rückschritt für schwedische Kinder führen kann. Das größte Problem ist aber sicherlich die ökonomische Anstrengung, die Schweden bereits Anfang der 1970er Jahre auf sich genommen hat, als die Expansion des frühkindlichen Bereichs begann.

Der dänische Forscher Gosta Esping-Andersen hat in Bezug auf die frühkindliche Bildung in OECD-Ländern drei Modelle identifiziert: Das *Sozialstaatliche*, das *Liberale* und das *Konservative*. Schweden und Dänemark folgen dem *Sozialstaatlichen System*. Das bedeutet, dass alle Kinder dem gleichen System angehören, das schwerpunktmäßig durch Steuern finanziert ist und allen Kindern die gleiche Qualität gewährleistet. Das *Liberale System* folgt einer genauen Bedarfsdefinition. Familien können Kinderbetreuung nachfragen wie Kunden auf einem Markt. Dieser Ansatz hat das schwedische System in den letzten 15 Jahren stark beeinflusst – mit der Konsequenz, dass es auch privaten Unternehmen möglich ist, Angebote im Elementarbereich zu machen. Hierbei kann man aber nicht von einem reinen Marktsystem sprechen, da privatwirtschaftliche Anbieter die gleiche Unterstützung durch Steuern bekommen wie kommunale Elementareinrichtungen, weil die Gebühren überall gleich hoch sein müssen und weil auch das Curriculum für alle in gleicher Weise gilt. Insgesamt gab es in den letzten Jahren zahlreiche Debatten zu diesem Thema und heute besuchen 17 % der Kinder im Vorschulalter solche „privaten" Einrichtungen. Das *Konservative System* sieht Kindererziehung und -betreuung vor allem als eine Aufgabe der Familien und nicht als einen Gegenstand politischer Entscheidungen. Die Unterstützung für Familien wird oft als großzügige Hilfe gewährt und fördert ein traditionelles Geschlechtsrollenmodell, in dem der Ehemann der ökonomische Versorger der Familie ist. Auch diese Diskussion beeinflusst das schwedische System, wobei die meisten Umfrageergebnisse zeigen, dass schwedische Eltern das bestehende System unterstützen.

Das schwedische System blickt auf eine weitgehend stringente Entwicklung zurück, wenngleich es in den letzten 30 Jahren immer wieder Richtungswechsel gegeben hat. Zuvor können große Übereinstimmungen mit den Entwicklungen in anderen Ländern gefunden werden.

Zu Beginn des 20. Jahrhunderts wurde die kollektive Kinderbetreuung missbilligt und zu einem Teil sozialer Maßnahmen. Die politische Richtung wurde schon früh durch die Sozialdemokraten beeinflusst, wobei die Einigung auf ein Ziel schwerfiel: Sollten sie ein Wohlfahrtssystem unterstützen, das es Arbeiterfamilien ermöglichte, von einem Einkommen zu leben oder sollten sie ein umfassendes Betreuungssystem unterstützen?

In den 1930er Jahren wurden einige intellektuelle Sozialdemokraten stark von den Ideen John Deweys beeinflusst, was schließlich den Ausschlag gab, die sogenannte „Aktive Pädagogik" der noch kleinen Kindergartenbewegung zu unterstützen. Diese war in erster Linie von Friedrich Fröbel inspiriert. In den späten 1950er und frühen 1960er Jahren argumentierte dann ein feministischer Teil der Arbeiterverbände und der Sozialdemokratie für ein umfassendes Betreuungssystem, das dem Gedanken der demokratischen Erziehung verpflichtet sein sollte.

Dies führte – auch vor dem Hintergrund einer Phase der Hochkonjunktur, in der Frauen als Arbeitskräfte gebraucht wurden – zu einer groß angelegten Befragung zum Thema der frühkindlichen Erziehung. In einer guten ökonomischen Situation entstand eine breite parlamentarische Mehrheit für eine neue Gesetzgebung, die seit 1975 den Kommunen die Verantwortung zu einer umfassenden Expansion im Vorschulbereich gab. In der Hauptstadt Stockholm wurde in dieser Zeit pro Woche eine neue Einrichtung eröffnet. In den 1970er Jahren entstand eine politische Bewegung, die mit großen Demonstrationen eine schnellere Expansion forderte. Innerhalb von fünf Jahren wurden im ganzen Land fast 100 000 neue Betreuungsplätze geschaffen. Die Investitionen des Staates in diesen Bereich wuchsen von 9 % in den 1950er Jahren auf 45 % in den 1970er Jahren. Ein entscheidender Punkt in dieser Entwicklung ist die Finanzierung: In 15 Jahren investierte der Staat zehnmal mehr Geld in das System als vor 1975. Seit 1991 wird die Unterstützung allgemeiner in das System geleitet und ist nicht mehr an Detailentwicklungen gebunden. 1992 wurde ein Gesetz verabschiedet, das den Kommunen auferlegt, allen Kindern bereits ab dem dritten Lebensmonat einen Kindergartenplatz anzubieten. Dabei verbinden sich in der schwedischen „förskola“ Kindergarten und Vorschule miteinander.

Die Expansion ging mit großen Erfolgen einher – aber auch mit starken Spannungen. Unter dem dramatischen Ausbau litt die pädagogische Qualität, weshalb dieses Thema in den letzten Jahren stärker in den Blick genommen wurde. Dennoch bestanden große Schwierigkeiten, gut ausgebildete Fachkräfte für diesen Bereich zu gewinnen. Als Konsequenz wurde ein Großteil der traditionellen Konzepte frühkindlicher Bildung aufgegeben; zugleich wurde das System gezwungen, neue Initiativen hervorzubringen, so dass 1998 ein erstes Curriculum für die frühkindliche Bildung verabschiedet wurde. Im Laufe der 1990er Jahre wurde die Kooperation des Elementarbereichs mit den Schulen intensiviert, so dass er heute auch in verwaltungstechnischer Hinsicht Teil des Bildungssystems ist.

Seit 1975 gibt es in Schweden zudem die „parental leave insurace“, die Eltern für die ersten neun Monate nach der Geburt ihres Kindes einen Großteil ihres bisherigen Einkommens garantiert, wenn sie sich um ihr Kind kümmern – auch Väter erhielten das Recht, diese Möglichkeit zu nutzen, und eine Kampagne sollte Väter dazu ermutigen, von diesem Recht Gebrauch zu machen. 1978 wurde die Frist auf zwölf Monate verlängert. Da aber nur 20 % der Väter von dieser Möglichkeit Gebrauch machten, wurde 1994 von einem liberalen Minister der Vorschlag eingebracht, einen Extra-Monat einzuführen, der nur von Vätern genutzt werden konnte. Dieser Vorschlag wurde gebilligt und der Vätermonat wurde kurz darauf auf Initiative eines sozialdemokratischen Ministers um einen weiteren Monat verlängert. In dieser Entwicklung zeigt sich die enge Verknüpfung der Frage der Elementarbildung mit der Geschlechtsrollenthematik.

3 Was charakterisiert das schwedische Bildungssystem?

In Schweden haben Eltern das verbriefte Recht auf einen Betreuungsplatz für ihre Kinder ab dem dritten Lebensmonat. Die Elementareinrichtungen orientieren sich an einem 16-seitigen Curriculum, das die demokratische Bildung und die Integration von Spiel und Fürsorge genauso festschreibt wie die Durchführung von Projekten und Heranführung an Kunst. Eltern bezahlen eine Gebühr, die jedoch ab dem vierten Lebensjahr und bei maximal 15 Betreuungsstunden pro Woche entfällt. Mittelfristiges Ziel ist es, das System insgesamt gebührenfrei anzubieten. Hauptargument sind der ökonomische Nutzen und die dynamisierende Effekte auf das Wirtschaftssystem. Deswegen können Kinder auch in der Einrichtung bleiben, wenn die Eltern studieren oder arbeitslos sind. Für die Gruppenorganisation gibt es keine allgemeinen Kriterien, Richtgröße sind jedoch sechs Kinder pro Lehrkraft. In Bezug auf die Gruppengröße werden für die Unter-3-Jährigen zwölf Kinder und bei Älteren 15 Kinder pro Gruppe empfohlen. Viele Kommunen haben diese Vorgaben umgesetzt, wobei weiterhin an einer Verkleinerung der Gruppen gearbeitet wird. Die Qualifikation der Mitarbeiterinnen und Mitarbeiter steigt weiterhin, aber schwankt sehr stark zwischen den Kommunen. Von 500 000 Kindern zwischen ein und fünf Jahren besuchten im Jahr 2005 insgesamt 450 000 eine förskola. Kinder fast jeden Alters bekommen spezielle Angebote der förskola innerhalb des regulären Schulsystems. Verbunden mit diesem System haben Eltern heute eine Gewähr, dass sie den Großteil ihres bisherigen Gehalts für die ersten 15 Lebensmonate ihres Kindes bekommen (die Monate des Vaters mit eingerechnet). Eltern haben das Recht, Zuhause zu bleiben, wenn ihre Kinder krank sind, und können Sonderurlaub nehmen, wenn ihre Kinder mit sieben Jahren eingeschult werden. Darüber hinaus können Eltern sich auch entscheiden, ihre Kinder bereits mit sechs Jahren mit der Schule beginnen zu lassen, denn es gibt keine festgelegten Fähigkeiten, über die ein Kind verfügen muss, um eingeschult zu werden.

Ich möchte betonen, dass ich stolz auf das schwedische System bin. Der Londoner Professor Peter Moss, Koordinator des Netzwerks von EU-Ländern und ein guter Kenner des Elementarbereichs in der gesamten Welt, würdigte kürzlich bei einem Seminar in Stockholm die schwedische Politik für die Vorschulbildung. Auch Dr. John Garret von der OECD hob die Vorreiterrolle des schwedischen Systems hervor. Die OECD hat in einer Studie 30 Länder untersucht, um Schlüsselbereiche für eine erfolgreiche frühkindliche Bildung und Erziehung zu identifizieren. Die wichtigsten Aspekte sind demzufolge die Zugänglichkeit für alle Kinder, die Integration von Fürsorge und Pädagogik für alle Altersstufen der frühen Kindheit und die Kooperation zwischen Staat, community und der lokalen Ebene sowie schließlich ein stabiles Finanzierungssystem, das vorwiegend durch Steuern getragen wird. Diese Bedingungen erfüllen das schwedische und das dänische allgemeine Wohlfahrtsmodell, welche als Basis für die OECD-Empfehlungen gelten.

4 Ein von John Dewey inspirierter pädagogischer Kontext auf der Suche nach neuen Inspirationen

Im Jahre 1992 eröffneten wir das Reggio-Emilia-Institut in Stockholm. Diese Initiative ging nicht auf irgendeine formale Institution zurück, sondern auf eine Gruppe von Kollegen, die eine Verstärkung der pädagogischen Grundlagen für die Entwicklung des Elementarbildungssystems für dringend notwendig hielten. Aufgrund der Notwendigkeit, in kurzer Zeit möglichst viele Betreuungskapazitäten aufzubauen, war die Qualität der alltäglichen Aktivitäten für Kinder geschwächt worden. Diese Entwicklung barg das Risiko, dass die förskolas lediglich zu einer Kompensation für die Familie wurden, solange Mutter und Vater bei der Arbeit waren. Aus dieser Perspektive betrachtet, wurde die Entwicklung der förskolas bis dahin nahezu ausschließlich unter dem Gesichtspunkt des Arbeitsmarktes oder als Familienunterstützung gesehen und natürlich auch unter dem Gesichtspunkt der Gleichstellung der Geschlechter. Die Argumentation, dass Kinder in einer demokratischen Gesellschaft mit anderen Kindern zusammenkommen sollten und die Elementarbildung als komplementäre Ergänzung zur Familie gesehen werden kann, war in den Hintergrund gerückt.

Die Idee, dass alle Kinder die gleichen Schulen besuchen sollten, war nach dem Zweiten Weltkrieg ein zentraler Diskussionspunkt in Schweden. Dahinter stand die Frage, welche Verantwortung das Bildungs- und Erziehungssystem sowie die Familienfürsorge für den Zusammenbruch der zivilisierten, demokratischen Gesellschaft und den Erfolg autoritärer politischer Strömungen in Europa hatte. Vor diesem Hintergrund stimmte damals eine breite parlamentarische Mehrheit für eine Reform des Bildungssystems, die vom Pragmatismus und den Ideen John Deweys inspiriert war. Dabei wird Bildung in erster Linie als die Entwicklung eines demokratischen Bürgertums verstanden. Ziel war es, zur Kooperation zu erziehen, die auch mit dem Respekt vor individuellen Gedanken und Zielen verbunden sein sollte. Das erste Curriculum, das dem Ziel eines Schulsystems für alle Kinder von sieben bis sechzehn Jahren folgte, hatte den Titel „Eine Schule für alle Kinder“. Dieser Ausgangspunkt hat inzwischen auch für das Schulsystem an Bedeutung verloren oder ist möglicherweise nie in der Breite als Aufgabe der systematischen lokalen Entwicklung verstanden worden. Glücklicherweise lebt der Gedanke noch heute in den Köpfen vieler Lehrkräfte und Politiker fort.

Um diesen Gedanken neu zu beleben, begannen wir als eine Gruppe engagierter Fachkräfte, mit Reggio Emilia und mit Loris Malaguzzi zusammen zu arbeiten. In Reggio Emilia stießen wir nicht auf eine Auflistung schöner Prinzipien und Erklärungen von Kindern – wir fanden eine Region vor, die Erfahrungen mit Vorschulen sammelte, die als eine demokratische Kraft die Entwicklung der Identität einer Stadt inspirierte. Diese Idee inspiriert nicht nur Lehrkräfte, sondern auch das lokale politische Denken und Handeln und unterstützte ein neues bürgerschaftliches Engagement durch die ausgeprägte Partizipation von Familien im täglichen

Leben der Einrichtungen. Hier konnten wir eine Praxis sehen und anfassen, die zeigte, dass Demokratie sich nicht in dem bloßen Recht zu Wählen erschöpft – es zeigte, dass die wichtigste Aufgabe einer Bildungseinrichtung darin besteht, die Möglichkeit zum gemeinsamen Lernen zu eröffnen und Verhandlungsstrategien zu vermitteln, um Konflikte in Energie umwandeln.

5 Bildungsinstitutionen als demokratischer Treffpunkt

Aus Reggio nahmen wir den wichtigen Impuls mit nach Schweden, dass es nicht ausreicht, durch die Politik Zugang, Curriculum, Standards und Finanzierung zu regeln. Es ist notwendig, eine engere Unterstützung zu bieten, um alle lokalen Akteure (Politiker, Verwaltungsmitarbeiter, Lehrkräfte und Eltern) in den Entwicklungsprozess eines von allen getragenen Elementarsystems einzubinden. Wir brauchen beides: Eine Top-Down- und eine Bottom-Up-Strategie. Es war notwendig, viele Menschen einzubinden in die Wiederbelebung der Inspiration, die die schwedischen Lehrkräfte aus dem Pragmatismus der 1930er Jahre bekommen hatten. Dieser Ansatz ist uns besonders wichtig, weil er beschreibt, dass in einer demokratischen Gesellschaft mit großen Unterschieden in Kultur, Wohlstand, Religion und Politik Bildungseinrichtungen notwendig sind, in denen Heranwachsende erfahren, wie man gemeinsam lernen kann und dennoch verschieden sein darf. Er beschreibt ein Bildungssystem, das auf den Werten Unterschiedlichkeit und Partizipation aufbaut, die jede Generation entdecken und wiederbeleben muss.

Dieser Ansatz des Lernens scheint in den USA weniger offensichtlich zu sein – oder auch im heutigen Schweden, wo der Schwerpunkt der Bildungsforschung als wertneutral diskutiert wird oder in methodische Ratschläge mündet. Aus dieser Perspektive wird etwa Gruppenunterricht lediglich als eine Methode verstanden und nicht als zentrales Ziel des Lernprozesses. Dies ist die zukünftige Herausforderung, der wir uns – zusammen mit Kollegen in der ganzen Welt – stellen möchten.

6 Der Grundwert einer demokratischen Erziehung – ein praktisches Instrument

Demokratische Erziehung kann niemals als eine Indoktrination umgesetzt werden. Dies stünde im Gegensatz zu der Vorstellung, dass jedes Kind – jedes menschliche Wesen – ein Recht hat, gehört zu werden, Raum für jeden einzelnen Weg zur Erkenntnis zu haben und sich selbst und seine Umgebung zu verstehen. Auch wenn Individualität gewürdigt wird, endet die demokratische Erziehung nicht bei der individuellen Perspektive. Bildungseinrichtungen sollten ein Ort sein, an dem die eigene Meinung formuliert werden kann und in der Auseinandersetzung mit anderen Perspektiven Bedeutung aufgebaut werden kann. Unterschiede sollten sowohl durch die Gleichaltrigen als auch durch die von der Lehrkraft vorgestellten Inhalte repräsentiert werden. Inhalte, die außerhalb der Erfahrungswelt der Kinder liegen. Dies ist der wahre Grundwert einer demokratischen Schule, die auf Zuhören und Offenheit für andere – Fremde – und solidarisches Handeln gekennzeichnet ist. Diese Schule redet nicht nur über Demokratie, sondern setzt diese Werte praktisch um. Im Alltag sollten diese Werte sichtbar werden in der Art, wie wir unsere Umgebung organisieren, und darin, wie die Zeit der Kinder organisiert ist. In Kindergarten und Schule wird Kindern Tag für Tag die Möglichkeit gegeben, in kleinen Gruppen zu arbeiten und zu spielen. In Projekten und anderen Aktivitäten gibt es Unterschiede zwischen Augen, Nasen, Bäumen, kleinen Vögeln und Menschen, die beobachtet werden. Es handelt sich um, wie John Dewey formulierte, „Learning by Doing“: „You have to think to create belief that makes it possible to act, but when you act it always creates doubt that makes it necessary to think again.“ Heute sind wir nicht mehr so sicher, dass es sich dabei um eine geradlinige und kumulative Entwicklung handelt. Stattdessen ist der Lernprozess – wie Loris Malaguzzi sagt – ein Haufen Spaghetti.

Dies ist die wahre Motivation für Kindergärten: Ein Treffpunkt zu sein, der diese Werte unterstützt, wie etwa Subjektivität, Unterschiedlichkeit, in Wechselwirkung stehend und Lernfähigkeit. Nur mit dieser Wertebasis kann in einer Bildungseinrichtung und in einer Demokratie, die alle sozialen Klassen und Kulturen einbeziehen will, von einer gemeinsamen Wertebasis gesprochen werden. Einen Bürger großzuziehen ist nicht nur die Aufgabe einer Familie. Es ist kein biologisches Bedürfnis für Kinder, sondern es ist notwendig für eine demokratische Gesellschaft. Natürlich baut dieses Ziel auf einem Demokratieverständnis auf, in dem wir trotz unserer Unterschiedlichkeiten voneinander abhängig sind und gemeinsam bestimmte Entscheidungen treffen. Heute sehen wir vor allem die andere Seite von Demokratie, nämlich das Recht, aus den allgemeinen Lösungen auszuscheren. Dies fördert die Akzeptanz einer Gesellschaft, die eher auf Rechten denn auf Pflichten beizutragen aufbaut. In diesem Verständnis entstehen profilierte Einzelschulen im Gegensatz zu der Idee von Schule als Treffpunkt. Dieser Ansatz ist nachvollziehbar, wenn Minderheiten die Erfahrung machen, dass ihre Stimme vernachlässigt wird. Gleichzeitig scheint diese Exklusions-Strategie extrem gefährlich zu sein, insbesondere in einer Welt nach den Anschlägen vom 11. September 2001 und den Maßnahmen, die die dominierende Weltmacht im Anschluss daran ergriffen hat. Mehr denn je müssen wir Schulen entwickeln, die Wege einer friedlichen Koexistenz finden.

7 Die schwedische Kooperation mit Reggio Emilia

Durch unsere Kollegin Anna Barsotti konnte die bekannte Ausstellung über die Kindertageseinrichtungen in Reggio Emilia bereits 1981 und erneut 1986 gezeigt werden. Das schwedische Fernsehen produzierte einen Film von Carlo Basotti über die Reggianischen Einrichtungen und Anna und ihre Kollegen schrieben einige Bücher darüber.

Im Jahr 1986 wurde die erste Seminarwoche in Reggio Emilia veranstaltet, und zahlreiche schwedische Exkursionen und offizielle Besuche durch schwedische Minister haben seitdem stattgefunden.

In den späten 1980er Jahren initiierte Anna Barsotti eine Studiengruppe über Reggio Emilia aus einer Organisations-Perspektive. Die Gruppe, die sich AREA nennt, wurde teilweise durch die Regierung und teilweise durch die Gruppenteilnehmer selbst finanziert. Im Jahr 1990 besuchte die neunköpfige Gruppe Reggio Emilia und schrieb anschließend einen Bericht darüber unter dem Titel „Kindzentriertes Management – Was können wir von Reggio Emilia lernen?"

Diese Gruppe hatte die Möglichkeit, ihre Arbeit in einem multiethnischen Projekt fortzusetzen und gründete außerhalb von Stockholm zusammen mit mir als Projektleiter das „Zentrum für moderne Kindheit". Innerhalb dieses Projektes wurde das schwedische Reggio-Emilia-Netzwerk initiiert, das zusammen mit dem von der schwedischen Regierung finanzierten Projekt „Pädagogik in einer sich verändernden Welt" eine von zwei Säulen bei der Gründung des Reggio-Emilia-Instituts im Jahr 1992 war. Von 1992 bis 2006 war ich als Leiter dieses Instituts tätig, heute teilen sich Birgitta Kennedy und Per Dahlbeck diese Aufgabe. Die Eröffnung des Instituts wurde von Loris Malaguzzi und Vera Vecchi begleitet, gleichzeitig wurde das „Nordic Network" angestoßen. Im gleichen Frühjahr wurde das oben genannte Projekt zusammen mit Professor Gunilla Dahlberg als wissenschaftlicher Leiterin sowie Anna Barsotti und mir als Projektleiter begonnen. Auf verschiedenen Wegen hat das Institut in Stockholm und seinem Umland eine starke Kraft entfaltet. Deswegen nennen wir es heute das „Stockholm-Projekt".

Das schwedische Netzwerk und das Stockholm-Projekt wurden die Basis für das Institut, das sich nur durch eigene Aktivitäten und nicht durch eine finanzielle Unterstützung von außen trägt. Schon früh wurde die Zeitschrift „Modern Childhood" herausgegeben, die heute viermal jährlich erscheint. Regelmäßig werden die besten Artikel ins Englische übertragen.

Zweimal im Jahr trifft sich das schwedische Netzwerk: Im Frühjahr zu den Pädagogischen Tagen, um Projektdokumentationen zu sichten und zu diskutieren, und im Herbst zu den Dialog-Tagen, um andere Perspektiven und Interessen in Bezug auf Kindheit und Jugend einzunehmen. Außerdem werden von inzwischen entstandenen 60 lokalen Netzwerken auch regionale Treffen veranstaltet, bei denen Lehrkräfte von förskolas und von weiterführenden Schulen gemeinsam arbeiten. Teilweise nehmen sogar Lehrkräfte teil, die im akademischen Sektor unterrichten.

Für die Teilnahme wird ein kleiner Mitgliedsbeitrag erhoben, um Schulen in anderen Ländern zu unterstützen.

In den Jahren seit 2004 wurde das Institut neu organisiert, so dass viele enge Kooperationspartner inzwischen Mitglieder des Instituts geworden sind. Heute haben wir 55 Mitglieder aus ganz Schweden. Alle Überschüsse aus der Entwicklungsarbeit investieren wir in die Entwicklungsarbeit. So investieren wir heute in ein Elementarschulprojekt, ein auch von der Regierung unterstütztes Projekt zur Multiethnizität. Seit fünf Jahren bietet das Institut eine pädagogische Ausbildung an, seit Herbst 2008 auch ein Bildungsangebot, das zum „atelerista" – zum Leiter eines Ateliers – ausbildet. In Zusammenarbeit mit einer Stadt planen wir außerdem ein Projekt, bei dem wir mit Reggio Children kooperieren und das den Titel „Die Förskolas der Zukunft" trägt. 2009 werden wir die Nordeuropa-Reise einer neuen Reggio-Emilia-Ausstellung eröffnen.

8 In Dialog mit Reggio Emilia – eine neue soziale Bewegung

Viele der oben genannten Standpunkte sind notwendig, um eine didaktische Philosophie für die Rolle von Schulen und förskolas in einer demokratischen Gesellschaft zu definieren. Das ist in der schwedischen Rezeption der Erfahrungen in Reggio Emilia sehr deutlich geworden. In den vergangenen Jahren sind viele Besucher beeindruckt worden von den Geschichten, mit denen uns unsere Kolleginnen und Kollegen konfrontiert haben. Anfangs versuchten viele, dem unguten Gefühl, nicht gut genug zu sein, dadurch zu entfliehen, dass sie behaupteten, wir hätten bereits ein ganz ähnliches Bild vom Kind, die Reggianer seien nur besser in der Dokumentation. Manchmal mussten wir unsere Kollegen und auch die Leitungen kritisieren, weil sie nicht offen für das neue Bild waren, auch wenn sie das Gefühl hatten, dieses Bild mit Reggio Emilia bereits zu teilen.

Erst als wir begannen, unsere Treffen nicht als ein Zusammentreffen Gleichgesinnter, sondern vielfältiger Vorstellungen zu verstehen, konnten wir mehr Energie aus den Treffen ziehen. Eine große Hilfe waren dabei die Arbeiten von Professor Gunilla Dahlberg, die sich in ihren Schriften mit dem Bild vom Kind und vom Lernen auseinandersetzt. Sie bestätigte, dass – auf den ersten Blick – der schwedische Bildungszusammenhang sowohl in der Praxis als auch auf der Ebene der Politik ähnlich kindorientiert ist wie in Reggio Emilia. Sie betonte auch, dass unser alter Freund Loris Malaguzzi die skandinavischen Länder nach seinen Besuchen immer wieder für diese Kindorientierung gelobt hat. Aber sie fragte auch, was wir eigentlich ganz genau mit Kindorientierung meinen. Durch diese Frage war es möglich, unsere Kindorientierung zu bestätigen und gleichzeitig die unterschiedlichen Vorstellungen von Kindern und Lernen zu problematisieren. Dabei machte sie deutlich, dass die schwedische Tradition vor allem von einem Bild vom Kind als etwas Natürliches dominiert wird. Dies folgt vor allem den Vorstellungen der Entwicklungspsychologie, die ihren Schwerpunkt darauf legt, dass Lernen und Entwicklung allgemeinen Mustern folgt und so die Normalität ins Zentrum ihres Interesses stellt. In Kombination mit dem Glauben in Konzepte wie das des Freispiels, in dem das Kind seine inneren Möglichkeiten und Ideen ausdrückt, entwickelte sich ein Ansatz, der davon ausging, dass im Kind selbst bereits alles vorhanden ist und die Aufgabe der Pädagogen in der vorsichtigen Pflege dieser Anlagen bestünde. Die Grundschulen hingegen sahen vor allem die Lernanforderungen und damit das Kind als ein Objekt kultureller und intellektueller Reproduktion, mit der Tendenz, das Kind als eine „tabula rasa", als unbeschriebenes Blatt zu sehen. Indem sie diese Unterscheidung in den beiden Traditionen aufzeigte, schlug sie eine dritte Option vor, mit der sie sich auf Reggio Emilia bezog: In einem Prozess der Ko-Konstruktion können Kinder, Pädagogen und Eltern sich mit Wissen und Kultur auseinandersetzen.

Kann diese dritte Sichtweise die Zusammenarbeit zwischen förskolas und Grundschulen verbessern?

Als wir diesen Diskurs in unsere Netzwerke hineintrugen, wurden viele Dinge sichtbar – oder vielleicht besser – zugänglich für Austausch und Reflexion. Uns wurde deutlich, wie wichtig es ist, die eigene Tradition zu erkennen und zu verstehen, was unsere Handlungen und Denkweisen in der pädagogischen Arbeit mit Kindern prägt. Auf einmal konnten wir eine Entdeckungsreise antreten, deren Orientierungspunkt immer wieder Reggio Emilia war. Es entstand eine neue Wertschätzung des Austauschs mit anderen. Wir verstanden, dass es nicht um einen Wettbewerb ging oder darum, Schlechtes und Gutes miteinander zu konfrontieren, sondern darum, andere Konzepte kennenzulernen und dadurch auch den eigenen Standpunkt besser schärfen zu können. Die Mitarbeit im Netzwerk wurde zu einem Mittel, um wieder Respekt vor der eigenen Arbeit zu bekommen, im Gegensatz zu der destruktiven Einschätzung, auf dem falschen Weg zu sein. Wir lernten, unsere Geschichte und unsere früheren Handlungen und Ideen anzunehmen – als etwas, das wir nutzen können, um unseren Alltag mit Kindern und Eltern zu bewältigen.

Reggio Emilia hat uns aufmerksamer gemacht für die Wahrnehmung von Kindern, Kindheit, Lernen und die Aufgaben von Schulen in unserer Gesellschaft. Die Treffen machten uns neugierig, wie unsere eigene Gesellschaft sich ausdrückt – unter anderem durch Lehrkräfte und Schulen – auf kulturellem, ästhetischem, sozialem und politischem Wege. Das Zusammentreffen mit Reggio Emilia hat den Wunsch geweckt, zwar nicht genauso zu werden, aber im Austausch der jeweiligen Unterschiede sensibler zu werden für die eigenen Herausforderungen und Entscheidungen, die sich aus unseren historischen Rahmenbedingungen entwickeln. Deswegen sprechen wir auch nicht über den Reggio-Ansatz, sondern über die Reggio-Emilia-Inspiration. So wurde auch das deutsche Netzwerk bezeichnet bzw. gebildet. Die Idee, dass Wissen eine Verbindung herstellt – in der Metapher eines Netzes –, war auch eine Grundidee des schwedischen Reggio-Emilia-Instituts. Nach über 15 Jahren können wir die Netzwerkarbeit, die von Reggio Emilia inspiriert wurde, schon fast als eine neue soziale Bewegung sehen, die sich vor allem von unten entwickelt hat und mit der Hoffnung verbunden ist, die förskolas zu verändern, die aber zunehmend auch andere Lehrkräfte, Erzieher, Verwalter und Politiker erfasst.

9 Die Herausforderungen für die Inspiration durch Reggio Emilia in einem internationalen Netzwerk

Zum Schluss möchte ich noch einmal zu meinen Überlegungen zurückkehren, warum wir förskolas in einer demokratischen Gesellschaft brauchen und warum wir Schulen überhaupt brauchen. Dies ist noch immer eine wichtige Diskussion in Schweden – so schnell könnte sich das Bild vom Kind wieder zu einer Wahrnehmung des Kindes als bedürftig und arm zurückentwickeln, so schnell könnte sich wieder ein Lernverständnis etablieren, das die Einbeziehung der Erfahrungen und Bedeutungskonstruktion von Kindern vernachlässigt. Ebenso schnell könnten wir wieder zurückfallen in eine Vorstellung von Pädagogik als eine Frage der Vermittlung und nicht als eine Frage der gemeinsamen Herstellung von Kultur und Wissen zwischen verschiedenen Kindern und verschiedenen Perspektiven. Die Idee einer Schule als Ort demokratischer Prozesse könnte so schnell verloren gehen. Deswegen ist es so wichtig, dieses Konzept von Bildung in der frühen Kindheit nicht nur mit Leben zu füllen, sondern auch unsere Kooperationen mit dem weiterführenden Schulsystem weiterzuentwickeln. Dieser Dialog wird zunehmend intensiviert, aber dazu benötigen wir eine Menge Demut, harte Arbeit – und Inspiration!

Dazu benötigen wir andere Länder. Mit großer Hoffnung und auch Begeisterung blicken wir auf die Länder, die ihre demokratische Identität entdecken und aufbauen, wie beispielsweise Chile und Südafrika. Ein echter Beitrag zu diesen Prozessen wäre auch eine starke frühkindliche Bildung. Dies wird auch durch die Berichte der UNESCO zu diesem Thema unterstützt.

Heute besteht die dringende Notwendigkeit, eine neue Internationale ins Leben zu rufen – eine Internationale der Kinder. Dies ist meine zentrale Botschaft, die ich vom Internationalen Netzwerk mitbringe, das das neue internationale Loris Malaguzzi Zentrum in Reggio Emilia unterstützt. Nach unserer Einschätzung trägt dieses Netzwerk eine große Verantwortung – für uns Schweden ebenso wie für unsere Freunde in der gesamten Welt.

In den kommenden Jahren muss das Institut ein noch besser integriertes Instrument für weltweite Erfolge bei der Unterstützung von Schulen und Pädagogik sein, und so eine neue Identität im Sinne einer Weltbürgerschaft entwickeln helfen. Ein wichtiges Ziel ist es, das Zusammentreffen der Kulturen zu einem Dialog im

Sinne von Gastfreundschaft in unseren Schule und förskolas zu entwickeln. Wir müssen uns vor der Angst schützen und vor einer Segregation, die Menschen einteilt und kategorisiert. „Wir unterstützen nicht in erster Linie Schulen und förskolas – sie sind nur Werkzeuge, um Pädagogik als zentralen Beitrag zu einer neuen Weltbürgerschaft zu unterstützen", so sagte Carla Rinaldi im Juni 2007 in Stockholm beim Abschluss des ersten Internationalen Netzwerktreffens außerhalb von Reggio Emilia. Deswegen müssen wir die Kontakte im internationalen Netzwerk vertiefen und uns gegenseitig unterstützen, um die gemeinsamen Ideen und Werte in unseren jeweiligen Kontexten zu stärken. Die Konferenz zur Agenda 21 in Rio de Janeiro ermutigte uns, global zu denken und lokal zu handeln. Dies ist auch die Strategie zur Entwicklung einer demokratischen Schule und zur Unterstützung von Bildung in der frühen Kindheit. Lasst uns also GLOCALS werden!

Vom Kindergarten in die Schule – Unterstützung eines wichtigen Weges

Endlich ein Schulkind? Identitätsentwicklung und Migration am Beginn der Bildungsbiographie

Renate Niesel

Alle Kinder in Deutschland werden schulpflichtig, alle Kinder werden eingeschult. Aber werden auch alle Kinder Schulkinder? Diese scheinbare Selbstverständlichkeit in Frage zu stellen, zielt darauf ab, die Entwicklungsaufgabe „ein Schulkind werden" nicht vorrangig unter dem Aspekt der Erfüllung der schulischen Leistungsanforderungen zu sehen, sondern die individuelle Identitätsentwicklung als eine grundlegende Voraussetzung für eine gelingende Schullaufbahn zu beschreiben. Damit soll der Versuch unternommen werden, das Zurückbleiben von Kindern mit Migrationshintergrund hinter ihren intellektuellen Möglichkeiten oder das Scheitern ihrer Bildungsbiographie auch als Folge einer nicht gelingenden Identifikation bzw. einer De-Identifikation als Folge von Differenzerfahrungen von Kindern und Eltern innerhalb des Bildungssystem zu verstehen, der pädagogisch entgegengewirkt werden muss.

1 Die Schullaufbahn beginnt mit dem Übergang von der Kita in die Schule

Der Übergang von der Kindertageseinrichtung in die Schule ist als normative Transition charakterisiert worden (Beelmann 2006, vgl. auch Griebel und Niesel 2004). Mit Transitionen werden „komplexe, ineinander übergehende und sich überblendende Wandlungsprozesse bezeichnet, die sozial prozessierte, verdichtete und akzelerierte Phasen eines Lebenslaufs in sich verändernden Kontexten darstellen" (Welzer 1993, S. 37). Innerhalb dieser Phasen kommt es zu unterschiedlichen Belastungen und Chancen, die als „verdichtete Entwicklungsanforderungen" beschrieben werden können. Damit soll ausgedrückt werden, dass auf diejenigen, die in einen Transitionsprozess eintreten, in einem gedrängten Zeitrahmen viel Neues einströmt, auf das sie reagieren müssen und zwar mit intensiven und beschleunigten Lernprozessen. Erfahrungen von Diskontinuität, die im günstigen Fall als Entwicklungsimpulse wirken, müssen bewältigt werden.

Das am Staatsinstitut für Frühpädagogik (IFP) entwickelte Transitionsmodell (Niesel, Griebel und Netta 2008) ist der Familienentwicklungspsychologie verpflichtet. Es bündelt unterschiedliche Forschungsstränge und bietet einen theoretischen Rahmen für die fachlich fundierte pädagogische Arbeit. Wie bei allen Transitionen im Lebenslauf lassen sich die Anforderungen, die sich beim Übergang von der Kita in die Grundschule stellen, auf drei Ebenen darstellen, die letztlich zu einer Neugestaltung innerpsychischer Prozesse führen, wobei das Vorige in das Gegenwärtige integriert wird:

- Auf der Ebene des Individuums: Bewältigung starker Emotionen, Erwerb neuer Kompetenzen, Wandel der Identität.
- Auf der Ebene der Beziehungen: Veränderung bestehender und Aufnahme neuer Beziehungen.
- Auf der Ebene der Lebensumwelten: Zusammenführung und Abstimmung der Anforderungen unterschiedlicher Lebensbereiche, wie z. B. Familie und Schule.

Das IFP-Transitionsmodell charakterisiert die Anforderungen zur Bewältigung eines Übergangs als Entwicklungsaufgabe (Griebel und Niesel 2002 a, 2002 b, 2004) und betont den positiven motivationalen Charakter.

Die Weichen für die Bewältigung des Übergangs von der Kindertageseinrichtung in die Grundschule werden lange vor dem ersten Schultag gestellt, ein „fertiges" Schulkind kann ein Kind aber erst sein, wenn es Schulerfahrungen machen konnte. Von Müttern, die zur Bewältigung des Übergangs ihres ersten Kindes befragt wurden, meinten einige sogar, dass ihr Kind erst im Laufe des zweiten Schuljahres ein Schulkind geworden sei (Griebel und Niesel 2002 a). Daher müssen (sozial-)pädagogische Überlegungen zur Sicherung des Schulerfolges möglichst früh einsetzen. Die Konzentration auf das letzte Jahr im Kindergarten bzw. die erste und zweite Jahrgangsklasse in der Schule wird für die Kinder, die besonderen Belastungen ausgesetzt sind, nicht ausreichen. Wann ist die Transition zum Schulkind gelungen? Vorgeschlagen wird folgende Charakterisierung: „Ein Kind ist dann ein Schulkind geworden, wenn es die Schule als selbstverständlichen Teil seines Lebens empfindet. Sein Verhalten drückt Wohlbefinden aus. Es in der Lage, die Angebote der Schule für seine kognitive, soziale, emotionale und physische Entwicklung zu nutzen, so dass ein beständiger Zuwachs an Kompetenzen beobachtet werden kann, die den Anforderungen der Schule entsprechen" (Niesel, Griebel und Netta 2008, S. 20).

Wie lange der Transitionsprozess dauert und wie vollständig er gelingt, ist individuell verschieden und hängt maßgeblich von den Ressourcen ab, die einem Kind zu Verfügung stehen. Für die Transitionsbewältigung ist die „Kompetenz des sozialen Systems" (Niesel und Griebel 2007 a) mitverantwortlich. Damit gemeint ist das Zusammenwirken aller am Übergang beteiligten und mitwirkenden Personen. Optimalerweise kooperieren Kinder und ihre Familien, die pädagogischen Fachkräfte in Kindergarten und die Lehrkräfte der Schule während des Transitionsprozesses so, dass die Übergangsbewältigung für jedes Kind nicht unter- oder überfordernden Charakter hat, sondern die Herausforderungen beinhaltet, die dem Kind ermöglichen, sich zu entwickeln, zu wachsen. Für die (sozial-)pädagogische Begleitung bedeutet das, dass die individuelle Situation von Kindern und Familie in den Blick genommen werden muss, um mögliche Belastungen und

Fördernotwendigkeiten frühzeitig zu erkennen und Ressourcen rechtzeitig zu aktivieren.

2 Das neue Selbstbild: Ein Schulkind sein

Fragen wie „Wer bin ich?", „Was unterscheidet mich von anderen Menschen und habe ich etwas mit ihnen gemeinsam?", „Wie denke und urteile ich über mich?", also Fragen zum Selbstkonzept, zum Selbstwertgefühl und zur eigenen Identität, beschäftigen Menschen in einem lebenslangen Prozess. Das Selbstkonzept bündelt das Wissen über sich selbst. Dieses Wissen bezieht sich mit zunehmendem Alter auf verschiedene Bereiche. Unterschieden werden z. B. das „akademische Selbstkonzept", also die wahrgenommene Leistungsfähigkeit in unterschiedlichen Lernbereichen, und das „soziale Selbstkonzept" – wie komme ich mit anderen Menschen zurecht (StMAS IFP 2007)? Bereits in den Jahren vor der Schule entwickeln Kinder ein Selbstwertgefühl, d. h. sie beginnen, ihre Eigenschaften und Fähigkeiten selbst zu bewerten. Grundvoraussetzung dafür, dass ein Kind ein Gefühl für sich, ein inneres Bild von sich entwickeln kann, ist zunächst der Austausch mit den Bindungspersonen und die Erfahrung mindestens einer verlässlichen Bindung, meistens innerhalb der Familie (Becker-Stoll 2007). Ein positives Selbstwertgefühl empfindet ein Kind, wenn es sich in seinem ganzen Wesen geliebt und anerkannt fühlt, ohne dass die Zuneigung an Bedingungen geknüpft ist. Zur weiteren Ausbildung der Identität sind die alltäglichen, vielfältigen Interaktionen mit weiteren Bezugspersonen, mit anderen Erwachsenen und besonders auch mit anderen Kindern wichtig. Erzieher, Freunde und Spielpartner sind während der Kindergartenzeit neben der Familie wohl die wichtigsten Beitragenden zum Selbstbild. Ihre Reaktionen in Mimik, Gestik und Sprache spiegeln Kleinkindern, Kindergarten- und Schulkindern, dass ihre Empfindungen und Äußerungen verstanden werden. Dabei lernen Kinder, ob ihr Verhalten als passend oder als unerwünscht empfunden wird und dass eigene Gefühle von anderen geteilt werden, aber auch, dass sich diese von denen anderer Personen unterscheiden können. Mit der Sprache fangen Kinder an, von sich selbst zu erzählen, sie konstruieren ihre eigene Lebensgeschichte und entwickeln so ein dauerhaftes Bild von sich selbst. Eltern und andere Personen arbeiten an der Konstruktion des autobiographischen Gedächtnisses mit.

Bis zum Beginn des Schulalters erscheinen Erwachsenen die Selbstbewertungen junger Kinder unrealistisch positiv. Die meisten Kinder trauen sich zu, alles zu können, was sie wollen. In der Grundschule verfeinern sich die Vorstellungen vom Selbst, die kognitive Entwicklung ermöglicht feinere Differenzierungen (Kasten 2008), und mit dem Schulbeginn werden soziale Vergleiche wichtig. Selbstbewertungen erfolgen nun zunehmend aufgrund von Informationen über die eigene Leistungsfähigkeit im Vergleich mit anderen, sicherlich unterstützt durch die neue Erfahrung mit dem schulischen System der Leistungsbewertung. Gefühle von Minderwertigkeit und Hilflosigkeit können sich einstellen. Mit dem Gelernten werden auch die dabei erlebten Gefühle mitgelernt und in nachfolgenden ähnlichen Situationen wieder aktiviert. Kinder, die schnell entmutigt sind, haben bereits gelernt, an den eigenen Fähigkeiten zu zweifeln – ihr akademisches Selbstkonzept hat einen Dämpfer erhalten.

Ein wichtiger Teil der Identitätsentwicklung ist die Geschlechtsidentität. Wenn Mädchen und Jungen in die Schule kommen, wissen sie nicht nur, dass sie ein Mädchen oder ein Junge sind, sondern den meisten ist auch klar, dass ihr Geschlecht immer dasselbe bleiben wird, sie wissen, sie werden als erwachsene Menschen Frauen oder Männer sein. Rabe-Kleberg (2005) beschreibt den Erwerb des sozialen Geschlechts als einen, wenn nicht den grundlegenden Bildungsprozess der Kindheit. In bundesdeutschen Bildungsplänen hat die pädagogische Arbeit zur Entwicklungsaufgabe „Geschlechtsidentität" häufig nur einen untergeordneten Stellenwert (Niesel 2008). Das „soziale Geschlecht" wird durch die gesellschaftlichen Bedingungen für Frauen- und Männerollen definiert. Für Kinder aus Migrationsfamilien kann durchaus ein größeres Spannungsfeld als für die Jungen und Mädchen der Mehrheitskultur entstehen, innerhalb dem sie sich für die Entwicklung ihrer individuellen Geschlechtsidentität orientieren müssen. Mitbedacht werden sollte, was es für das sich entwickelnde akademische Selbstbild Mädchen und Jungen bedeutet, dass die „Bildungsträgerinnen", die auch Vorbilder und Identifikationsfiguren sein sollen, in den ersten zehn Lebensjahren überwiegend weiblich und damit in den Augen der Heranwachsenden das Gegenteil von männlich sind (vgl. Rabe-Kleeberg 2005, Rohrmann 2008).

Bei den meisten Kindern überwiegen am Ende der Kindergartenzeit Freude und Stolz über den Statusgewinn, nun bald ein Schulkind zu sein. In Gesprächen mit Kindern klingt aber doch auch die für Transitionen typische Ambivalenz der Gefühlslagen an (Griebel und Niesel 2002a). Ob sich die Erwartungen, Freuden oder Ängste von Kindern aus Migrationsfamilien von denen der Kinder ohne Migrationsgeschichte unterscheiden, ist eine offene Forschungsfrage.

Wenn eine erfolgreiche Transitionsbewältigung der jungen Schulkinder bedeutet, dass Jungen und Mädchen ein stabiles Selbstvertrauen, anhaltende Lernmotivation, Offenheit gegenüber neuen Erfahrungen und nicht zuletzt ein positives akademisches Selbstkonzept entwickeln, das durch Schwierigkeiten nicht anhaltend beeinträchtigt wird, so ist diese Entwicklungsaufgabe für alle Kinder komplex. Für Kinder aus Migrationsfamilien, insbesondere dann, wenn sie aus Familien mit geringen sozio-ökonomischen Möglichkeiten kommen, ist diese Herausforderung aufgrund ihrer eingeschränkten Ressourcen ungleich schwerer zu bewältigen.

3 Eingeschränkte Ressourcen für viele Kinder aus Migrationsfamilien

Die Wichtigkeit der Schule ist für alle Kinder die gleiche: Für Jungen und Mädchen, für Kinder, deren Familien seit Generationen in Deutschland leben, ebenso wie für Mädchen und Jungen, deren Eltern vor kurzer oder bereits vor längerer Zeit zugewandert sind. Das Potential des Bildungswesens für die Gestaltung eines Lebenslaufs ist jedoch nicht allen Kindern in gleicher Weise zugänglich, wie die großen Bildungsstudien IGLU und PISA belegt haben.

Von „Kindern aus Familien mit Migrationshintergrund" zu sprechen, wird zurzeit als der politisch korrekte Terminus empfunden. Allerdings verschleiert er die große Heterogenität von Lebensgeschichten, Kulturen, Religionen etc.

Verschleiert wird auch, dass die Effekte des Migrationshintergrundes von den Effekten der sozio-ökonomischen Lebensbedingungen und den damit verbundenen Bildungshintergrund und Ressourcen des Elternhauses überlagert werden. Die Daten des DJI-Kinderpanels zeigen als Grundschulkinder mit der geringsten Ausstattung 31 % deutsche Kinder, 44 % der Kinder aus Aussiedlerfamilien und 87 % der türkischen Kinder (Alt 2006). Dass die Startchancen und Gestaltungsspielräume für Familien und deren Kinder stark von sozioökonomischen Möglichkeiten abhängen ist nicht neu, erweist sich aber bezüglich der Konsequenzen nicht nur für die individuelle Bildungsbiographie, sondern auch für die Gemeinschaft als folgenschwer und kostspielig: Der Anteil der Migrationsfamilien an der Bevölkerung in Deutschland beträgt 27 %, 54 % der Migranten zwischen 22 und 24 Jahren sind ohne Schulabschluss (lt. „Stern" 32/2008) und 42 % der Hartz IV-Empfänger zwischen 18 und 24 Jahren stammen aus Einwandererfamilien (lt. „Die Zeit" 42/2008).

4 Identitätsentwicklung von Kindern mit Migrationshintergrund

Beim Übergang von der Kindertageseinrichtung in die Schule steht der Wandel der Identität im Mittelpunkt: Das Selbstbild eines kompetenten Kindergartenkindes soll sich im Laufe des Übergangsprozesses zum Selbstbild eines kompetenten Schulkindes wandeln. Die Entwicklungsaufgaben von nicht-migrierten Kindern werden in altersbezogenen Abfolgen beschrieben (vgl. z. B. Siegler, Deloache und Eisenberg 2008). Kinder aus Migrationsfamilien müssen sich zusätzlich mit der Entwicklung ihrer ethnischen Identität als Minderheit auseinandersetzen. Nur wenige Studien in Deutschland beschäftigen sich mit der Frage, wie das Erwachsenwerden von Kindern und Jugendlichen unter der Bedingung der Erfahrung kultureller Differenz verläuft (vgl. dazu Herwartz-Emden 2008).

Siegler, Deloache und Eisenberg (2008, S. 619 ff.) beschreiben folgenden Prozess: „Vorschulkinder können ihren Ursprung als ‚türkisch' oder ‚ukrainisch' benennen, sie verstehen jedoch noch nicht, dass die Ethnizität ein dauerhaftes Merkmal ihres Selbst ist. Im frühen Schulalter beginnen Kinder sich mit ihrer ethnischen Gruppe zu identifizieren, und mit zehn bis elf Jahren fangen sie an, zu verstehen, dass ihre Herkunft ein konstantes, unveränderliches Merkmal ihrer selbst ist. Die Entwicklung einer positiven ethnischen Identität ist besonders dann wichtig, wenn die ethnische Gruppe des Kindes in der Gesamtgesellschaft Gegenstand von Vorurteilen und Diskriminierung ist. Besondere Bedeutung erlangt die Frage der ethnischen Identität in der Adoleszenz. Manchen Jugendlichen gelingt es, eine bikulturelle Identität zu entwickeln, die eine reibungslose Identifikation sowohl mit der mehrheitlichen als auch mit der eigenen ethnischen Kultur einschließt. Erste Untersuchungen deuten darauf hin, dass diese Jugendlichen eine bessere physische wie psychische Gesundheit aufweisen." Eine Untersuchung in Deutschland zur ethnischen Identität von Mädchen und jungen Frauen kommt ebenfalls zu dem Schluss, dass sich ethnische Identität in sinnvolle Dimensionen untergliedern lässt. Sowohl eine Ausrichtung an Deutschland, insbesondere in der Freizeitgestaltung, als auch eine gleichzeitige eigenethnische Orientierung wurden als förderlich für eine gute Positionierung im Bildungssystem identifiziert (Bandorski 2008).

Sowie Kinder aus Migrationsfamilien ihren engsten Familienkreis verlassen, wie z. B. beim Eintritt in den Kindergarten, müssen sie zusätzliche, sogenannte Akkulturationsleistungen vollbringen, während sie zugleich aufgrund ihrer sozio-ökonomischen Benachteiligung über geringere Ressourcen verfügen. Herwartz-Emden (2008) weist darauf hin, dass diese Leistungen mehr sind als bloße Kompetenzerweiterungen. Vielmehr erfordere „das Erlernen der Sprache des Aufnahmelandes sowie die Integration von Werten und Normen, spezifischen Wissensbereichen, Symbolen und Verhaltensstandards in die bereits im Herkunftskontext der Familie erworbenen Werte-, Normen- und Wissenssysteme eine Syntheseleistung. Diese bilde die Grundlage für eine gelingende bikulturelle Identitätsentwicklung. Folglich handelt es sich um eine Metakompetenz, die es dem Individuum ermöglicht, auch kulturelle Gegensätze produktiv zu verarbeiten. ... Als gesichert gilt, dass sowohl geschlechts- und kulturspezifische Entwicklungen als auch Differenzerfahrungen auf die Genese des Selbstkonzeptes einwirken" (ebd., S. 45). Im Transitionsprozess zum Schulkind treffen für diese Kinder erhöhte Kompetenzerwartungen durch die notwendigen Syntheseleistungen mit einer komplexeren Identitätsentwicklung zusammen. Genau in dieser Lebensspanne rückt die Auseinandersetzung mit der ethnischen Identität stärker ins Bewusstsein und das akademische Selbstbild wird dem Vergleich mit anderen Kindern ausgesetzt, die Differenzwahrnehmungen werden deutlicher.

Auf der Beziehungsebene, deren Neuorganisation mit jeder Transition verbunden ist, bekommen die Beziehungen zu Lehrkräften (in den meisten Fällen Lehrerinnen) und ganz besonders die Beziehungen zu Peers eine neue, für Bildungsprozesse entscheidende Bedeutung, während sich die Beziehungen innerhalb der Familie durch eine wachsende Selbstständigkeit des Kindes und der damit verbundenen, allmählichen Loslösung verändern (Niesel, Griebel und Netta 2008). Mit dem Schulalter werden die Akzeptanz und die erfahrene Sympathie von Peers enorm wichtig für ein positives Selbstwertgefühl und das daraus resultierende Wohlbefinden von Kindern (Siegler, Deloache und Eisenberg 2005, S. 704 ff.). Gelingende soziale Interaktionen mit Peers tragen entscheidend zum Selbstwertgefühl bei. Umgekehrt sind Kinder dieses Alters für ein geringes Selbstwertgefühl anfällig, wenn sie sich als weniger kompetent als ihre Altersgenossen sehen. Da auch Sprache nur in einem Netz von Beziehungen gelernt bzw. verfeinert werden kann, besteht für diese Kinder die Gefahr eines Teufelkreises: Fehlende Beziehungen beeinträchtigen den Spracherwerb, eine fein abgestimmte Kommunikation, die zur Pflege von Freundschaften nötig ist, kann nicht entwickelt werden, Beziehungen können nicht aufgebaut werden bzw. brechen ab, mit der möglichen Folge des Rückzugs in eine vorrangig muttersprachliche Peer-Gruppe und einer Distanzierung von der Sprach- und Lernkultur der Schule.

5 Bedrohung durch Stereotype

Es spricht einiges dafür, dass Kinder aus Familien mit einer Migrationsgeschichte mit einer weiteren Erschwernis konfrontiert sind: Die Bedrohung einer erfolgreichen Schullaufbahn durch Stereotype (Steele und Aronson 1995; ausführlich dazu Herwartz-Emden 2008, S. 83 ff.). Stereotype beruhen auf starren Wahrnehmungs- und Denkmustern, die nur schwer veränderbar sind. Sie führen zu oberflächlichen und größtenteils falschen Zuschreibungen, die Menschen kategorisieren, ohne individuelle Unterschiede zuzulassen. Stereotype können für die Bildungsleistungen der betroffenen Personen folgenschwere Konsequenzen haben. Mitglieder einer stereotypisierten Gruppe können ihr Potential in einem leistungsrelevanten Kontext häufig nicht voll ausschöpfen und laufen Gefahr, durch Misserfolge zur Bestätigung des Stereotyps beizutragen. Das geschieht z. B. dann, wenn die Betroffenen den jeweiligen Bereich meiden und dadurch wichtige Fähigkeiten und Kenntnisse nicht erwerben. Wird eine Situation als Bedrohung erlebt, erzeugen die Personen eine innerliche Distanz zwischen der Bedeutung von Erfolgen – z. B. guten Leistungen in der Schule – und ihrem Selbstkonzept. Es kommt zu einer „Abkopplung" oder zum Disengagement, was schließlich bei einer anhaltenden Bedrohung zur De-Identifikation und damit zum Rückzug aus dem Gebiet führen kann. Die Grenzen zwischen Diskriminierung und Selbstisolation werden so fließend.

Wahrscheinlich werden Kinder aus Migrationsfamilien schon während der Kindergartenzeit mit stereotypen Zuschreibungen konfrontiert, in einer Zeit also, in der die Botschaften der anderer Kinder und Erwachsener besonders relevant für den Aufbau des Selbstkonzeptes sind. Mit dem Eintritt in die Grundschule, wenn das Wissen und die Identifizierung mit der eigenen Ethnie zunehmen, wächst die Bedrohung des akademischen Selbstkonzepts.

6 Schulerfolg ist eine Familienangelegenheit

Zu der großen Variabilität von Migrationsfamilien, z. B. hinsichtlich der Familienstrukturen, der ethnischen und religiösen Zugehörigkeit, der ökonomischen Situation, der Art der Beziehungsgestaltung, der Geschlechterrollen etc. gehört auch eine Vielfalt von Erziehungseinstellungen.

Sehr anschaulich haben das Dorit Roer-Strier und Orly Olshtain-Mann (1999) von der Hebräischen Universität Jerusalem beschrieben. Sie hatten Zugang zu illegalen lateinamerikanischen Einwandererfamilien in Israel gefunden und beobachteten drei Strategien der Eltern bei der Auseinandersetzung mit der kulturellen Transition: 1. Die „Känguruh-Strategie", bei der sie symbolisch ihre Kinder nahe bei sich behielten und das Mitgebrachte bewahrten, 2. die „Kuckucks-Strategie", die besagen soll, dass die Kinder der umgebenden Kultur gewissermaßen überlassen werden, ohne dass die Eltern die Kinder auf ihre mitgebrachte Kultur verpflichten, und 3. die „Chamäleon-Strategie", bei der die Kinder lernen sollen, sich an beide Kulturen anzupassen und sich ihnen zugehörig zu fühlen.

Erziehungseinstellungen müssen im Kontext der Minoritätenlebenslage verstanden werden. So dienen die von Mehrheitsgesellschaft oft als autoritär und kontrollierend empfundenen Erziehungseinstellungen aus Sicht der Eltern häufig in erster Linie dem Schutz und der Sicherheit der Kinder. Eindeutiges Ergebnis in der Forschung ist, dass familiäre Sozialisation in Migrantenfamilien generell durch eine hohe Kohäsion ausgezeichnet ist (Nauck 1994), und es ist gerade dieser besondere Zusammenhalt, der für Kinder einer wichtige Ressource darstellt, wenn es um den Schutz vor den Auswirkungen von Differenzerfahrungen und Diskriminierungen geht. Die Familie stellt somit eine unersetzliche Ressource im Rahmen der Identitätsbildung dar (Herwartz-Emden 2000).

Wenn das erste Kind ein Schulkind wird, sind auch die Eltern in besonderer Weise gefordert. Von ihnen wird erwartet, dass sie eine in ihren Einzelheiten nur selten explizit formulierte Rolle erfüllen: Eltern eines Schulkindes zu sein. Dies ist eine Entwicklungsaufgabe im Erwachsenenalter (Niesel, Griebel und Netta 2008). In der Regel werden Eltern als Unterstützer ihres Kindes gesehen, so z. B. bei Wild und Hofer (2002), die die folgenden Aufgaben für Eltern von Schulkindern beschreiben: Die Sicherung der Teilhabe ihres Kindes am schulischen Bereich durch die Schaffung der materiellen Voraussetzungen, die Unterstützung des Kindes bei den neuartigen Anforderungen insbesondere durch Hausaufgabenkontrolle aber auch durch Motivierungsmaßnahmen und Unterstützung bei schulischen Misserfolgen sowie die Ausgestaltung der Beziehungen zwischen Familie und Schule. Als indirekt bedeutsam werden förderliche Bedingungen wie ein anregungsreiches Umfeld, die Förderung einer positiven Lernhaltung, die Hinführung zu Selbstbewusstsein, Eigenständigkeit etc. genannt. Wie sollen Eltern aus sogenannten bildungsfernen Schichten und in prekären finanziellen Lagen diese Erwartungen erfüllen können, wenn sie sie vielleicht gar nicht kennen?

Die meisten Eltern mit Migrationsgeschichte messen der Schule einen hohen Stellenwert bei. Sie geben an, die Schule wichtig zu nehmen und auf die Noten zu achten (Alt 2006). Allerdings sind nicht alle Eltern in Lage, ihre Kinder angemessen zu unterstützen. Das gilt nicht nur für die schulischen Aktivitäten, sondern auch für bildungsrelevante Freizeitaktivitäten. Aus der Kluft zwischen Bildungsaspirationen und Erwartungen einerseits sowie (fehlender) Unterstützung der Kinder in schulischen Belangen andererseits resultiert, dass Kinder aus Migrantenfamilien die Schule häufiger als subjektive Belastung und Anstrengung erfahren. Sie berichten vermehrt von Angst in und vor der Schule (Alt 2006, S. 17, zitiert nach Herwartz-Emden 2008, S. 45).

Es kann davon ausgegangen werden, dass Mütter und Väter ihre Aufgaben zur Unterstützung ihres Kindes am ehesten ausfüllen können, wenn sie selbst die Chance bekommen, die Transition zu Eltern eines Schulkindes bewusst zu vollziehen und erfolgreich zu bewältigen (Niesel, Griebel und Netta 2008). Verkürzt, aber wortwörtlich genommen: Auch die Eltern müssen in die Schule kommen. Sie müssen sich als Eltern der Bildungseinrichtung zugehörig fühlen können. Das kann allerdings nur gelingen, wenn der Zugang zur Schule für alle Eltern als niederschwellig empfunden wird (Knauf & Schubert 2006). Dafür müssen Schulen, ebenso wie Kindertageseinrichtungen, eine „Passung" zwischen Bildungseinrichtung und Familien anstreben, mit dem Ziel positive Bildungsaspirationen der Eltern zu stärken und Verletzungen des sich entwickelnden akademischen Selbstkonzeptes der jungen Kinder durch die Unterstützung der Leistungsentwicklung entgegenzuwirken. Für die diese Ansätze gibt es bereits Beispiele, wie die Grundschule Kleine Kielstraße in Dortmund, die 2006 mit dem Deutschen Schulpreis ausgezeichnet wurde. Für mehr als 80 % der Schüler an dieser Schule ist Deutsch nicht die Muttersprache (vgl. http://schulpreis.bosch-stiftung.de/).

7 Identitätsentwicklung als pädagogische Aufgabe

Um einer Entmutigung von Migrantenkindern entgegenzuwirken, die letztendlich zu der individuell, aber auch gesellschaftlich folgenschweren De-Identifikation mit dem Bildungssystem führen, d.h. dem Ausstieg aus Lernprozessen und der Abwertung des akademischen Selbstkonzepts, müssen pädagogische Überlegungen und pädagogisches Handeln so früh wie möglich einsetzen, Gegenstand der Kooperation von Kindergarten und Grundschule sein und in der Grundschule weitergeführt werden.

Frühe Bildungsprozesse wertschätzen: Kindertageseinrichtungen gelten heute als Bildungseinrichtungen. Das Bild des aktiv lernenden Kindes, wie es in den Bildungsplänen und Programmen der Bundesländer beschrieben wird, ist letztendlich nur dann von Nutzen, wenn es im Selbstbild des Kindes deutliche Spuren hinterlässt und zur Basis des akademischen Selbstkonzeptes wird. So ist z.B. mit

„Lerndispositionen“ eine Neigung oder gewohnheitsmäßige Bereitschaft gemeint, sich je nach Situation auf die Lernmöglichkeiten einzulassen, die in ihr stecken (Leu, Fläming und Frankenstein, 2007). Mit „Neugier“ und „Lust“ werden die Gefühle angesprochen, die in späteren Lernsituationen wieder aktiviert werden sollen.

Schwerpunkt Förderung der Zweisprachigkeit: Pädagogische Förderansätze für Kinder mit Migrationshintergrund konzentrieren sich häufig auf Sprachfördermaßnahmen, die zeitnah zum Schuleintritt erfolgen und darauf abzielen, Kinder, deren Muttersprache nicht Deutsch ist, sprachlich für die Schule fit zu machen. Wahrscheinlich werden auch im Bereich der Sprachentwicklung die Anforderungen, die sich den Kindern mit Migrationshintergrund stellen, häufig unterschätzt, da sie ihre Zweisprachigkeit in der Regel in einem monolingualen Umfeld entwickeln müssen. Es gibt inzwischen Ansätze, die dem Rechnung tragen: So werden z. B. im Projekt „Sprache macht stark“ in Ludwigshafen bereits Zweijährige – zeitweise gemeinsam mit ihrem Müttern – durch Erzieherinnen, die zu Sprachförderkräften weitergebildet wurden, systematisch gefördert (www.anglistik.uni-mannheim.de/linguistik/kontaktstelle/).

Beziehungsqualität sichern: Für Lernprozesse im Kindesalter sind stabile, vertrauensvolle Beziehungen zwischen Kind und erwachsener Person eine Voraussetzung. Übergangssituationen sind die Schlüsselsituationen für den Aufbau von Beziehungen. Nur wenn junge Kinder in Kindertageseinrichtungen die Gewissheit haben, in für sie belastenden Situationen Entlastung durch eine Bezugsperson zu erfahren, können sie sich ungehindert auf Lernprozesse einlassen (Becker-Stoll und Textor 2007). Dass der Beziehungsaufbau nicht selbstverständlich und für alle Kinder in gleicher Weise funktioniert, zeigen Untersuchungen von Ahnert (2006). Danach ist die Wahrscheinlichkeit einer sicheren Beziehung zu einer Erzieherin für Mädchen größer als für Jungen. Zu untersuchen wäre, ob Kinder und speziell Jungen aus Migrationsfamilien hier nicht eine weitere Erschwernis am Beginn ihrer Bildungskarriere erfahren, weil es den Fachkräften durch die wahrgenommene kulturelle Distanz schwerer fällt, individuell einfühlsam zu kommunizieren und verlässliche Beziehungen aufzubauen.

Identitätsentwicklung gezielt unterstützen: Kindertagseinrichtungen sind Orte, an denen Kinder zum ersten Mal außerhalb der Familie ein Wir-Gefühl entwickeln können. Dieses Gefühl der Zugehörigkeit gehört zum Wohlbefinden und bildet somit eine wichtige Basis für nachhaltige Lernprozesse. Für Kinder aus Migrationsfamilien ist es eine wichtige Möglichkeit, ihr Selbstkonzept zu erweitern. Herwartz-Emden (2008, S. 92) führt aus, dass „die Aktivierung einer anderen, nichtstereotypisierten Gruppenzugehörigkeit im Selbst einer Person zahlreiche Identitätsaspekte verankern kann“. Pädagogische Maßnahmen, die der Selbstbestätigung dienen, können diese Prozesse unterstützen. Es ist zu erwarten, dass durch vielfältige Identitätsaspekte die Bedrohungen durch Stereotype und die daraus resultierenden defensiven Verhaltensweisen reduziert werden können. Konkrete Anregungen für die Stärkung der individuellen Identität im Kindergartenalter gibt die Reggio-Pädagogik – sozusagen ein pädagogischer Ansatz mit Migrationshintergrund. Einer der wesentlichen Aspekte ist die Auseinandersetzung mit Identität, Selbstbild und Fremdbild. „Die Unverwechselbarkeit des einzelnen wird nicht verstanden als Ausdruck von Individualismus, sondern als Reichtum und als die Gemeinschaft förderndes Potential einer Gesellschaft. ... Identitätsaufbau ist Teil des fortwährenden Entwicklungsprozesses, in dem das Individuum, Wissen, Können, soziale Kompetenzen, Selbstbewusstsein, Deutungsmuster, Interessen und neue Fragestellungen erwirbt und immer wieder neu sortiert, neu hierarchisiert, neu interpretiert und vernetzt, zum Teil aber auch selektiv abstößt" (Knauf 2000, S. 187). Dieser Entwicklungsprozess wird in der Reggio-Pädagogik u.a. stimuliert durch:

- Kommunikative Situationen in vielfältigen Spielhandlungen und in Projekten. Es geht darum, dass Kinder die Meinungen, Ideen, Wünsche und Gefühle mit eigenen Erfahrungs- und Deutungsmustern vergleichen können, Perspektivenwechsel, aber auch die Schärfung des eigenen Standpunktes werden gefördert.
- Ein Repertoire vielfältiger Kommunikationsmedien, d.h. sich ausdrücken und sich mitteilen durch vielfältigste Materialien, Bewegungen, Mimik und Gestik, geben allen Kindern die Chance, unabhängig vom Entwicklungsgrad sprachlicher Elaboration etwas vom eigenen Erleben und Deuten preiszugeben und mit anderen Personen Beziehungen aufzunehmen.
- Die Nutzung von Spiegeln, damit sich jedes Kind ein Bild von sich selbst machen kann. „Die Wiedererkennung führt häufig zu Augenblicken von intensiver und intimer Selbsterforschung" (ebd., S. 189).

Projekte gelten als zentrale Aktionsform in den reggianischen Kitas. „In den Projektdokumentationen hinterlassen Kinder Spuren ihres Handels, die Autorenstolz im Sinne Eriksons ‚Werksinn' erzeugen können" (ebd., S. 193).

Der Projekt-Ansatz gilt als wichtiges Element innerhalb der Frühpädagogik. Durch das Lösen von realen und sinnvollen Problemstellungen sollen verschiedene Lernziele erreicht werden: Wissen, Fertigkeiten und die Entwicklung von Dispositionen. Projektarbeit umfasst unterschiedliche Aufgabentypen und Schwierigkeitsgrade, so dass alle Mitglieder der Gruppe in der Lage sind, sinnvolle Tätigkeiten zu finden, die Gefühle von Kompetenz und Zugehörigkeit erfahren sowie den Eindruck verstärken, zu den Bemühungen der Gruppe einen Beitrag zu leisten. Die Wertschätzung der Unterschiede, die durch die Vielfalt von Kompetenzen, z.B. durch Altersunterschiede oder verschiedene kultureller Hintergründe gegeben ist, ist ausdrückliches Ziel (vgl. Katz und Chard 2000).

Den ersten Übergang für die Bildungspartnerschaft mit den Eltern nutzen: Eltern aus den sogenannten bildungsfernen Schichten müssen die Chance bekommen, die Kindertagessstätte als Bildungseinrichtung von an Anfang wahrzunehmen und sich als verantwortlicher Teil des Bildungsprozesses ihrer Kinder zu verstehen. Transitionen, wie z.B. der Übergang von der Familie in die Kindertageseinrichtung, sind auch Schlüsselsituationen für die Gewinnung der Eltern und ihre Identifikation mit dem Bildungssystem. Familien sind in diesem Prozess besonders offen, wenn sie sich angesprochen und verstanden fühlen (Şikcan 2008). Umgekehrt sind Eltern, wenn sie sich nicht angenommen und willkommen fühlen, besonders verletzlich, ziehen sich zurück und sind nur schwer wieder zu gewinnen. Eltern, die die Kindertageseinrichtung als wichtigen Teil der lokalen Ressourcen schätzen gelernt haben (vgl. Niesel, Griebel und Netta 2008), sind präsent, wenn der Übergang in die Schule ansteht. Sie haben dann bereits Erfahrung als Partner einer Bildungseinrichtung, sind in den Übergangsprozess eingebunden, und der Schule gegenüber aufgeschlossen.

Inklusion als Thema von Kooperation: In der von Erziehern und Lehrkräften gemeinsam zu entwickelnden Dialog- und Kooperationskultur wird dieses Thema bisher zu wenig explizit behandelt. Zwar wird z. B. die Berücksichtigung der Heterogenität gefordert (Niesel und Griebel 2007 b) sowie eine Abkehr von der Defizit-Orientierung und „einem imaginären Durchschnittsschüler, (welcher) schwächere Schüler tendenziell überfordert, stärkere dagegen unterfordert", angemahnt (Knauf und Schubert 2006, S. 153). Chancengleichheit und Differenz (Wagner 2008) sowie interkulturelle Kompetenz von Kindern und Erwachsenen (StMAS IFP 2007, S. 141) bräuchten jedoch eine stärkere Verankerung in den Kooperationsaktivitäten der Bildungseinrichtungen. Eine Voraussetzung dafür ist, dass sowohl frühpädagogische als auch schulpädagogische Fach- und Lehrkräfte über entsprechendes Fachwissen und -können verfügen, das es ihnen ermöglicht, ihre persönliche Haltung und ihre pädagogischen Ansätze in diesem Sinne zu reflektieren und nach und nach zu optimieren, so dass z. B. eine Bedrohung der Lernhaltungen von Migrantenkindern durch Stereotype und durch negative Erwartungshaltungen bezüglich ihres Leistungsvermögens vermieden wird.

Die Anschlussfähigkeit von Bildungsprozessen (vgl. Knauf und Schubert 2006, S. 162) für alle Kinder wird nur dann erreicht, wenn die Entwicklung eines starken akademischen Selbstkonzepts für alle Kinder in Kindertageseinrichtung und Schulen unterstützt wird. Schulkinder sind Jungen und Mädchen dann geworden, wenn sie sich dem Entwicklungsraum Schule zugehörig und verbunden fühlen.

Literatur

Ahnert, L. (2006): Die Anfänge der frühen Bildungskarriere: Familiäre und institutionelle Perspektiven. In: Frühe Kindheit. 6, 18–23.

Alt, C. (2006): Grundlagen und Design der Kinderpanel-Zusatzuntersuchung. In: Alt, C. (Hrsg.): Kinderleben – Integration durch Sprache? Bedingungen des Aufwachsens von türkischen, russlanddeutschen und deutschen Kindern, Wiesbaden, 7–21.

Bandorski, S. (2008): Ethnische Identität als Ressource für die Bildung? In: bildungsforschung, 5, 1, http://www.bildungsforschung.org/Archiv/2008–01/identitaet/(aufgerufen am 10. 11. 2008).

Bayerisches Staatsministerium für Arbeit und Sozialordnung, Familie und Frauen & Staatsinstitut für Frühpädagogik (2007): Der Bayerische Bildungs- und Erziehungsplan für Kinder in Tageseinrichtungen bis zur Einschulung. Berlin.

Becker-Stoll, F. (2007): Eltern-Kind-Bindung und kindliche Entwicklung. In: Becker-Stoll, F. & Textor, M.R. (Hrsg.) (2007): Die Erzieherin-Kind-Beziehung, Berlin, 14–30.
Becker-Stoll, F. & Textor, M.R. (Hrsg.) (2007): Die Erzieherin-Kind-Beziehung. Berlin.
Beelmann, W. (2006): Normative Übergänge im Kindesalter. Anpassungsprozesse beim Eintritt in den Kindergarten, in die Grundschule und die weiterführenden Schule. Schriften zur Entwicklungspsychologie Bd. 13, Hamburg.
Griebel, W. & Niesel, R. (2002a): Abschied vom Kindergarten. Start in die Schule. München.
Griebel, W. & Niesel, R. (2002b): Co-constructing transition into kindergarten and school by children, parents, and teachers. In: Fabian, H. & Dunlop, A.W. (Hrsg.): Transitions in the early years. Debating continuity and progression for children in early education, London, 64–75.
Griebel, W. & Niesel, R. (2004): Transitionen. Fähigkeit von Kindern in Tageseinrichtungen fördern, Veränderungen erfolgreich zu bewältigen. Weinheim.
Herwartz-Emden, L. (2000): Einleitung: Geschlechterverhältnis, Familie und Migration. In: Herwartz-Emden, L. (Hrsg.): Einwandererfamilien: Geschlechterverhältnisse, Erziehung und Akkulturation, Osnabrück, 9–50.
Herwartz-Emden, L. (2008): Interkulturelle und geschlechtergerechte Pädagogik für Kinder im Alter von 6 bis 16 Jahren. Expertise für die Enquêtekommission des Landtages von Nordrhein-Westfalen: „Chancen für Kinder" (unter Mitarbeit von V. Schurt, W. Waburg, M. Ruhland, M. Wölfe und A. Kersting) http://www.landtag.nrw.de/(aufgerufen am 10. 11. 2008).
Kasten, H. (2008): Soziale Kompetenzen. Entwicklungspsychologische Grundlagen und frühpädagogische Konsequenzen, Berlin.
Katz, L.G. & Chard, S.C. (2000): Der Projekt-Ansatz. In: In: Fthenakis, W.E. & Textor, M.R.: Pädagogische Ansätze im Kindergarten, Weinheim, 209–223.
Knauf, T. (2000): Reggio-Pädagogik. Ein italienischer Beitrag zur konsequenten Kindorientierung in der Elementarpädagogik. In: Fthenakis, W.E. & Textor, M.R.: Pädagogische Ansätze im Kindergarten,Weinheim, 181–201.
Knauf, T. & Schubert, E. (2006): Übergang vom Kindergarten in die Grundschule neu gestalten. In: Diskowski, D., Hammes-Di Bernardo, E., Hebenstreit-Müller, S. & Speck-Hamdan, A. (Hrgs.): Übergänge gestalten, Weimar, 150–174.
Leu, H., Fläming, K., Frankenstein, Y. et al. (2007): Bildungs- und Lerngeschichten. Bildungsprozesse in früher Kindheit beobachten, dokumentieren und unterstützen. Weimar.
Nauck, B. (1994): Erziehungsklima, intergenerative Transmission und Sozialisation von Jugendlichen in türkischen Migrantenfamilien, Zeitschrift für Pädagogik 40, 43–62
Niesel, R. (2008): Feigenblatt oder Wegweiser? Geschlechtsbewusste Pädagogik in Bildungsplänen, Theorie und Praxis der Sozialpädagogik (TPS) 2, 32–35.
Niesel, R., Griebel, W. & Netta, B. (2008): Nach der Kita kommt die Schule. Mit Kindern den Übergang schaffen. Freiburg.
Niesel, R. & Griebel, W. (2007a): Enhancing the competence of transition systems through co-construction. In: A.-W. Dunlop & H. Fabian (Eds.). Informing transitions in the early years, Berkshire, 21–32.
Niesel, R. & Griebel, W. (2007b): Von der Kita in die Schule. Handlungsemfehlungen an Politik, Träger und Einrichtungen. Gütersloh.
Rabe-Kleberg, U. (2005): Feminisierung der Erziehung von Kindern. Chancen oder Gefahren für die Bildungsprozesse von Mädchen und Jungen. In: Sachverständigenkommission Zwölfter Kinder- und Jugendbericht (Hrsg.) Bd 2. Entwicklungspotentiale institutioneller Angebote im Elementarbereich. Wiesbaden.
Roer-Strier, D. & Olshtain-Mann, O. (1999): To see and not be seen: Latin American illegal foreign workers in Jerusalem, In: International Migration, 37, 2, 413–436.
Rohrmann, T. (2008). Geschlechtsbewusste Pädagogik – eine Gratwanderung. In: Wagner, P. (Hg.):. Handbuch Kinderwelten, Freiburg, 59–71.

Siegler, R., Deloache, J. & Eisenberg, N. (2008): Entwicklungspsychologie im Kindes- und Jugendalter. Heidelberg.

Şikcan, S. (2008): Zusammenarbeit mit Eltern: Respekt für jedes Kind – Respekt für jede Familie. In: Wagner, P. (Hrsg.): Handbuch Kinderwelten, Freiburg, 184–202.

Steele, C. M. & Aronson, J. (1995): Stereotype threat and the intellectual test performance of African Americans, In: Journal of Personality and Social Psychology 69 (5), 797–811.

StMAS & IFP, 2007 siehe Bayerisches Staatsministerium.

Wagner, P. (Hrsg.): Handbuch Kinderwelten. Vielfalt als Chance – Grundlagen einer vorurteilsbewussten Bildung und Erziehung. Freiburg.

Welzer, H. (1993): Transitionen. Zur Sozialpsychologie biographischer Wandlungsprozesse. Tübingen.

Wild, E. & Hofer, M. (2002): Familien mit Schulkindern. In: Hofer, M., Wild, E. & Noack, P.: Lehrbuch Familienbeziehungen. Eltern und Kinder in der Entwicklung, Göttingen, 216–239.

Die besonderen Potentiale regionaler Bildungsnetzwerke für die Neugestaltung des Übergangs Kindertageseinrichtung – Grundschule am Beispiel der Bildungs-Werk-Stadt Osterholz-Scharmbeck

Elke Schubert

Der Übergang in die Schule kann dann besser bewältigt werden, „wenn es gelingt, alle Beteiligten zu einem integrativen Zusammenwirken zu bewegen, bei dem weder die Ansprüche der Schule noch die sehr unterschiedlichen Interessen der Eltern, sondern ausschließlich die Entwicklungschancen des Kindes im Mittelpunkt stehen" (Nickel 1994, S. 98).

1 Die unangemessen scharfe Trennung zwischen Kindergarten und Grundschule

In den letzten Jahren richteten sich bildungspolitische und pädagogische Bestrebungen verstärkt darauf, über regionale Netzwerkstrukturen und kommunale Bildungslandschaften einen Perspektivenwechsel von getrennten Zuständigkeiten hin zu gemeinsamer Verantwortung für die Bildung von Kindern und Jugendlichen einzuleiten. So verfolgt inzwischen eine wachsende Zahl von Eltern-Kind-Zentren das Ziel, über die Verknüpfung der Angebote von Kindertageseinrichtungen mit Angeboten der Familienbildung, -unterstützung und -förderung „die historisch gewachsene Verinselung fachspezifischer Angebotssegmente [zu] überwinden und die getrennten Sphären öffentlicher und privater Bildungsorte in einem integrierten Gesamtkonzept zusammen[zu]führen" (Deutsches Jugendinstitut 2006, S. 14). In aktuellen Konzepten und Modellprojekten im Schulbereich geht es darum, über die Gestaltung von regionalen Schul- und Bildungsnetzwerken einen Unterstützungsrahmen für die Qualitätsentwicklung von Einzelschulen und die damit einhergehende Verbesserung des Unterrichts und der individuellen Förderung von Kindern zu entwickeln (vgl. u. a. Bastian 2008, Buhren und Mauthe 2004, Solzbacher und Minderop 2007).

Das wachsende aktuelle Interesse an Bildungsnetzwerken steht nicht zuletzt im Zusammenhang mit dem Bestreben, „dem unaufhaltsamen demographischen Abwärtstrend durch eine Mobilisierung von Begabungsreserven zu begegnen" (Minderop und Solzbacher 2007, S. 5). Immer dringlicher stellt sich die Aufgabe, insbesondere auch für Kinder aus bildungsfernen und sozial benachteiligten Familien ein tragfähiges soziales Netz zu entwickeln, das zur Anregung und Förderung ihrer Interessen und Kompetenzen beiträgt. Immer deutlicher wird auch die Notwendigkeit, möglichst frühzeitig und an entscheidenden bildungsbiographischen Schnittstellen Grenzen zu überwinden, um die für den individuellen Bildungserfolg negativen Effekte der Zersplitterung unseres Bildungswesens auszugleichen.

So erschwert auch heute noch eine unangemessen scharfe strukturelle, institutionelle und mentale Trennung zwischen Elementar- und Primarbereich die für die Gestaltung eines gelungenen Übergangs erforderlichen Verständigungsprozesse zwischen den beteiligten Institutionen und Personen. Zwar haben Forderungen nach einer Verbesserung der Kooperation zwischen Kindergarten und Grundschule eine lange Tradition. Bisherige Erfahrungen und Untersuchungen zeigen jedoch, dass Appelle und Empfehlungen an die pädagogischen Handlungsträger, Brücken zwischen den beiden separaten Bildungsbereichen herzustellen, nicht ausreichen. Zeitmangel, Statusprobleme, unklare Zielsetzungen und Unverbindlichkeit wurden für das Scheitern zahlreicher Versuche zur Stiftung von Kooperationsbeziehungen zwischen Kindertageseinrichtungen und Grundschulen verantwortlich gemacht (vgl. Knauf 2004). Der Aktionsrat Bildung stellt in einem aktuellen Gutachten zur Bildungsgerechtigkeit (2007) fest, dass die Möglichkeiten „einer solchen Kooperation in der Praxis bei weitem nicht ausgeschöpft werden" (vbw 2007, S. 41) und leitet daraus die Forderung nach „festere[n] Strukturen von Kooperationsmaßnahmen mit einer gewissen Verbindlichkeit und einer Einordnung in lokale Netzwerke" ab (ebd.).

Vor diesem Hintergrund geht dieser Beitrag der Frage nach, welche besonderen Potentiale regionale Bildungsnetzwerke für die Neugestaltung des Übergangs Kindergarten – Grundschule und die damit angestrebte bestmögliche individuelle Förderung von Kindern bieten.

Vorgestellt und reflektiert werden Grundlagen, Erfahrungen und erste Ergebnisse der praktischen Erprobung eines an der Universität Duisburg-Essen entwickelten Konzepts zur systemischen Neustrukturierung des Schulanfangs (vgl. Knauf und Schubert 2005, 2006 a/b). Im Mittelpunkt steht dabei die Bildungs-Werk-Stadt Osterholz-Scharmbeck, ein in dieser Form in Deutschland – nach unserem Kenntnisstand – bisher einmaliger und beispielgebender Versuch, den Übergang vom Elementarbereich in die Primarstufe des Bildungswesens über ein von einer Kommune initiiertes Bildungsnetzwerk unter Beteiligung aller betroffenen und beteiligten Institutionen und Personengruppen kindgerecht neu zu gestalten.

2 Ansätze zur produktiven Gestaltung von Transitionen an der Schnittstelle von Kindergarten und Grundschule

Der Eintritt in die Schule markiert für ein Kind eine bedeutsame Schnittstelle in seiner Biographie, die eine erhebliche Veränderung seiner bisherigen Lebenswelt zur Folge hat. Mit dem Verlassen des Kindergartens verschwindet ein wichtig und vertraut gewordener Lebensbereich, an dessen Stelle nun – neben die Familie – die Schule tritt, die vom Kind Anpassungsleistungen an neue Bezugspersonen, veränderte Zeitrhythmen, Lernformen und Leistungsanforderungen erwartet, von deren Gelingen sein weiterer Bildungs- und Lebensweg entscheidend geprägt wird.

Wie alle Lebensübergänge beinhaltet die Einschulung besondere Chancen, wenn sie Impulse für die Entwicklung neuer Kompetenzen freisetzt und diese achtsam vorbereitet, begleitet und unterstützt. Sie birgt aber auch nicht zu unterschätzende Probleme und Risiken, die zu persönlichen Konflikten und zur Behinderung der weiteren kindlichen Entwicklung führen können, wenn sie die Bewältigungsressourcen des Kindes überfordert. Dies gilt nicht zuletzt für Kinder aus bildungsfernen oder sozial benachteiligten Familien, die in besonderem Maße auf eine optimale Anregung und Förderung ihrer Kompetenzen in Kindergarten und Grundschule angewiesen sind. Ein aktuelles Gutachten des Aktionsrates Bildung konstatiert in diesem Zusammenhang, dass es für eine bessere Bildungsförderung und die Vermeidung von Bildungsungerechtigkeit entscheidend ist, „ob die Förderqualitäten in den beiden Bildungsstufen aufeinander bezogen und anschlussfähig sind“ (vbw 2007, S. 42).

Wichtig erscheint es an dieser Stelle, noch einen Schritt weiter zu gehen, denn der Übergang vom Kindergarten in die Grundschule, der sowohl auf der individuellen als auch auf der interaktionalen und kontextuellen Ebene erhebliche Veränderungen und Entwicklungsaufgaben mit sich bringt, betrifft in nicht unerheblichem Maße auch die Eltern eines Schulkindes: „Nicht nur das Kind wird ein Schulkind, seine Eltern werden Eltern eines Schulkindes und bewältigen damit ebenfalls einen Übergang“ (Griebel und Niesel 2003, S. 141). Hier ist es ein entscheidender Verdienst der aktuellen Transitionsforschung, die Perspektive der Familie einzubeziehen und auf die Notwendigkeit einer gezielten Einbindung und Unterstützung der Eltern im Rahmen der Gestaltung des Übergangs zu verweisen. So hat eine Langzeitstudie der Transitionsforscher Griebel und Niesel (2002) deutlich gemacht, dass nicht nur Kinder, sondern auch Eltern die Zeit vor und nach der Einschulung von eigenen starken Emotionen geprägt erleben und den Übergang mit Phasen von Ängstlichkeit und Unsicherheit im Hinblick auf Leistungserwartungen und Selektion begleiten (vgl. Griebel & Niesel 2002, S. 116 u. 125 ff.). Angesichts der wachsenden Veränderung und Instabilität des Arbeitsmarktes gerät der Wunsch der Eltern nach dem Wohlbefinden der Kinder immer häufiger in Konflikt mit der Erwartung einer frühzeitigen Anpassung an die

Regeln der Leistungs- und Wettbewerbsgesellschaft. Dies macht sich gerade bei Eltern, in deren Familien soziale Aufstiegsbiographien erlebt wurden, bemerkbar in Forderungen nach strikter organisierten Lernprozessen in Kindergarten und Grundschule (vgl. Knauf und Schubert 2006a, S. 156).

Der sozialökologische Systemansatz Urie Bronfenbrenners, in dem das „soziale Netzwerk“ als Verbindung zwischen zwei oder mehreren Lebensbereichen, in denen die sich entwickelnde Person aktiv beteiligt ist, einen tragenden Systembegriff bildet, verdient in diesem Zusammenhang besondere Beachtung. Bronfenbrenner fokussiert auf das entwicklungsfördernde Potential ökologischer Übergänge, das insbesondere dann gesteigert wird, wenn „zwischen den Lebensbereichen indirekte Verbindungen bestehen, die gegenseitiges Vertrauen, positive Orientierung und Zielübereinstimmung fördern und Kräfteverhältnisse entstehen lassen, die durch Handlungen im Sinne der sich entwickelnden Person beeinflusst werden können“ (Bronfenbrenner 1981, S. 207).

In Anlehnung an den sozialökologischen Systemansatz Bronfenbrenners entwickelte Horst Nickel (1994) ein Konzept von Schulfähigkeit, das alle am Übergang beteiligten Lebensbereiche des Kindes (Familie, Kindergarten, Schule) und ihre Wechselwirkungen einbezieht. Sein Ansatz, „Schulfähigkeit“ nicht mehr als Status eines Kindes zu einem bestimmten Zeitpunkt und als Selektionskriterium zu definieren, sondern als interaktionistisches Konstrukt, das von allen beteiligten Personen und Institutionen geprägt wird, ist heute in Fachkreisen allgemein anerkannt. Hierzu trugen nicht zuletzt wachsende wissenschaftliche Erkenntnisse über die Komplexität der Übergangsanforderungen und die mangelnde Zuverlässigkeit schuleingangsdiagnostischer Tests ebenso wie bildungspolitische Neuorientierungen im Hinblick auf frühere Einschulungen und Vermeidung von Zurückstellungen bei. Weitgehende Übereinstimmung besteht inzwischen auch dahingehend, dass „Schulfähigkeit“ ein gemeinsames Ziel und eine gemeinsame Entwicklungsaufgabe von Familie, Kindergarten und Grundschule darstellt. Vertreter des Transitionsansatzes sprechen von einem „Entwicklungsprozess, an dem Kinder, Eltern, Erzieher/innen und Lehrer/innen beteiligt sein müssen“, und machen „deutlich, dass Schulfähigkeit erst nach einer gewissen Schulerfahrung des Kindes entstehen kann“ (Griebel und Niesel 2003, S. 145). Der Kindergarten wird damit von der Rolle des „Zulieferers“ entbunden, jedoch wird die Erarbeitung der Schulfähigkeit auch nicht als alleinige Aufgabe der Schule angesehen. Impliziert wird vielmehr „ein eigenständiger Bildungsauftrag für Kindertagesstätten, der sich nicht nur an schulnahen Vorläuferkompetenzen orientiert und eine Schule, die im Kindergarten Gelerntes, wie z. B. selbstgesteuertes Lernen und lernmethodische Kompetenz, nicht entwertet, sondern darauf aufbaut und weiterentwickelt“ (ebd.).

Dies setzt zum einen die Gleichberechtigung, Stärkung und wechselseitige Anerkennung der Beteiligten als eigenständige Bildungspartner voraus und fordert zugleich auch verstärkte Kommunikation und Kooperation im Hinblick auf die Abstimmung und Anschlussfähigkeit der Bildungsangebote. Deutlich erkennbar ist, dass in diesem Zusammenhang noch erhebliche Differenzen zwischen aktueller Fachdiskussion, Bildungspolitik und pädagogischer Praxis bestehen.

Modellversuche zur Neugestaltung der Schuleingangsphase, die seit Anfang der 1990er Jahre in fast allen Bundesländern durchgeführt wurden, haben sich leider weitgehend auf die ersten beiden Klassenstufen beschränkt und es versäumt, einen echten Brückenschlag zwischen Kindergarten und Grundschule zu erproben, „der davon getragen ist, dass beide Stufen zusammen in Kooperation mit den Eltern die Lern- und Bildungsbiographie der Kinder gestalten" (Faust 2006, S. 147).

Inzwischen gibt es im bildungspolitischen Bereich zwar einige viel versprechende Ansätze. So haben sich Jugendministerkonferenz (JMK) und Kultusministerkonferenz (KMK) in den letzten Jahren verstärkt mit frühkindlicher Bildung auseinander gesetzt und gemeinsam zu Fragen des Übergangs zwischen Kindergarten und Grundschule Stellung bezogen. In ihren gemeinsamen Beschlüssen fordern sie die inhaltliche und methodische Kontinuität und Anschlussfähigkeit des Bildungsverlaufs und der Bildungsangebote von Elementar- und Primarbereich (vgl. JMK/KMK 2004 a/b). Schritte in diese Richtung werden aktuell im Rahmen des Verbundprojekts der Bund-Länder-Kommission „TransKiGs" erprobt, das sich eine Stärkung der Bildungs- und Erziehungsqualität in Kindertageseinrichtungen und Grundschule und die Optimierung des Übergangs zwischen beiden Bildungsbereichen zum Ziel gesetzt hat. Während der Projektlaufzeit (2005–2009) geht es insbesondere auch um die Entwicklung einer gemeinsamen Bildungsphilosophie und die Entwicklung gemeinsamer Elemente einer Bildungskonzeption von Kindertageseinrichtung und Grundschule (vgl. u. a. Knauf und Schubert 2007; MBJS Brandenburg 2008).

Einige Bundesländer wie Bayern, Hessen und Thüringen haben inzwischen stufenübergreifende Bildungspläne entwickelt, andere arbeiten noch daran. Weitgehend im Unklaren bleibt bisher jedoch, wie die verschiedenen Bestrebungen und Ansätze zur Verbesserung der Anschlussfähigkeit in der pädagogischen Praxis implementiert werden können.

3 Das Projekt Integrierter Bildungs-Auftrag von Kindergarten und Grundschule (IBA)

Im Fachbereich Bildungswissenschaften der Universität Duisburg-Essen arbeiten wir seit einigen Jahren im Rahmen des IBA-Projektes an Ideen für eine systemische Verbesserung des Übergangs (vgl. Knauf 2004; Knauf und Schubert 2005, 2006 a/b).

Kernidee ist eine die Lern-, Bildungs- und Persönlichkeitsentwicklung von Kindern fördernde Intervention im Bereich der Schnittstelle zwischen Elementar- und Primarbereich mit dem Ziel einer signifikanten Verbesserung der Anschlussfähigkeit in beiden institutionellen Bereichen.

Das Projekt IBA geht davon aus, dass die für den individuellen Bildungserfolg von Kindern negativen Effekte einer scharfen strukturellen, institutionellen und mentalen Trennung zwischen Elementar- und Primarbereich nur ausgeglichen werden können, wenn auf allen beteiligten Systemebenen pass- und anschlussfähige „Entwicklungsaufgaben" wahrgenommen und die entwickelten Lösungsstrategien – gestützt durch Maßnahmen der Organisationsentwicklung und des Qualitätsmanagements – sinnvoll aufeinander abgestimmt werden. Im Einzelnen geht es dabei um folgende Entwicklungsaufgaben und Lösungsstrategien:

- Auf der *Politik- und Administrations-Ebene:* Die Entwicklung und Implementierung von wertorientierten Leitbildern für eine gemeinsame Entwicklungsförderung jüngerer Kinder durch Familie, Kindergarten und Grundschule.
- Auf der *Institutionsebene:* Die Gestaltung von Kontrakten für einen formalen Rahmen und eine inhaltliche Füllung wechselseitiger Kommunikation und Kooperation von Familie, Kindertageseinrichtungen und Grundschule; die entsprechend der getroffenen Vereinbarungen wechselseitige Bereitstellung personeller, räumlicher und sachlicher Ressourcen für ein differenziertes und zugleich verzahntes Erfahrungsspektrum entwicklungsfördernder Aktivitäten der Kinder.
- Auf der Ebene der *professionellen Akteure:* Der Abbau dysfunktionaler Grenzen zwischen Überzeugungen, Haltungen und professionellen Praktiken von Erzieherinnen und Grundschullehrkräften durch gemeinsame Planung sowie gemeinsame oder aufeinander bezogene Gestaltung pädagogischer Situationen und Handlungsstrategien; die Entwicklung anschlussfähiger und gemeinsamer Formen der pädagogischen Diagnostik auf der Grundlage datenrechtlicher Sicherungen.
- Auf der Ebene der *Familie/Eltern:* Die Herausforderung, im Dialog mit Erzieherinnen und Grundschullehrkräften ein differenziertes Bild ihres eigenen Kindes zu entwickeln und an der Stärkung der Fähigkeiten und Potentiale dieses unverwechselbaren Individuums mitzuwirken; die Stärkung der Erziehungspartnerschaft zwischen Eltern, Erzieherinnen und Grundschullehrkräften durch die Intensivierung informativer, beratender und partizipativer Elemente.

Um bildungsbiographische Übergänge zu unterstützen und die vielfältigen Potentiale und Kompetenzen der auf den verschiedenen Systemebenen beteiligten Personen und Institutionen produktiv miteinander zu verknüpfen, halten wir unterstützende soziale Netzwerke im Allgemeinen sowie regionale Bildungsnetzwerke und kommunale Bildungslandschaften im Besonderen für wegweisende und erfolgversprechende Ansätze.

4 Soziale Netzwerke, Bildungsnetzwerke und kommunale Bildungslandschaften: Merkmale und Potentiale

Soziale Netzwerke existieren in fast allen gesellschaftlichen Bereichen, in denen Menschen Beziehungen untereinander knüpfen und durch diese Verknüpfungen ein netzartiges Gebilde entsteht. Im Alltag wird der Begriff des Netzwerks häufig für alle möglichen Formen von Beziehungen und Kooperationen verwendet. In der einschlägigen Fachliteratur spricht man in der Regel nur dann von Netzwerken, wenn die Beziehungen oder Verknüpfungen folgende Strukturmerkmale aufweisen:

- „Gemeinsames Basisinteresse: Seitens der Beteiligten muss der Wille vorliegen, ein gemeinsames Ziel (eine Aufgabe oder ein Problem) gemeinsam zu bearbeiten.
- Personenbezogenheit: Beim Aufbau von Netzwerken geht es immer um den Aufbau von Beziehungen. Netzwerke sind Beziehungsgeflechte und Netzwerkarbeit ist Beziehungsarbeit! Die Beteiligten bringen ihre Sach- und Fachkompetenzen, ihre Kontakte und ihr vorhandenes Beziehungspotential in das Netzwerk ein.
- Polyzentrische Ordnung: Soziale Netzwerke sind heterarchisch, nicht hierarchisch. D.h.: Die Akteure agieren nicht nur freiwillig sondern auch gleichberechtigt...
- (Aus-)Tauschbeziehungen: Netzwerke funktionieren nach dem Prinzip von Tausch und Gegentausch (sofort oder zu einem späteren Zeitpunkt)“ (Buhren und Mauthe 2004, S. 4).

Während Kooperationen unter einer gemeinsamen Zielsetzung arbeitsteilig organisiert sind, geht es im Rahmen von Netzwerken um die Nutzung von Synergien, indem unterschiedliche Kompetenzen und Ressourcen gebündelt werden, „um gemeinsam Ziele zu erreichen, mit denen jeder Partner für sich allein überfordert wäre“ (Minderop und Solzbacher 2007, S. 3). Damit sich Netzwerke zu tragfähigen Unterstützungssystemen entwickeln, benötigen sie in der Regel eine verbindlichere Organisation und Steuerung als Kooperationsverbünde, aber auch Freiräume der Selbstorganisation sowie offene und prozessorientierte Formen der Unterstützung und Begleitung.

Eine besondere Stärke von Netzwerken, die sie auch für die Bildungspolitik auf Länder- und Kommunalebene interessant machen, besteht darin, dass sie auf einer Ebene zwischen personalem und sozialem System „weniger formalisiert sind als die Institutionen, aus denen sie sich zusammensetzen“ (ebd., S. 5) und sich daher besser eignen, um innovative Lösungsstrategien zur Verbesserung unseres Bildungssystems zu entwickeln und zu erproben. Christoph Eichert, ehemaliger Leiter des Themenfeldes Bildung der Bertelsmannstiftung, charakterisiert die Merkmale und Potentiale eines Netzwerks folgendermaßen: „Eine Kooperation bewahrt die Ausgangslagen der Beteiligten und verbessert die Zusammenarbeit. Ein Netz dagegen ist ein qualitativ neu zu denkendes Element regionaler Politik, das eine eigene innere Struktur und eigene Aufgaben definiert. Es erfordert den Abbau der gläsernen Wände zwischen den horizontal angeordneten Aufgabenträgern und ein echtes Verknüpfen der einzelnen Teile" (Eichert 2007, S. 21).

Zurzeit stoßen wir auf eine Fülle von Publikationen, die sich mit Netzwerkstrukturen im Bildungsbereich beschäftigen und über Erfahrungen von Schulen berichten, die sich in Schul- und Bildungsnetzwerken mit anderen Schulen, außerschulischen Partnern oder mit beiden vernetzen und die Einbindung in ihr regionales Umfeld nutzen, um die Qualität von Unterricht und Schulleben zu verbessern (vgl. u.a. Bastian 2008, Czerwanski 2003, Knauf 2008, Solzbacher und Minderop 2007). Ausgangs- und Zielpunkt der Vernetzungen bilden in der Regel die Einzelschule bzw. die Schulen einer Region. Unterschiede werden dabei sichtbar zwischen von einzelnen Schulen selbst initiierten und gestalteten Netzwerken und einer wachsenden Zahl von durch externe Auftraggeber (z.B. Ministerien) top-down initiierten Netzwerken. In letzteren, in der Regel zeitlich befristeten Projekten, werden Kriterien für die Steuerung und Rechenschaftslegung von außen gesetzt, wobei wir hier von strikten Steuerungsvorgaben über allgemeine Rahmenvorgaben bis hin zur Beliebigkeit der Organisationsform eine große Bandbreite an Strukturen vorfinden (vgl. Minderop und Solzbacher 2007, S. 9).

Gut funktionierende Kooperationsverbünde und Bildungsnetzwerke werden in der aktuellen Diskussion als eine besondere Chance und mögliche Entwicklungsstufe auf dem Weg zu weitergehenden und stärker organisierten und gesteuerten regionalen Bildungslandschaften betrachtet. Der Begriff der „Regional gestalteten Bildungslandschaft" wurde bereits Mitte der 1990er Jahre in der Denkschrift der Bildungskommission NRW „Zukunft der Bildung – Schule der Zukunft" (1995) programmatisch konzipiert. Vernetzung hat hier „eine klare regionale Zielsetzung und ist auf alle Schulen und Bildungseinrichtungen ausgerichtet, mit denen Kinder und Jugendliche in ihrer Bildungsbiographie (vor Ort) in Berührung kommen" (Minderop und Sozbacher 2007, S. 4).

Das Projekt „Selbständige Schule" (2003–2008), das von der Bertelsmann-Stiftung und dem Bildungsministerium NRW getragen wurde, stellt in diesem Zusammenhang mit ca. 280 beteiligten Schulen in 19 Regionen das bisher größte regionale Modellvorhaben zur Einbettung von Schulentwicklungsarbeit in den Entwicklungsprozess einer Region dar. Von besonderem Interesse ist hier der Ansatz, „den Fokus weg von der Einzelinstitution Schule auf das einzelne Kind bzw. den einzelnen Jugendlichen und dessen gesamten Bildungsweg" zu verlagern und dabei „der Region – verstanden als Sozial- und Lernraum, in dem sich eine solche Bildungsbiographie realisiert – eine Schlüsselrolle für die Gestaltung von Bildungschancen" beizumessen (Lohre, Becker und Madelung 2008, S. 31).

Vor diesem Hintergrund lässt sich das nachfolgend vorgestellte Projekt verorten, das insofern weitgehendes Neuland betritt, als hier eine Stadt und ihre Bürger den Ausgangspunkt eines weit gespannten regionalen Bildungsnetzwerkes bilden. Sie haben sich zum Ziel gesetzt, die Bildung ihrer Kinder im Elementar- und Primarbereich zu verbessern und dabei an einer entscheidenden Schnittstelle unseres Bildungswesens, dem Übergang von der Kindertageseinrichtung in die Grundschule, anzusetzen.

5 Die Bildungs-Werk-Stadt Osterholz-Scharmbeck

Hintergrund

Zu Beginn des Jahres 2006 entstand bei der Stadt Osterholz-Scharmbeck die Idee einer Bildungs-Werk-Stadt zum Thema „Übergang von der Kindertageseinrichtung in die Grundschule". Folgende Zielsetzungen standen dabei im Mittelpunkt:

- Hervorheben des Bildungsauftrags aller Einrichtungen der Kindertagesbetreuung in der Stadt Osterholz-Scharmbeck und damit Wertschätzung deren Arbeit am Kind.
- Definition von Standards in der partnerschaftlichen Zusammenarbeit zwischen Kindertagesstätte und Grundschule in Osterholz-Scharmbeck.
- Entwicklung eines gemeinsamen Verständnisses aller Beteiligten zu wesentlichen Themen des Übergangs.
- Einbezug aller am Kind wirkenden Beteiligtengruppen (träger- und institutionsübergreifend, Familien).
- Entwicklung von konkreten Handlungsempfehlungen und Materialsammlung für den „Übergang" zur Reduzierung der Bruchstellen in den individuellen Bildungsbiographien der Kinder.

Schon früh wurde deutlich, dass ein solches, auf einen größeren Zeitraum angelegtes Projekt nicht ausschließlich mit eigenen Kräften gestaltet werden kann. Notwendig erschien eine externe wissenschaftliche Begleitung, die die Planung und Gestaltung der Bildungs-Werk-Stadt unterstützt, damit die Motivation der Beteiligten stärkt und auf ein qualifiziertes Ergebnis hoffen lässt. Durch aktuelle Veröffentlichungen war die Stadt auf unser IBA-Konzept aufmerksam geworden und bat uns als Moderatorenteam die wissenschaftliche Begleitung zu übernehmen.

Im Fachbereich Bildung und Erziehung der Stadt Osterholz-Scharmbeck wurde nun gemeinsam mit der wissenschaftlichen Begleitung ein vorläufiges Konzept für das Projekt „Bildungs-Werk-Stadt" entwickelt, mit dem in der Stadt Osterholz-Scharmbeck allen Kindern der Übergang vom Elementarbereich in die Grundschule erleichtert werden soll. Das Konzept sah vor,

- alle betroffenen und beteiligten Personengruppen am Projekt zu beteiligen,
- in einer Auftaktveranstaltung öffentliche Aufmerksamkeit für das Projekt zu gewinnen und dort zugleich den Start für die Arbeit im Projekt zu platzieren,

- in der Auftaktveranstaltung ein Leitbild für die Veränderung der Übergangspraxis zur Diskussion zu stellen und zu verabschieden,
- in vier thematisch getrennten Fokusgruppen und einer steuernden Lenkungsgruppe konkrete Schritte für die Weiterentwicklung der Übergangsstruktur zu erarbeiten,
- nach Ablauf von etwa zwei Jahren auf einer weiteren öffentlichkeitswirksamen Veranstaltung einen Orientierungs- und Handlungsrahmen zur Veränderung der Übergangspraxis vorzulegen,
- mit dem Orientierungs- und Gestaltungsrahmen eine verbindliche Grundlage vor allem für die Arbeit in den Kindertageseinrichtungen und Grundschulen zu schaffen, zugleich jedoch auch Handlungsspielräume für die konkrete Umsetzung der Handreichung in den Einrichtungen deutlich zu machen.

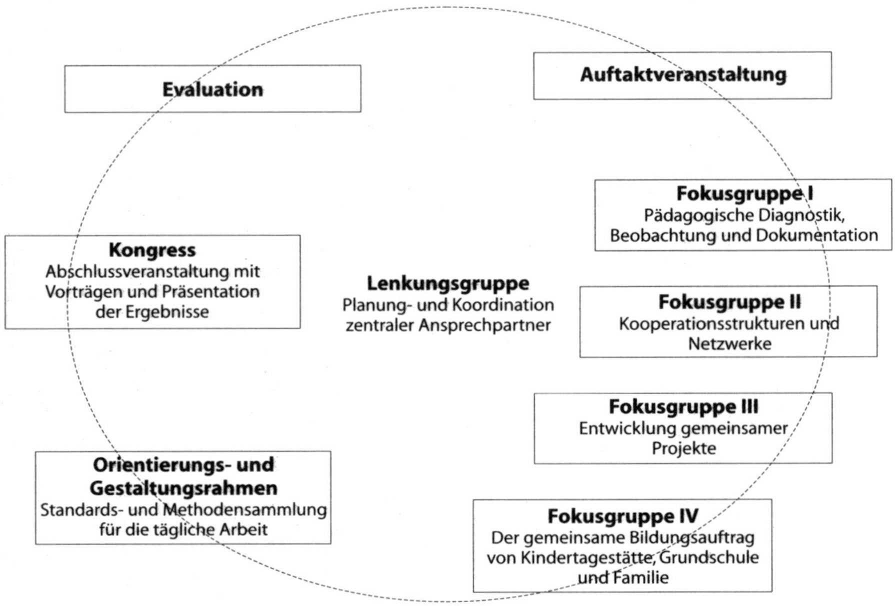

Abb. 1: Prozessverlauf der Bildungs-Werk-Stadt (Quelle: Fachbereich Bildung und Erziehung der Stadt Osterholz-Scharmbeck 2008).

Auftaktveranstaltung als Initialzündung

An der eintägigen, breit angelegten Auftaktveranstaltung im Juli 2006 nahmen über 90 gezielt angesprochene Vertreterinnen und Vertreter aller betroffenen und beteiligten Personengruppen und Institutionen teil. Mit einem Input-Referat und einer Beschreibung der aktuellen Situation vor Ort wurden die Teilnehmer an das Thema und Anliegen der geplanten Bildungs-Werk-Stadt herangeführt. Im Rahmen von Workshops wurden wechselseitige Erwartungen, Ressourcen und

Hindernisse der am Übergang beteiligten Personen und Institutionen auf dem Weg zu einer Verbesserung der Zusammenarbeit von Familie, Kindertageseinrichtung und Grundschule formuliert und transparent gemacht.

Nach der Vorstellung, Diskussion und Überarbeitung einer Entwurfsvorlage verabschiedeten die Teilnehmer folgendes Leitbild für die geplante Bildungs-Werk-Stadt Osterholz-Scharmbeck:

„Familien sollen die Gewissheit haben, dass Kindertageseinrichtungen und Grundschulen in Osterholz-Scharmbeck Orte sind, an denen das Kompetenzprofil ihrer Kinder erkannt und gefördert wird, die Kinder Impulse für ihre Bildungsbiographie erhalten und mit wachen Sinnen in die Welt hineinwachsen.
Im Fokus dieser Bildungs-Werk-Stadt steht der Übergang *aller* Kinder von der Kindertageseinrichtung zur Primarschule in Osterholz-Scharmbeck.
Die Mitarbeit – alle an diesem Übergang Beteiligten – an der Bildungs-Werk-Stadt macht es möglich

- ein gemeinsames Verständnis zu wesentlichen inhaltlichen und organisatorischen Aspekten der Vorbereitung und Gestaltung des Übergangs vom Kindergarten in die Grundschule zu entwickeln,
- den Bildungs- und Erziehungsauftrag der Kindertagesstätten und Grundschulen in Osterholz-Scharmbeck zu stärken,
- Standards in der partnerschaftlichen Zusammenarbeit zwischen Familien, Kindertagesstätten, Grundschulen und Beratungsdiensten zu definieren,
- neue Formen des Austauschs und der Kooperation zwischen den beteiligten Pädagoginnen und Pädagogen sowie Eltern in den Kindertageseinrichtungen und Grundschulen zu erproben

und somit grundlegende Voraussetzungen für einen gelungenen Übergang *aller* Kinder in die Grundschulen zu schaffen."

Abb. 2: Leitbild der Bildungs-Werk-Stadt Osterholz-Scharmbeck, verabschiedet auf der Auftaktveranstaltung am 7. Juli 2006.

Am Ende der Veranstaltung wurden vier Fokusgruppen gebildet, die in einem Zeitrahmen von eineinhalb bis zwei Jahren Grundlagen für den Orientierungs- und Handlungsrahmen zu folgenden Themen entwickeln sollten:

1. Pädagogische Diagnostik, Beobachtung und Dokumentation: Entwicklung von Elementen einer gemeinsamen bzw. anschlussfähigen Diagnostik (Bildungs- und Entwicklungsdokumentation).
2. Schaffung bereichsübergreifender Kooperationsstrukturen und Netzwerke, Gestaltung von Schnittstellen, z. B. Ausarbeitung von Mustervorlagen für die Kooperationsvereinbarungen und Kooperationskalender.
3. Entwicklung gemeinsamer Projekte zur Förderung anschlussfähiger Bildungs- und Lernprozesse auch unter Berücksichtigung von Migrationsaspekten (z. B. Sprache, Mathematik, ästhetische Erziehung, Naturwissenschaften).
4. Der gemeinsame Bildungsauftrag von Kindertagesstätte, Grundschule und Familie: Gemeinsame Ziele und spezifische Aufgaben der Bildungs- und Erziehungspartner.

Das Interesse an einer Mitarbeit in den Fokusgruppen war sehr groß; ca. 60 Teilnehmer trugen sich in die vorbereiteten Listen ein. Einige der Anwesenden bekundeten auch ihr Interesse an einer Mitwirkung in der Lenkungsgruppe.

Der weitere Prozessverlauf

Die Fokusgruppen, die mit maximal 15 Personen besetzt waren, tagten im Zeitraum vom Herbst 2006 bis zum Frühjahr 2008 in einem zeitlichen Rhythmus von acht bis zehn Wochen. Darüber hinaus wurden häufig auch in Kleingruppen Themen vor- und nachbereitet. Die Beteiligung in den einzelnen Fokusgruppen war vielschichtig. Es wirkten Vertreter aus verschiedensten Einrichtungen und mit unterschiedlichsten Professionen (pädagogische Fachkräfte aus allen Kindertagesstätten, Grund- und Förderschulen der Stadt, Elternvertreter aus den Einrichtungen, Stadtelternrat, Vertreter des Jugendamtes, des Gesundheitsamtes und des Schulamtes des Kreises, Vertreter der freien Träger von Kindertagesstätten, Logopäden, Ergotherapeuten, Vertreter des Mehrgenerationenhauses, der Beratungsstellen, der Volkshochschule und der Politik sowie des Fachbereichs Bildung und Erziehung der Stadt Osterholz-Scharmbeck) mit.

Die erarbeiteten Zwischenergebnisse und Protokolle wurden in einem eigens dafür entwickelten Internetforum eingestellt, das darüber hinaus die Möglichkeit einer Kommunikation in einem geschützten Rahmen bot.

Gesteuert wurde die Arbeit der Fokusgruppen von einer Lenkungsgruppe, die sich aus jeweils einer Vertreterin der Kindertageseinrichtungen, der Grundschulen und der Eltern sowie der freien Träger, der Stadt und des Landkreises zusammensetzte. Die Lenkungsgruppe, die ebenso wie die Fokusgruppen von der wissenschaftlichen Begleitung moderiert wurde, sichtete und wertete die Ergebnisse während und am Ende des Prozesses. Sie überwachte die Einhaltung des Zeitplans und sorgte für Klärungen bei auftretenden organisatorischen, inhaltlichen und persönlichen Schwierigkeiten.

Im November 2008 wurde ein abschließender Kongress durchgeführt, auf dem die Ergebnisse in Form eines Orientierungs- und Handlungsrahmens präsentiert und gewürdigt wurden. Ergänzend wurden Vorträge, Diskussionsrunden und Workshops zum Thema „Übergang“ angeboten.

Mit dem Kongress schließt die Bildungs-Werk-Stadt jedoch nicht ab. Vielmehr geht es darum, die in den Arbeitszusammenhängen entstandenen Kontakte und Kooperationen weiter zu entwickeln und die Anregungen und Empfehlungen des Orientierungs- und Handlungsrahmens anzuwenden und mit Leben zu füllen. Dazu gehört es, die empfohlenen Projekte und Fortbildungen in allen Kooperationsverbänden durchzuführen.

Erste Bewertungen

Zum jetzigen Zeitpunkt sind der bisherige Prozessverlauf und die erzielten Ergebnisse der Bildungs-Werk-Stadt insgesamt sehr positiv zu bewerten. Der inzwischen vorliegende Orientierungs- und Handlungsrahmen bietet nicht nur den professionellen Fachkräften in Kindertageseinrichtungen und Grundschulen der Stadt Osterholz-Scharmbeck wertvolle Anregungen und unterstützende Materialien für die Gestaltung des Übergangs; er ist sicherlich auch von Interesse für einen größeren Kreis in diesem Bereich tätiger oder mit dieser Thematik befasster Personen und Institutionen.

Von noch größerer Bedeutung ist, dass neben den Ergebnissen, die dieser Prozess hervorgebracht hat, ein wesentlicher Meilenstein für die künftige Zusammenarbeit und Vernetzung der beteiligten Personen und Institutionen durch das konstruktive Miteinander in der Fokusgruppenarbeit und nicht zuletzt durch die zielgerichtete Arbeit der Lenkungsgruppe gesetzt wurde. Die gewonnene und gelebte Wertschätzung untereinander ist in diesem Zusammenhang als ein wesentlicher Teil und damit erheblicher Gewinn der Bildungs-Werk-Stadt zu betrachten.

Besonders hervorzuheben ist die während des gesamten Prozesses vorherrschende starke Motivation und beachtliche Kontinuität der Mitarbeit der Teilnehmer. Ihr Einsatz von Zeit, Kraft und Arbeitsleistung war durchaus nicht selbstverständlich und erfolgte in der Regel uneigennützig und unentgeltlich. Einschränkend ist jedoch anzumerken, dass in einigen Gruppen eine stärkere Präsenz der Vertreter der Grundschulen wünschenswert gewesen wäre, dies jedoch aufgrund starker beruflicher Belastungen nicht immer möglich war. Für zukünftige Projekte könnte in diesem Zusammenhang eine stärkere Einbindung der leider nicht im Bereich der Stadt Osterholz verorteten Schulaufsicht hilfreich sein.

Nicht zuletzt ist darauf hinzuweisen, dass für das Gelingen eines so anspruchsvollen und breit angelegten Prozesses wie der Bildungs-Werk-Stadt eine zielgerichtete Federführung und Koordination der vielfältigen Abläufe unter Kenntnis der gesamten sich entwickelnden Prozess- und Gruppendynamik unabdingbar war. Sie liegt bei diesem Projekt bei der Leitung des Fachbereichs Bildung und Erziehung der Stadt Osterholz-Scharmbeck, die diese Aufgabe mit großem Engagement und hohem persönlichen Einsatz – über alle auftretenden Schwierigkeiten und Stolpersteine hinweg – erfolgreich gemeistert hat. Sehr bewährt hat sich auch die Einrichtung der Lenkungsgruppe, der es immer wieder gelang, kleinere Untergruppen auf den gemeinsamen Weg zurückzuführen, die Einhaltung der getroffenen Vereinbarungen und des Zeitplans zu überwachen und den Fokusgruppen weiterführende Rückmeldungen zu geben. Wegweisend und hilfreich für die produktive Zusammenarbeit aller Beteiligten war nicht zuletzt die gemeinsame Zielvorstellung in Form eines Leitbildes, auf das sich die Teilnehmer zu Beginn des Prozesses geeinigt hatten.

Perspektiven

Abzuwarten bleibt, wie die Resonanz im weiteren – über den Teilnehmerkreis der Bildungs-Werk-Stadt hinausgehenden – Umfeld aussehen und inwieweit es gelingen wird, die Zusammenarbeit von Familie, Kindertageseinrichtungen und Grundschulen in allen Kooperationsverbünden zu intensivieren und unter dem gemeinsamen Leitbild weitergehend zu vernetzen. Hoffnungsvoll stimmt, dass die Mehrzahl der Beteiligten Interesse geäußert hat, die in den gemeinsamen Arbeitszusammenhängen entstandenen Kontakte und Kooperationen weiter zu entwickeln und die Anregungen und Empfehlungen des Orientierungs- und Handlungsrahmens in ihrem Arbeitsbereich umzusetzen. Auch die Lenkungsgruppe hat sich bereit erklärt, die weitere Implementierung und Evaluation der Ergebnisse zu begleiten und zu steuern.

Zu Beginn des Jahres 2009 soll eine Befragung aller Einrichtungen des Elementar- und Primarbereichs und ihrer Elternvertretungen sowie weiterer an der Bildungs-Werk-Stadt Beteiligter durchgeführt werden. Dabei wird es um die Ermittlung des aktuellen Sachstands zur Zusammenarbeit im Rahmen des Übergangs Kindertageseinrichtung – Grundschule sowie um eine erste Einschätzung zum Orientierungs- und Handlungsrahmen gehen. Nach weiteren zwei Jahren ist eine Evaluation der Erfahrungen mit der Umsetzung vorgesehen.

Geplant ist, dass unter der Anleitung der Autorin und begleitet durch die Lenkungsgruppe Studierende der Universität Duisburg-Essen im Rahmen ihres Studiums geeignete Evaluationsinstrumente entwickeln, anwenden und eine Auswertung der Ergebnisse vornehmen. Als positiver Begleiteffekt wird dabei ein weiterer fruchtbarer Dialog zwischen Wissenschaft, kommunaler Bildungspolitik und pädagogischer Praxis angestrebt.

Literatur

Bastian, Johannes (2008): In regionalen Bildungsnetzwerken lernen. In: Pädagogik 60, 7–8, S. 6–11.

Bronfenbrenner, Urie (1981): Die Ökologie der menschlichen Entwicklung. Stuttgart.

Buhren, Claus G. & Mauthe, Anne (2004): Ergebnisse des Begleitvorhabens Netzwerke als Unterstützungssysteme für schulische Innovationen – Bedingungen für die Entwicklung und Stabilisierung von Netzwerkstrukturen. Abschlussbericht im Rahmen des Modellvorhabens „Förderung innovativer Lernkultur in der Schuleingangsphase – FiLiS" des Landes NRW. Dortmund.

Czerwanski, Anette (Hrsg.) (2003): Schulentwicklung durch Netzwerkarbeit. Erfahrungen aus den Lernnetzwerken im „Netzwerk innovativer Schulen in Deutschland". Gütersloh.

Deutsches Jugendinstitut (2006): Eltern-Kind-Zentren. Grundlagen und Rechercheergebnisse. München. Dezember 2006, S. 14. Abzurufen unter: www.dji.de/bibs/4EKZ-Grundlagenbericht.pdf.

Eichert, Christof (2007): Bildung als Standortfaktor. In: Solzbacher, C./Minderop, D. (Hrsg.): Bildungsnetzwerke und Regionale Bildungslandschaften. München, S. 14–22.

Faust, Gabriele (2006): Die neue Schuleingangsstufe – Entstehung und aktueller Stand. In: Diskowski, D. u. a. (Hrsg.): Übergänge gestalten. Wie Bildungsprozesse anschlussfähig werden. Weimar, S. 136–149.

Griebel, Wilfried & Niesel, Renate (2003): Die Bewältigung des Übergangs vom Kindergarten in die Grundschule. In: Fthenakis, W. E. (Hrsg.): Elementarpädagogik nach PISA. Freiburg, S. 136–151.

Griebel, Wilfried & Niesel, Renate (2002): Abschied vom Kindergarten. Start in die Schule. München.

JMK/KMK (2004 a): Zusammenarbeit von Schule und Jugendhilfe zur Stärkung und Weiterentwicklung des Gesamtzusammenhangs von Bildung, Erziehung und Betreuung. Beschluss vom 13./14. 05. 2004 und 3./4. 06. 2004.

JMK/KMK (2004 b): Gemeinsamer Rahmen der Länder für die frühe Bildung in Kindertageseinrichtungen. Beschluss vom 13./14. 05. 2004 und 3./4. 06. 2004.

Knauf, Tassilo (2008): Netzwerk der Offenen Ganztagsschule in Herford. In: Schubert, Herbert (Hrsg.): Netzwerkmanagement. Koordination von professionellen Vernetzungen. Wiesbaden, S. 167–178.

Knauf, Tassilo (2004): Vom Kindergarten in die Grundschule. In: Die deutsche Schule, Heft 4.

Knauf, Tassilo & Schubert, Elke (2007): GOrBiKS – Gemeinsamer Orientierungsrahmen für die Bildung in Kindertagesbetreuung und Grundschule. In: KITA-DEBATTE 1/2007, hrsg. vom Ministerium für Bildung, Jugend und Sport (MBJS) Potsdam.

Knauf, Tassilo & Schubert, Elke (2006 a): Den Übergang vom Kindergarten in die Grundschule neu gestalten. In: Diskowski, D. u. a. (Hrsg.): Übergänge gestalten. Wie Bildungsprozesse anschlussfähig werden. Weimar, S. 150–174.

Knauf, Tassilo & Schubert, Elke (2006 b): IBA – Integrierter Bildungsauftrag von Kindergarten und Grundschule. Lösungsansätze und Strategien für eine systemische Neustrukturierung des Schulanfangs. In: Hinz, R. & Schumacher, B. (Hrsg.): Auf den Anfang kommt es an: Kompetenzen entwickeln – Kompetenzen stärken. Wiesbaden, S. 217–226.

Knauf, Tassilo & Schubert, Elke (2005): Der Übergang vom Kindergarten in die Grundschule. In: Der Paritätische Landesverband NRW e. V. (Hrsg.); Denk-Anstösse IV. Bahn frei! Vom Kindergarten in die Grundschule. Wuppertal, S. 16–33.

Lohre, Wilfried, Becker, Mark & Madelung, Petra (2008): Schulen in regionalen Bildungslandschaften. In: Pädagogik 60, 7–8, S. 30–35.

Minderop, Dorothea & Solzbacher, Claudia (2007): Ansätze und Dimensionen – eine Einführung. In: Solzbacher, C. & Minderop, D. (Hrsg.): Bildungsnetzwerke und Regionale Bildungslandschaften. München, S. 3–13.

Ministerium für Bildung, Jugend und Sport des Landes Brandenburg (2008) (Hrsg.): Gemeinsamer Orientierungsrahmen für die Bildung in Kindertagesbetreuung und Grundschule. Weimar.

Nickel, Horst (1994): Grundsatzdiskussion II: Die Einschulung als pädagogisch-psychologische Herausforderung – „Schulreife“ aus öko-systemischer Sicht. In: Haarmann, Dieter (Hrsg.): Handbuch Grundschule Bd. 1. Weinheim, 2. erg. Aufl.

Solzbacher, Claudia. & Minderop, Dorothea (Hrsg.): Bildungsnetzwerke und Regionale Bildungslandschaften. München.

Stadt Osterholz-Scharmbeck (Hrsg.) (2008): Der Übergang von der Kindertageseinrichtung in die Grundschule. Ein Orientierungs- und Gestaltungsrahmen. Osterholz-Scharmbeck.

vbw – Vereinigung der Bayerischen Wirtschaft e. V. (Hrsg.) (2007): Bildungsgerechtigkeit. Jahresgutachten 2007 des Aktionsrates Bildung. Wiesbaden.

Die 100 Sprachen verstehen und sprechen – Entwicklungsförderung im Kindergarten

Stärkung von Kindern – Resilienzförderung im Kindergarten

Susanne Miller

1 Resilienz: Aufbau von Bewältigungskompetenzen

Während in der Schulpädagogik der Resilienzbegriff gerade erst in den letzten zehn Jahren zunehmend Beachtung findet, kann die Elementarpädagogik hier auf eine längere Tradition zurückblicken. Dies ist mit der besonderen Verantwortung des Elementarbereichs zu erklären, die er für das emotionale und soziale Lernen von jeher übernommen hat. Der Begriff Resilienz ist aus dem Englischen mit „Widerstandsfähigkeit" zu übersetzen und bezeichnet die Fähigkeit, erfolgreich mit belastenden Lebensumständen (Armut, Todesfälle, Alkoholismus der Eltern, Risikobedingungen) umzugehen. Dabei geht es vor allem um den Erwerb von Fähigkeiten zur Überwindung von Entwicklungsrisiken und den Aufbau altersangemessener Bewältigungskompetenzen. Resilienz ist nicht angeboren. Zwar spielen auch persönliche Faktoren eine Rolle, entscheidend für den Erwerb von Resilienz ist aber die Qualität der Beziehungen in der Familie und im weiteren sozialen Umfeld sowie in den Bildungsinstitutionen. Die besondere Aktualität ergibt sich daraus, dass, durch den gesellschaftlichen Wandel und die langanhaltende Strukturkrise bedingt, zunehmend mehr Kinder unter widrigen Umständen aufwachsen. Wenn diese Risikofaktoren auf der einen Seite so immens steigen, stellt sich um so dringender die Frage, was getan werden kann, um die damit zusammenhängenden Folgen abzumildern und den Kindern trotzdem eine positive Entwicklung sowie Erfolge zu vermitteln. Zunächst soll die Problematik der Kinderarmut kurz vorgestellt werden, weil sie eine der bedeutendsten Risikobedingungen für die Entwicklung von Kindern darstellt. Danach richtet sich der Blick auf die verschiedenen Dimensionen der Resilienzförderung im Kindertagesstättenbereich.

2 Risikofaktor Armut

Kinderarmut wurde bis in die neunziger Jahre des letzten Jahrhunderts nicht als eigenständiges soziales Problem thematisiert. Dies änderte sich erst, als die Kinderarmut immer weiter zunahm und sowohl sozialpolitisch als auch sozialpädagogisch unter dem Begriff der sogenannten Infantilisierung der Armut diskutiert wurde. Obwohl die begriffliche Definition von Armut weiterhin sehr uneinheitlich erfolgt, ist doch in der Armutsforschung ein weitgehender Konsens zu konstatieren, der sich auf einen mehrdimensionalen Armutsbegriff bezieht und neben der materiellen Lage auch weitere zentrale Lebenslagen in der Analyse berücksichtigt.

Der vom Deutschen Bundestag herausgegebene Dritte Armuts- und Reichtumsbericht (2008, S. 183) weist für Kinder von 0–15 Jahren eine Armutsquote von 12 % aus. Ergebnisse aus Studien von Wohlfahrtsverbänden übersteigen diese Zahlen noch erheblich: So ist nach dem UNICEF-Bericht zur Lage der Kinder in Deutschland (2008) mehr als jedes sechste Kind von Armut betroffen, hier wird eine Armutsquote von 17,3 % ausgewiesen. Die Armutsbetroffenheit unterscheidet sich unter den Kindern erheblich, insbesondere sind Kinder mit Migrationshintergrund (30 %), Kinder Alleinerziehender (35–40 %), Kinder aus bestimmten Regionen wie beispielsweise den neuen Bundesländen (27 %) oder den Stadtstaaten (z.B. Bremen 28 %) besonders betroffen (vgl. Bertram 2008). Die Frage, inwiefern Kinderarmut eine ganz besondere Form der Armut darstellt, die sich nicht „nur" durch das junge Alter der Betroffenen unterscheidet, machen die Kinderarmutsstudien deutlich. Die AWO-Studie bestätigt beispielsweise schon für das Vorschulalter einen deutlichen Zusammenhang zwischen der Einkommenssituation und dem kulturellen, sozialen, gesundheitlichen Bereich und der materiellen Grundversorgung. Bezogen auf den sozialen Bereich fallen bereits die Fünfjährigen den Erzieherinnen und Erziehern insbesondere durch einen geringeren Kontakt zu anderen Kindern, geringere Teilnahme am Gruppengeschehen, selteneren Ausdruck von Wünschen und einer niedrigeren Wissbegierde auf. Zugleich war eine beginnende Ausgrenzung zu beobachten: So wurden arme Kinder häufiger als nicht-arme Kinder von den anderen Kindern in der KiTa gemieden (Holz 2006, S. 5f.; Hock, Holz und Wüstendörfer 2000). Zur Vorbeugung von Stereotypen muss einschränkend erwähnt werden, dass es immer auch einen erheblichen Anteil von Armut betroffener Kinder gibt, die im sozialen Bereich vollkommen unauffällig sind. So zeigen in der AWO-Vorschulstudie 35,6 % der armen und 17,6 % der nicht-armen Kinder Auffälligkeiten im sozialen Bereich, d.h. das Risiko der armen Kinder ist zwar doppelt so hoch, aber weit mehr als die Hälfte der armen Kinder zeigt auch keine Auffälligkeiten. In der AWO-Vorschulstudie erweist sich die Quote der Zurückstellungen vom Schulbesuch bei armen Kinder deutlich höher als bei den nicht-armen, selbst bei gleichen Voraussetzungen im kulturellen Bereich (Hock, Holz und Wüstendörfer 2000, S. 63).

Ein hohes Maß gemeinsamer Aktivitäten mit den Eltern, gute Deutschkenntnisse und ein gutes Familienklima können beispielsweise einen erheblichen Ausgleichsfaktor darstellen. Trotzdem ergibt sich aus diesen Ergebnissen ein Handlungsbedarf für Kindertagesstätten und Schulen, Kinder insbesondere im sozial-emotionalen Bereich zu fördern, weil dies insbesondere Kindern in Armut zu Gute käme. In ihrem internationalen Forschungsüberblick verweist Sabine Walter ebenfalls auf zahlreiche Studien, die sowohl Einschränkungen im Selbstbild und Wohlbefinden von Kindern in Armut konstatieren als auch Probleme in der

Sozialentwicklung beispielsweise in Bezug auf die Anzahl von Spielkameraden und der Ablehnung von Gleichaltrigen (Walter 1999, S. 312 ff.).

„Armut ist der größte Risikofaktor für die kindlichen Lebenschancen. Über welche individuellen, sozialen und kulturellen Ressourcen zur Bewältigung ihrer Auswirkungen ein Kind verfügt und welche Handlungsstrategien respektive welches Bewältigungshandeln es bei Belastungen entwickelt, hängt entscheidend von der Lebenslage ab und baut auf einer Vielzahl von intervenierenden Variablen (persönlicher, familiärer und außerfamiliärer) auf. Ebenso sind außerfamiliäre Angebote und Sozialisationsinstanzen wie Kitas und der unmittelbare Lebensraum entscheidende Einflussfaktoren (Holz 2006, S. 7).

In diesem Zitat wird einerseits Armut als größter Risikofaktor für Kinder dargestellt und andererseits wird ebenfalls zum Ausdruck gebracht, dass es durchaus Ressourcen, Bewältigungs- und Handlungsstrategien gibt, die dazu führen, dass sie auf die Folgen der Armut entscheidenden Einfluss nehmen. In letzter Konsequenz können diese sogenannten risikomildernden Faktoren dazu führen, dass sich Kinder trotz der Armutssituation positiv entwickeln. In systematischer Hinsicht beschäftigt sich die Resilienzforschung mit diesem Zusammenhang. Neben der individuellen und familialen Ebene untersucht die Resilienzforschung auch die soziale und kontextuelle Ebene. Familiäre Armutssituationen werden in Anlehnung an Opp (2006, S. 32) als Gefährdungssituationen verstanden, deren immanente Risiken sich entfalten oder nicht entfalten können. Um Resilienz im Kindertagesstättenbereich insbesondere für Kinder in Armut zu fördern, gilt es auf der einen Seite, die Armutsrisiken durch soziale Unterstützung zu minimieren, und auf der anderen Seite internale und externale Schutzfaktoren zu verstärken. Durch die bisherige Resilienzforschung liegen bereits recht gute Kenntnisse über Schutzfaktoren vor, die ich nachfolgend kurz vorstelle.

3 Ergebnisse der Resilienzforschung

Emmy E. Werner und Ruth Smith (2001) konnten in ihrer Langzeitstudie auf der Insel Kauai Schutzfaktoren in der Person des Kindes und in der Betreuungsumwelt des Kindes (Familie und soziales Umfeld) identifizieren, die bei den Kindern und späteren Erwachsenen trotz multipler Risikobelastung die Entwicklung zu zuversichtlichen, selbstsicheren und leistungsfähigen Erwachsenen erklären. Die Autoren konnten in der 40-jährigen Begleitung genau dieser Kinder und späteren Erwachsenen eine Vielzahl von protektiven Merkmalen und Faktoren identifizieren, die die positive Entwicklung trotz der Risikobedingungen zu erklären vermögen. Eine gelungene Entwicklung erfordert nach Hoffmann und Schmidt (2004) Kriterien, anhand derer eine Anpassungsleistung als erfolgreich bezeichnet werden kann. Resilienz könne entweder aufgrund Kriterien äußerer Anpassung (schulischer Erfolg) definiert werden oder auf der Basis internaler Kriterien (subjektives Wohlbefinden). In einem kurzen Forschungsüberblick stellt Corinna Wustmann auch andere empirische Resilienzstudien vor und fasst die protektiven Merkmale und Schutzfaktoren wie folgt zusammen (2004, S. 115 f., hier wird nur eine Auswahl wiedergegeben):

1. *Personale Ressourcen des Kindes*: Ein einfaches Temperament, sicheres Bindungsverhalten, selbstbewusstes, selbstständiges und unabhängiges Verhalten, positives Selbstkonzept, Selbstwirksamkeitsüberzeugungen, internale Kontrollüberzeugungen, hohe Sozialkompetenz, optimistische, zuversichtliche Lebenseinstellung, Lernbegeisterung, intellektuelle Fähigkeiten.
2. *Soziale Ressourcen innerhalb der Familie*: Mindestens eine stabile Bezugsperson, autoritativer, demokratischer Erziehungsstil, Stabilität und konstruktive Kommunikation, hohes Bildungsniveau der Eltern, unterstützendes familiäres Netzwerk, hoher sozioökonomischer Status, harmonische Paarbeziehung der Eltern.
3. *Soziale Ressourcen in den Bildungsinstitutionen*: Klare und konsistente Regeln, wertschätzendes Klima, hoher, aber angemessener Leistungsstand, positive Peerkontakte, Förderung von Basiskompetenzen, positive Verstärkung der Leistungen.

Diese Aufzählung verdeutlicht m. E. bereits sehr gut, dass die einzelnen Bereiche eng zusammen hängen. Bei entsprechend hohen familialen Ressourcen können sich die persönlichen Ressourcen sicherlich anders entwickeln, als wenn sie nicht vorhanden sind. Für die sozialen Ressourcen der Bildungsbereiche ist es deshalb wichtig, auch die anderen Bereiche zu kennen und sie nach Möglichkeit bei der Resilienzförderung zu berücksichtigen, deshalb werden nachfolgend bei der Vorstellung konkreter Beispiele für die Resilienzförderung in Kindertagesstätten neben der kindbezogenen Förderung auch die Eltern einbezogen. Die personalen Ressourcen hängen also einerseits mit einem bestimmten Temperament des individuellen Kindes zusammen, sie können andererseits aber auch durch das soziale Umfeld der Familie oder der Bildungsinstitution genau in diese Richtung unterstützt werden. Den Bildungseinrichtungen der Kindertagesstätten und der Schulen kommen hier zentrale Funktionen zu.

4 Kindertagesstätten – der richtige Ort zur Resilienzförderung

Die Befunde der Resilienzforschung rücken die frühkindliche Bildung und damit die Kindertagesstätten ins Zentrum der Aufmerksamkeit, denn der Aufbau von Schutzfaktoren gelingt umso besser, je früher hieran gearbeitet wird. Die besondere Bedeutung von Kindertagesstätten begründet Corina Wustmann (2004, S. 143) in drei Punkten: Erstens könnten Kindertagesstätten frühzeitig stärken,

d. h. bevor sich ein Problemverhalten stabilisiert. Die Stärkung könnte außerdem in der Kindertagesstätte in der Regel lang andauernd, intensiv und umfassend erfolgen. Zweitens könnten Kindertagesstätten im Sinne einer primären Prävention fast alle Kinder erreichen und außerdem besonderen „Risikokindern" besondere Hilfen zuteil werden lassen. Da die Besuchsquote (siehe nächsten Abschnitt) in der Bundesrepublik recht hoch ist, kann über die Kindertagesstätten eine gute Erreichbarkeit sehr vieler Kinder gewährleistet werden. Dieses gilt drittens auch für die Eltern, deren Einbezug im Rahmen einer umfassenden Resilienzförderung dringend angeraten ist. Dies bedeutet, dass Kindertagesstätten den Ausgangspunkt für niedrigschwellige Angebote bieten können und eine Kombination zwischen kind- und familienorientierter Förderung ermöglichen.

Aus diesem Grund werde ich in den nachfolgenden Abschnitten Beispiele der Resilienzförderung vorstellen, die sowohl auf der individuellen Ebene des einzelnen Kindes als auch auf der interaktionistischen Ebene liegen, die also stärker die Eltern und die anderen pädagogischen Fachkräfte im Sinne einer Vernetzungsstruktur einbeziehen. Die Kindertagesstätten bieten auf der kontextuellen Ebene aber auch gute Voraussetzungen, positive Lern- und Entwicklungsanreize zu schaffen, denn nicht nur die Pädagogik, auch die Rahmenbedingungen in Kindertagesstätten tragen zur Resilienzförderung bei. Gerade auch die architektonische und materielle Ausstattung des Innen- und Außenbereichs bieten sehr häufig, gerade für Kinder in Armut, Bedingungen, in denen sie sich wohl fühlen, in denen ihre Gesundheit gefördert wird, die vielfältige kulturelle Anregungen und unterschiedliche Sozialbeziehungen bereit halten. Expliziten Ausdruck für die Zuständigkeit bzw. für die Verantwortungsübernahme von Kindertagesstätten für die Stärkung von Resilienz findet sich in den aktuellen Bildungsplänen für den Elementarbereich, so widmet beispielsweise der Bayerische Bildungs- und Entwicklungsplan (2007) der Resilienz ein eigenes Kapitel. Es führt in die theoretische und empirische Verortung des Begriffs ein und entwickelt auf der individuellen, interaktionistischen und kontextuellen Ebene Vorschläge und Maßnahmen zur Prävention und Stärkung von Eltern und Kindern (Bayerisches Staatsministerium für Arbeit und Sozialordnung, Familie und Frauen 2007, S. 81 ff.). Die Betonung der Bedeutung der Resilienzförderung im Kindertagesstättenbereich soll keineswegs implizieren, andere Bildungsinstitutionen – wie beispielsweise die Schule – seien weniger geeignete Orte. Dieser Hinweis erscheint mir an dieser Stelle deshalb angebracht, weil in einer jüngeren Veröffentlichung gerade die Schule als ein eher fragwürdiger Ort dargestellt wird: „Als weiterer institutioneller Bereich in dem sich Resilienzförderung ansiedeln ließe, soll die Schule angeführt werden, auch wenn dies zunächst eher Skepsis auslösen dürfte" (Zander 2008, S. 192). Da gerade Kinder in Armut und aus sozial benachteiligten Familien Schwierigkeiten, d. h. Stresssymptome beim Übergang aufweisen, sollte in der pädagogischen Literatur die Konstruktion vollkommen getrennter Welten zukünftig eher vermieden werden, da ansonsten die Bewältigung der Transition genau für diese Kinder noch erschwert wird. Nichtsdestotrotz sind die strukturellen Rahmenbedingungen von Kindertagesstätten, die beispielsweise vom Selektionsdruck befreit sind, sicherlich besser als in der Schule. Dies möchte ich nachfolgend unter verschiedenen Thematiken aufzeigen.

5 Der frühe Besuch einer Kindertagesstätte stellt schon an sich einen Schutzfaktor dar

Allein der – möglichst frühe – Besuch von Kindergärten wirkt schon resilienzfördernd bzw. erhöht die Chance zum Aufbau von Resilienz. Eine jüngst vom deutschen Institut für Wirtschaftförderung in Auftrag gegebene Studie, die auf einer Analyse des sozioökonomischen Panels der Jahre 1995–2004 basiert, belegt die kompensatorische Wirkung des Kindergartens durch die niedrigeren Zurückstellungsquoten von Kindern aus einkommensschwachen und bildungsfernen Haushalten:

„Bei Kindern mit Eltern ohne formale Bildungsabschlüsse wird jedes zweite Kind zurückgestellt. Bei Eltern mit mittlerem Bildungsabschluss beträgt die Rückstellungswahrscheinlichkeit ca. 28 %, bei Kindern aus Akademikerhaushalten 8 %. Anders verhält es sich, wenn Kinder bereits im Alter von 3 Jahren den Kindergarten besucht haben. Hier ist nahezu kein Bildungsgefälle zu beobachten. Die Differenz der Rückstellungswahrscheinlichkeit zwischen höchstem und niedrigstem Bildungsabschluss der Eltern beträgt lediglich 5 Prozentpunkte“ (Kratzmann und Schneider 2008, S. 22).

Aus diesem Ergebnis bleibt festzuhalten, dass insbesondere Kinder aus bildungsfernen Familien von einem frühen Kindergartenbesuch profitieren. Dies konnte die Studie ebenso für Kinder mit Migrationshintergrund nachweisen (ebd.). Bereits die am Lebenslagenansatz orientierte Kinderarmutsstudie im Vorschulalter der Arbeiterwohlfahrt stellte einen Ausgleich der durch die Erzieher signifikant häufiger wahrgenommen Auffälligkeiten von Kinderarmut im sozialen und kulturellen Bereich fest, der in Abhängigkeit zum Eintrittsalter in den Kindergarten stand (vgl. Hock, Holz und Wüstendörfer 2000, S. 64).

Durch die IGLU-Studie konnte nachgewiesen werden, dass die Leseleistung der Kinder besser war, die länger als ein Jahr vor Schuleintritt einen Kindergarten besucht hatten. „Diejenigen Viertklässlerinnen und Viertklässler, die in Deutschland mehr als ein Jahr eine vorschulische Einrichtung besucht haben, weisen in der Gesamtskala Lesen einen Wert von 554 auf, diejenigen die eine Vorschule eine kürzere Zeit besucht haben, erzielen im Vergleich dazu nur 525 Punkte“ (Bos et al. 2007, S. 138). Laut den Ergebnissen der IGLU-Studie tendieren Familien aus oberen Schichten dazu, ihre Kinder länger eine vorschulische Einrichtung besuchen zu lassen (vgl. ebd.).

Die Nutzung von Kindertageseinrichtungen oder Kindertagesstätten wird zunehmend zur Normalität, so besuchten im Jahr 2007 78 % der Dreijährigen im Westen und 93 % der Dreijährigen im Osten eine entsprechende Einrichtung. Bei den Vier- und Fünfjährigen lag die Quote zwischen 93 und 95 % (vgl. Autorengruppe Bildungsberichterstattung 2008, S. 50). Obwohl diese Quoten auf den ersten Blick erfreulich hoch erscheinen, muss doch konstatiert werden, dass gerade bei den Dreijährigen eine nicht unerhebliche Anzahl von Kindern nicht erreicht werden. Hinzu kommen regionale Unterschiede, die die Bildungsbeteiligung aller Kinder zusätzlich erschweren. Insofern ergibt sich aus den vorgenannten Ergebnissen auch eine zum bildungspolitischen Handeln auffordernde Perspektive. Denn es sind statistisch gesehen gerade die Kinder aus unterprivilegierten Elternhäusern und aus Familien mit Migrationshintergrund, die zu den sogenannten Hauskindern zählen. Die Forschungslage über Hauskinder ist als relativ schwach zu bezeichnen. Eine vom Land Brandenburg in Auftrag gegebene Studie „Struktur und Gründe des Verzichts auf Kindertagesbetreuung in Brandenburg" (Institut für angewandte Familien- Kindheits- und Jugendforschung an der Universität Potsdam 2005) beziffert die Kinder, die entweder gar keinen Kindergarten oder ihn kürzer als ein Jahr besucht haben, ebenfalls auf rund 5 %. Familien, die ihre Kinder nicht im Kindergarten anmelden, konnten mit dieser Studie näher beschrieben werden. Jede fünfte Mutter eines Hauskinds hat die Schule ohne einen qualifizierten Abschluss verlassen. Unter den Eltern von Kita-Kindern trifft dies nur auf 6 % zu (ebd., S. 12). Außerdem bezieht in mehr als jedem zweiten Haushalt mindestens ein Haushaltsmitglied staatliche Transferleistungen. Mit der offensichtlichen Einkommensschwäche der Familien der Hauskinder korrespondiert der angegebene Grund gegen einen Kindergartenbesuch. Für fast die Hälfte der Befragten ist die Unterbringung ihres Kindes in der Kindertagesstätte zu teuer (vgl. ebd., S. 15). Diese Untersuchung gibt damit einen deutlichen Hinweis darauf, dass durch eine eventuelle Gebührenfreiheit des Kindergartens genau die Kinder der Familien profitieren könnten, die Förderung am nötigsten haben, nämlich aus bildungsfernen und einkommensschwachen Familien.

Einen weiteren Hinweis für die Unzulänglichkeit des alleinigen Besuchs einer elementarpädagogischen Einrichtung zum Abbau von Chancenungleichheiten liefern Becker und Lauterbach (2004) auf der Basis der Daten aus dem Sozioökonomischen Panels (SOEP):

„So haben Beamtenkinder ohne Besuch vorschulischer Einrichtungen immer noch 4,3-mal günstigere Chancen, auf das Gymnasium zu wechseln als Arbeiterkinder mit vorschulischer Bildung. Und Beamtenkinder haben bei einer vorschulischen Bildung gar 8,3-mal größere Chancen für den Übergang auf das Gymnasium als Arbeiterkinder, die vorschulische Einrichtungen besucht haben" (Becker und Lauterbach 2004, S. 146).

Die Autoren schlussfolgern daraus, dass die Organisationsstrukturen der vorschulischen Betreuungseinrichtungen nicht geeignet seien, primäre Herkunftseffekte und soziale Benachteiligungen unterer Sozialschichten beim Bildungserwerb zu verringern (vgl. ebd.). Auch wenn Resilienz und die hier angesprochene Gymnasialbesuchsquote selbstverständlich unabhängig voneinander betrachtet werden müssen, weil die Stärkung der Persönlichkeit im Sinne der Resilienz eine andere Qualität hat als der Besuch einer bestimmten Schulform, wäre es aber für das Resilienzkonzept problematisch, wenn sich dies nicht auch in einem Erfolg formaler Bildungsabschlüsse widerspiegeln würde. In diesem Sinne regt der Hinweis von Becker und Lauterbach zumindest dazu an, auch nach der Qualität der Kindertagesstätten zu fragen und eine größere Bildungsgleichheit als Ziel – auch und gerade für die Resilienzförderung – im Auge zu behalten.

6 Qualität der frühen Bildung nimmt Einfluss auf Resilienz

Die Notwendigkeit, Kindern in Armutslagen möglichst frühzeitig Hilfe zuteil werden zu lassen, ergibt sich auch aus Erfahrungen mit amerikanischen armutsbezogenen Interventionsprogrammen. Diese haben in den USA eine lange Tradition, da sie bereits in den 1960er Jahren in sehr umfangreicher und vielfältiger Weise im Zuge der Bürgerrechtsbewegung und als Folge des Sputnikschocks eingeführt wurden. Toni Mayr (2000) gibt einen Forschungsüberblick über die Wirksamkeit früher Hilfen bei armen und sozial benachteiligten Kindern. Im Resultat kommt er zu dem Schluss, dass eine Wirksamkeit, d. h. eine Abmilderung der negativen Folgen von Armut bzw. ein Durchbrechen des „cycle of disadvantage“ dann zu erreichen ist, wenn die Hilfen früh einsetzen, sie intensiv, breit und flexibel angelegt sind und sie das Kind, seine Eltern sowie einschlägige Institutionen miteinbeziehen (Mayr 2000, S. 163). Daneben scheinen auch die hohe Professionalität und Kompetenz der Helfenden sowie die Kontinuität in der Beziehung zwischen Helfer und Klient eine förderliche Wirkung zu haben. Als ein Beispiel sei das Perry Preschool Project vorgestellt, an dem in den 1960er Jahren insgesamt 123 afroamerikanische Risikokinder aus Ypsilanti teilnahmen. Die Risikolage wurde über einen IQ von unter 90 und über eine schlechte ökonomische Stellung der Eltern definiert. Die Versuchsgruppe erhielt ein qualitativ hochwertiges Vorschulprogramm, es bestand in einem täglichen 2,5-stündigen Unterricht durch ausgebildete Lehrpersonen und in zusätzlichen Hausbesuchen. Eine Kontrollgruppe nahm nicht am Programm teil. Die wissenschaftliche Begleitung wurde als Langzeitstudie geplant, bis zum Alter von 39–41 Jahren der Probanden. Sowohl in den Bereichen Sprache, Lesen, Mathematik als auch im Sozialverhalten zeigten sich bessere Beurteilungen der Perry Preschool Kinder.

„Die Teilnehmer des Preschool-Programms wurden seltener als lernbehindert eingestuft, hatten in der High School im Durchschnitt bessere Noten und erreichten mit einer größeren Wahrscheinlichkeit einen High School Abschluss als die Personen in der Kontrollgruppe. Zudem erreichten die Personen der Preschool-Bedingung eine bessere Berufsausbildung, ein durchschnittlich höheres Einkommen und waren seltener von Sozialhilfe abhängig“ (Biedinger und Becker 2006, S. 8).

Das Perry Preschool Projekt wurde auch unter ökonomischen Gesichtspunkten untersucht, wobei die Kosten-Nutzen-Bilanz positiv ausfiel (vgl. ebd., S. 9). Insgesamt lässt sich an diesem Beispiel zeigen, dass grundsätzlich Investitionen in frühkindliche Bildungsprogramme einen nachweisbaren, langfristig wirksamen Beitrag zur Resilienzförderung leisten können, auch wenn die Übertragbarkeit dieser und anderer amerikanischer Programme für Deutschland stark eingeschränkt ist. Die Wirkungen beziehen sich nicht nur auf Schulleistungen, sondern auch auf das Sozialverhalten und auf langfristige Bildungserfolge.

7 Die sozial-emotionale Stärkung des Selbstkonzepts als zentraler Resilienzfaktor

Da das Resilienzkonzept insgesamt sehr komplex ist, stellt sich die Frage, welches für Erzieher ein konkreter Ausgangspunkt sein könnte. Ohne die Komplexität an dieser Stelle auflösen zu wollen und im Bewusstsein, dass es sehr viele gute begründete Ausgangspunkte geben wird, möchte ich hier dafür plädieren, der Stärkung eines positiven Selbstkonzepts eine Schlüsselposition sowohl auf der individuellen als auch auf der interaktionalen Ebene der Resilienzförderung zuzuweisen. Nachfolgend möchte ich es deshalb etwas ausführlicher vorstellen:

Die Wahrnehmung der eigenen Person, ihre Fähigkeiten, Eigenschaften und Einstellungen wird als „Selbstkonzept" bezeichnet. Dieses Selbstkonzept beinhaltet sowohl das Selbstschema einer Person („Wie sehe ich mich?") als auch eine selbstbewertende Instanz („Bin ich zufrieden mit meinen Eigenschaften, Fähigkeiten und Einstellungen?"). Das Selbstkonzept einer Person, ob positiv oder negativ, hat starke Auswirkungen auf ihr Leistungsverhalten, soziale Beziehungen und dadurch auch auf ihre langfristige Entwicklung. Aus diesen Gründen kann man es als eines der zentralen Persönlichkeitsmerkmale bezeichnen (Roebers 2007). Die Beziehung zwischen Selbstkonzept und Leistung scheint unter anderem vom Alter der untersuchten Personen abzuhängen. So konnte gezeigt werden, dass das Selbstkonzept der meisten Kinder im Vor- und Grundschulbereich sehr positiv ausgeprägt ist (Helmke 1992, Helmke 1998, Kammermeyer und Martschinke 2003). Helmke (1998) schreibt hierzu, dass aus psychologischer Sicht ein leicht überhöhtes Selbstkonzept eine günstige Voraussetzung für Lernprozesse bildet. Die Kinder trauen sich mehr zu, was dafür sorgt, dass sie Aufgaben eher anpacken und nicht so schnell aufgeben. Ein optimistisches Selbstkonzept ist demnach auch ein Zeichen psychosozialer Stabilität. Ein hohes Selbstkonzept führt jedoch nicht automatisch zu besseren Leistungen, vielmehr kann dies nur vermittelt geschehen, z. B. durch größere Anstrengungen, die wiederum den Lernprozess fördern. Die überhöhte Selbsteinschätzung wird jedoch im Laufe der Grundschulzeit zunehmend realistischer. Besonders die wichtigen Bezugspersonen der Kinder wie

Eltern, Erzieher und Lehrer können mit wirksamen Rückmeldungen eine positive Entwicklung der Kinder unterstützen.

Ein positives Selbstkonzept stellt einen empirisch abgesicherten Schutzfaktor dar, der dazu beiträgt, dass Kinder trotz widriger Risikolagen (wie beispielsweise Armut) eine positive Entwicklung nehmen und die Entwicklungsaufgaben erfolgreich bewältigen. Die Kauai-Längsschnittstudie (Werner und Smith 2001) belegt, dass diese resilienten Kinder bereits im Kleinkindalter selbstständiger, selbstbewusster und unabhängiger erschienen als nichtresiliente Kinder: Im Alter von 10 Jahren konnte ein positives Selbstkonzept identifiziert werden. Neben den persönlichen und sozialen Ressourcen im familiären Umfeld konnte auch die Bedeutung unterstützender Personen außerhalb der Familie identifiziert werden (Bender und Lösel 1998, Werner und Smith 2001). Erzieher sowie Lehrkräfte nehmen für resiliente Kinder damit soziale und emotionale Unterstützungsfunktionen ein, von denen protektive Effekte für den Aufbau von Selbstwirksamkeit und eines positiven Selbstbildes ausgehen. Dies gilt ebenso für weitere schulische Bedingungen in Form eines wertschätzenden Schulklimas, positiver Peerkontakte und die Übertragung verantwortungsvoller Aufgaben (Julius und Prater 1996). Mit rund 10 % gibt es jedoch auch eine nicht unerhebliche Anzahl von Kindern, die bereits mit einem eher negativen Selbstkonzept in die Schule kommen (Baldering 1993, S. 103). Aufgrund bisheriger Armutsstudien kann vermutet werden, dass es sich hierbei insbesondere um Kinder aus benachteiligten Milieus handelt.

Um über eine für alle Kinder sinnvolle Stärkung des Selbstkonzepts in Kindertagesstätten hinauszugehen und für Kinder in Armutslagen besonders unterstützend agieren zu können, bedarf es einer besonderen Sensibilität und Beobachtung der Erzieher. Hiermit beschäftigt sich der nächste Abschnitt.

8 Sozial-emotionale Kompetenzen als Grundlage für eine positive Entwicklung

Mit dem Bildungsauftrag des Kindergartens gehen nicht selten – durchaus berechtigte – Sorgen einer sogenannten Verschulung des Kindergartens einher. Mit der Konzentration auf sehr schulnahe Fähigkeiten könnten die für den Lernerfolg ebenso grundlegenden Kompetenzen im sozial-emotionalen Bereich vernachlässigt werden. Der sozial-emotionale Bereich erschließt sich konkreter beispielsweise über die folgenden Fragen: Wie nähern sich Kinder einer Lernsituation? Wie kommen sie mit anderen Kindern zurecht? Sind sie zuversichtlich, offen, neugierig? Entwickeln sie Initiative und Durchhaltevermögen? Die Bedeutsamkeit für das schulische Lernen ist unmittelbar zu erkennen, womit also ein enger Zusammenhang zwischen kognitivem und sozial-emotionalem Lernen behauptet werden kann. Hierdurch wird deutlich, dass Resilienzförderung, sofern sie im Sinne einer familialen Unterstützung und Persönlichkeitsstärkung verstanden wird, keineswegs auf das sozialpädagogische Handlungsfeld beschränkt bleibt, sondern eindeutig auch dem Bildungssystem zugeordnet werden kann und muss. Gerade für Kinder, die beispielsweise aufgrund von Armut emotionalen Belastungen, sozialer Diskriminierung statistisch gesehen von einem höheren Risiko der Bildungsbenachteiligung betroffen sind, hat die Resilienzforschung (Wustmann 2003, Opp 1999) in Längsschnittstudien mit erfolgreichen Kindern und Erwachsenen aus sogenannten Risikogruppen belegen können, dass sie Schutzfaktoren und eine besondere Widerstandskraft gegenüber widrigen Umständen aufgebaut hatten. Diese Schutzfaktoren bestanden beispielsweise in der Freude an neuen Erfahrungen, in Ausdauer und Konzentrationsfähigkeit, in positiven sozialen Beziehungen, im angemessenen Ausdruck von Gefühlen etc. Durch spezifische Konzepte des Kindergartens und auch der Schule werden teilweise diese Schutzfaktoren entwickelt und ausgebaut. Um aber genauer analysieren zu können, in welchen Bereichen Kinder bereits Stärken ausgebildet haben und in welchen Bereichen ein erhöhter Unterstützungsbedarf besteht, bedarf es einer systematischen Beobachtung. Ein solches Beobachtungsverfahren stellt beispielsweise „Perik" Positive Entwicklung und Resilienz im Kindergartenalltag (Mayr und Ulich 2006) dar. In sechs Entwicklungsbereichen werden strukturierte Beobachtungsfragen vorgegeben: Kontaktfähigkeit, Selbststeuerung/Rücksichtnahme, Selbstbehauptung, Stressregulierung, Aufgabenorientierung und Explorationsfreude. Das Verfahren ist kein punktueller Test, es ist vielmehr auf eine längere Beobachtung angelegt. Deshalb ermöglichen es die quantitativen und qualitativen Auswertungsmöglichkeiten, sich ein übersichtliches und aussagekräftiges Bild von den Kindern zu machen. Das Verfahren ist außerdem dazu geeignet, die Fachkräfte dazu anzuregen, das sozial-emotionale Verhalten besser zu reflektieren und durch den Austausch über die Beobachtungen im Team die Zielsetzungen in diesem Bereich bezogen auf die Einrichtung weiterzuentwickeln. „Als Maxime erzieherischen Handelns gilt unverändert, dass die Wertschätzung von Kindern in Partizipation, Mitbestimmung und in die Förderung von Eigenaktivität und Verantwortungsübernahme münden muss" (Richter 2006, S. 12). Dieses Zitat bringt zum Ausdruck, dass es nicht um eine technokratische, isolierte Förderung von Persönlichkeitseigenschaften gehen darf, sondern um einen Ansatz, der im Sinne von Selbstbestimmung und Demokratie Kinder in ihrer Autonomie und in ihrer Teilhabe stärkt.

9 Förderung von Resilienz auf der individuellen Ebene

Sowohl im Elementar- als auch im Primarbereich ist das Faustlos-Konzept (Cierpka et al. 2001), das eine deutsche Adaption des aus den USA stammenden Second Step Curriculums darstellt, weit verbreitet. Das Konzept geht davon aus, dass dissoziales und aggressives Verhalten über Vorbilder, Erfahrung und Verstärkung gelernt wird. Auf dem gleichen Weg sollen im Rahmen des Förderprogramms auch sozial angemessene Verhaltensweisen gelernt werden. Dabei bezieht sich das Faustlos-Programm auf die Entwicklung und Verstärkung von drei Basiskompetenzen für positives Verhalten: Empathie, Impulskontrolle und Umgang mit Ärger und Wut (vgl. ebd., S. 11f.). Zu jeder der drei Basiskompetenzen gibt es Trainingseinheiten, die von den Erziehern oder Klassenlehrern unter Berücksichtigung bestimmter Regeln und einer Elterninformation durchgeführt werden sollen. Zusammenfassend kann als Ziel des Programms festgehalten werden, dass durch die Stärkung personaler Ressourcen soziale Schutzfaktoren aufgebaut werden sollen. Positiv zu bewerten ist die Teilnahme aller Kinder, wodurch eine Stigmatisierung bestimmter Kinder vermieden wird. Allerdings bleibt es einer wissenschaftlichen Evaluation vorbehalten zu prüfen, ob mit diesem Training die angestrebten Ziele – auch langfristig – insbesondere bei Kindern aus Armutsfamilien und/oder bildungsbenachteiligten Familien erreicht werden.

10 Interaktionistische Ansätze zur Förderung von Resilienz

Das Resilienzkonzept geht von der Wirksamkeit der Qualität der Bindungen, Beziehungen und Interaktionen aus, die ein Kind zu seinen wichtigen Bezugspersonen hat. Hierzu zählen sowohl die Eltern als auch die pädagogischen Fachkräfte in den Kindertagesstätten oder in den Schulen. Für Resilienzförderung in den Kindertagesstätten bedeutet dies eine Weiterentwicklung der Professionalität des eigenen Personals als auch die Übernahme des Aufgabenbereichs einer Stärkung der Erziehungskompetenz der Erzieher. In Verbindung der o. g. amerikanischen Evaluationskonzepte, in denen sich die Elternmitarbeit als ein wichtiger Gelingensfaktor herausstellte, ist die Aufgabe abzuleiten, sich als Kindertagesstätte zunehmend auch als Beratungsinstanz für Eltern zu verstehen, wenn das Resilienzkonzept konsequent umgesetzt werden soll. Das Bundesland Nordrhein-Westfalen unterstützt diese Entwicklungstendenzen für Kindertagesstätten ausdrücklich, indem es Zertifizierungen für Familienzentren vergibt. Auch die elementar- und grundschulpädagogischen Diskussionen für eine positive Übergangsgestaltung zwischen Kindergarten und Grundschulen bezieht die Eltern systematisch ein. In dem Transitionsansatz ist auf der Basis der Stresstheorie die Übergangsgefährdung für bestimmte Kinder und Eltern herausgearbeitet. Die Zusammenarbeit soll die Übergangsbewältigungskompetenz der Kinder und ihrer Eltern stärken. Da Kinder aus bildungsferneren Familien besonders gefährdet sind, den Übergang als Krise zu erleben, ist eine inhaltliche Zusammenarbeit der beiden Institutionen und die frühzeitige Einbindung der Eltern sehr sinnvoll.

Ein sehr komplexes und gut vernetztes Projekt im Sinne einer umfassenden Resilienzförderung stellt das Modell „Monheim für Kinder" (Mo.Ki) der Stadt Monheim dar, das im Verbund mit dem Bezirksverband der Arbeiterwohlfahrt (AWO) und mit Unterstützung des Landschaftsverbandes Rheinland seit 2005 eine umfassende Präventionsstrategie entwickelt hat. Ziel der Präventionsstrategie ist die Verhinderung von Armutsfolgen, Kinder und ihre Familien sollen in verschiedenen Entwicklungs- und Übergangsphasen frühzeitig und verlässlich begleitet werden. Insgesamt wird ein Netzwerk der Prävention gebildet, das zum Wohl des Kindes arbeitet. Im Mittelpunkt stehen ein familienorientierter Ansatz der Kindertagesstätte, die eine frühe Förderung und eine gleichzeitige Unterstützung der Eltern gewährleistet, sowie eine offene Ganztagsgrundschule. Annette Berg (2006, 25 ff.) benennt für die Kita u. a. die folgenden innovativen Bausteine, die im Rahmen von Mo.Ki umgesetzt werden:

1. Sprachförderung: Mit dem Programm „Rucksack" werden die Muttersprache sowie Deutsch gelehrt.
2. Gesundheitsförderung: Kita übernimmt Mitverantwortung für den Kinderarztbesuch.
3. Förderung von Eltern in der Kita: Familienbildungsprogramme, Deutschkurse in der Kita für Mütter, Förderung Unter-3-Jähriger in Kitas.
4. Vernetzung der Akteure und Qualifikation der Fachkräfte.

Auch für die Grundschule gibt es eine konsequente Fortführung des Ansatzes von Mo.Ki, so dass eine langfristige Förderung ebenso ermöglicht wird wie eine vernetzte Arbeit der unterschiedlichen Institutionen. Insgesamt spricht das Programm insbesondere Familien und Kinder in Armut an, es stellt niedrigschwellige Hilfen und Präventionsmaßnahmen zur Verfügung und verfolgt das Ziel, einen Beitrag zum Abbau von Chancenungleichheit zu leisten. Annette Berg (ebd., S. 28) berichtet von nachweisbaren ersten Erfolgen. Auch und gerade im Sinne der Resilienzförderung kann dieses Projekt nur positiv bewertet werden, weil es konsequent die Eltern einbezieht, aktiv an den Risikofaktoren arbeitet und die Lebenssituation der von Armut betroffenen Kinder insgesamt in den Blick nimmt und zwar nicht nur punktuell, sondern über verschiedene Entwicklungsstufen und institutionelle Übergänge hinweg. Insofern wird hier bereits in der Konzeption des Programms ein individueller Zugriff auf das Kind überwunden und versucht, auch die sozialen Bedingungen und das soziale Umfeld der Kinder zu unterstützen. Das Land Niedersachsen fördert ebenfalls über das „Niedersächsische Institut für frühkindliche Bildung und Entwicklung" (nifbe) ein Transferprojekt mit dem Titel „Ein Stadtteil für starke Kinder in Oldenburg", das ebenfalls auf frühzeitige, niedrigschwellige Primärprävention unter Einbezug der Eltern und auf den Aufbau eines Frühfördernetzes zielt. Adressaten sind sozial schwache Familien mit Migrationshintergrund. Durch Vernetzung von Eltern, Kindertagesstätte, Grundschule und begleitenden Diensten und der Kooperation mit dem Jugendamt Oldenburg sollen Unterstützungsstrukturen und Erziehungspartnerschaften ausgebaut werden. Auch hier geht es um Teilhabe, denn die Eltern sollen zur aktiven Mitarbeit in den beteiligten Institutionen angeregt werden. Die Entstehung dieser und weiterer Projekte sind als Indiz zu sehen, dass sich das Konzept der Resilienz zunehmend in konkrete pädagogische Handlungsfelder – vornehmlich in der frühkindlichen Bildung – umsetzt. Den Ergebnissen der wissenschaftlichen Begleitung, die im Oldenburger Projekt in Kooperation mit dem Interdisziplinären Zentrum für Bildung und Kommunikation in Migrationsprozessen der Universität Oldenburg von mir durchgeführt wird, bleibt es vorbehalten, Aussagen darüber treffen zu können, welche Reichweite und Wirkungen tatsächlich erzielt werden können und welche Bedingungen für das Projekt förderlich oder auch hinderlich sind.

11 Fazit

Insgesamt zeigt die Auseinandersetzung mit der Resilienzforschung die Wirksamkeit frühzeitiger Hilfen auf der institutionellen Seite ganz eindrücklich. Die positive Sichtweise, die vom salutogenetischen Ansatz geprägt ist, scheint sich auch empirisch erhärten zu können und für die frühkindliche Bildung zu sprechen. Dabei möchte ich mit Opp und Fingerle (2000) hier noch einmal ausdrücklich darauf verweisen, dass im Zusammenhang mit Armut im Bereich der Frühförderung weniger eine Resilienzförderung kindlicher Persönlichkeitseigenschaften, sondern vor allem eine elternorientierte Sichtweise angestrebt werden sollte: „Eine verstärkte Konzentration der Frühförderung auf das Erziehungsverhalten der Eltern oder deren Art der Stressbewältigung kann Risiken beseitigen, die aus dem Verhalten der Eltern für die Entwicklung ihrer Kinder resultieren können. Auf diese Weise ließen sich einige Wirkungen chronischer Armut abfangen, die letztlich auf mangelnde Resilienz der Eltern zurückzuführen sind“ (ebd., S. 173). Hieraus ist keine Vernachlässigung der direkten Stärkung und Unterstützung der Kinder abzuleiten, die Autoren fordern hier, neben der kognitiven auch die sozial-emotionale Förderstrategie stärker zu berücksichtigen. Beide Aspekte, sowohl eine deutlichere Elternberücksichtigung als auch eine stärkere Fokussierung des sozial-emotionalen Bereichs, sind in diesem Beitrag thematisiert worden. Im Kontext des sozial-emotionalen Bereichs ist deshalb der Selbstkonzeptentwicklung sehr viel Raum geschenkt worden. Damit wurde deutlich, dass sich Resilienzförderung tatsächlich auch an den Stärken orientiert, zum Kompetenzerleben von Kindern und Eltern beiträgt und sie ermutigt. Sie grenzt sich damit ausdrücklich von einem „Reparaturmodell“ und einer Defizitorientierung ab. Mit Michael Fingerle (2007, S. 300) teile ich die Ansicht, die zentrale Bedeutung des Resilienzbegriffs in der Pädagogik vor allem in der Variabilität der individuellen Entwicklungsverläufe zu sehen. Armut *muss* damit nicht zu Beeinträchtigung und negativen Folgen führen. Gleichzeitig muss pädagogische Förderung von Schutzfaktoren nicht zwangsläufig zu Resilienz führen. Trotz der hier sehr positiven und zum Ausgleich von Benachteiligungen von Armut hoffnungsvollen Diskussion um Resilienz muss auch davor gewarnt werden, über diesen Zugriff auf die Kinderarmutsproblematik die Strukturdefizite unberücksichtigt zu lassen. Insofern verlangt der Resilienzansatz die systematisch gleichzeitige Analyse von Risiko- und Schutzfaktoren und vor allem der bestehenden Ungleichheitstrukturen in der Gesellschaft.

Literatur

Autorengruppe Bildungsberichterstattung (2008): Bildung in Deutschland 2008. Ein indikatorengestützter Bericht mit einer Analyse zu Übergängen im Anschluss an den Sekundarbereich I, Bielefeld.

Baldering, D. (1993): Selbstkonzepte von Kindern im Grundschulalter. Frankfurt.

Bayrisches Staatsministerium für Arbeit und Sozialordnung, Familie und Frauen. Staatsinstitut für Frühpädagogik in München (Hrsg.) (2007): Der Bayrische Bildungs- und Erziehungsplan für Kinder in Tageseinrichtungen bis zur Einschulung. 2. Auflage.

Becker, R. & Lauterbach, W. (2004): Vom Nutzen vorschulischer Kinderbetreuung für Bildungschancen. In: Becker, R. & Lauterbach, W. (Hrsg.): Bildung als Privileg? Erklärungen und Befunde zu den Ursachen der Bildungsungleichheit, Wiesbaden, S. 127–159.

Bender, D. & Lösel, F. (1998): Protektive Faktoren der psychisch gesunden Entwicklung junger Menschen. Ein Beitrag zur Kontroverse um saluto- und pathogenetische Ansätze. In: Margraf, J., Siegrist J. & Neumer, S. (Hrsg.): Gesundheits- oder Krankheitstheorie? Saluto- vs. Pathogenetische Ansätze im Gesundheitswesen, Berlin, S. 117–145.

Berg, A. (2006): Armutsprävention als kommunale Strategie der Jugendhilfe. Mo.Ki – Monheim für Kinder. In: Kindertageseinrichtungen aktuell, Sonderausgabe Nr. 4, S. 23–28.

Bertram, Hans (Hrsg.) (2008): Mittelmaß für Kinder. Der UNICEF-Bericht zur Lage der Kinder in Deutschland. München.

Bertram, Hans (2006): Zur Lage der Kinder in Deutschland. Politik für Kinder als Zukunftsgestaltung. Innocenti Working Paper No. 2006–02, Florence.

Biedinger, N. & Becker, B. (2006): Der Einfluss des Vorschulbesuchs auf die Entwicklung und den langfristigen Bildungserfolg von Kindern. Ein Überblick über internationale Studien im Vorschulbereich. Arbeitspapiere – Working Papers Nr. 97, Mannheim.

Bos, Wilfried u. a. (Hrsg.) (2007): IGLU 2006. Lesekompetenzen von Grundschulkindern in Deutschland im internationalern Vergleich. Münster.

Cierpka, M., Ott, J., Schick, A. & Schütte, J. (Hrsg.) (2001): Faustlos. Ein Curriculum zur Prävention von aggressiven und gewaltbereiten Verhalten bei Kindern der Klassen 1 bis 3. Handbuch. Göttingen.

Deutscher Bundestag (2008): Lebenslagen in Deutschland. Der 3. Armuts- und Reichtumsbericht der Bundesregierung. Berlin.

Deutsches Kinderhilfswerk e. V. (Hrsg.) (2007): Kinderreport Deutschland 2007. Daten, Fakten, Hintergründe. Freiburg.

Fingerle, M., Freytag, A. & Julius, H. (1999): Ergebnisse der Resilienzforschung und ihre Implikationen für die heilpädagogische Gestaltung von schulischen Lern- und Lebenswelten. In: Zeitschrift für Heilpädagogik 50, 6, S. 302–309.

Fingerle, M. (2007): Der „riskante" Begriff der Resilienz. Überlegungen zur Resilienzförderung im Sinne der Organisation von Passungsverhältnissen. In: Opp, G. & Fingerle, M. (Hrsg.): Was Kinder stärkt. Erziehung zwischen Risiko und Resilienz, München & Basel, S. 299–310.

Göppel, R. (1999): Bildung als Chance. In: Opp, G. & Fingerle, M. (Hrsg.): Was Kinder stärkt. Erziehung zwischen Risiko und Resilienz, München, S. 170–190.

Helmke, A. (1998): Vom Optimisten zum Realisten? Zur Entwicklung des Fähigkeitsselbstkonzeptes vom Kindergarten bis zur 6. Klassenstufe. In: Weinert, F. E. (Hrsg.): Entwicklung im Kindesalter, Weinheim, S. 115–132.

Helmke, A. (1992): Selbstvertrauen und schulische Leistungen. Göttingen.

Hock, B., Holz, G. & Wüstendörfer, W. (2000): Frühe Folgen – langfristige Konsequenzen? Armut und Benachteiligung im Vorschulalter. Vierter Zwischenbericht zu einer Studie im Auftrag des Bundesverbandes der Arbeiterwohlfahrt. Frankfurt a. M.

Holtmann, M. & Schmidt, M. H. (2004): Resilienz im Kindes- und Jugendalter. In: Kindheit und Entwicklung 13, 4, S. 195–200.

Holz, G. (2006): Armut von Mädchen und Jungen in Deutschland. Definition, Umfang, Wirkung und Handlungsansätze. In: Kindertageseinrichtungen aktuell, Sonderausgabe Nr. 4, S. 4–8.

Institut für angewandte Familien-, Kindheits- und Jugendforschung an der Universität Potsdam (2005): Struktur und Gründe des Verzichts auf Kindertagesbetreuung in Brandenburg. Schlussbericht. http://www.mbjs.brandenburg.de/sixcms/detail.php/lbm1.c.332 950.de">http://www.mbjs.brandenburg.de/sixcms/detail.php/lbm1.c.332 950.de.

Julius, H. & Prater, M. A. (1996): Resilienz. In: Sonderpädagogik 26, S. 228–235.

Kammermeyer, G. & Martschinke, S. (2003): Schulleistungen und Fähigkeitsselbstbild im Anfangsunterricht. Ergebnisse aus dem KILIA-Projekt. In: Empirische Pädagogik 17, S. 486–503.

Kompetenzzentrum für familienbezogene Leistungen im Bundesministerium für Familie, Senioren, Frauen und Jugend (2008): Dossier. Armutsrisiken von Kindern und Jugendlichen in Deutschland.

Kratzmann, J. & Schnieder T. (2008): Soziale Ungleichheit beim Schulstart. Empirische Untersuchungen zur Bedeutung der sozialen Herkunft und des Kindergartenbesuchs auf den Zeitpunkt der Einschulung. SOEP papers on Multidisciplinary Pamel data Research. Berlin. http://www.diw.de/soeppapers.

Mayr, T. (2000): Entwicklungsrisiken bei armen und sozial benachteiligten Kindern und die Wirksamkeit früher Hilfen. In: Weiß, H. (Hrsg.): Frühförderung von Kindern und Familien in Armut, München & Basel, S. 142–163.

Mayr, T. & Ulich, M (2006): Perik. Positive Entwicklung und Resilienz im Kindergartenalltag. Begleitheft zum Beobachtungsbogen, Freiburg.

Roebers, C. M. (2007): Entwicklung des Selbstkonzeptes. In: M. Hasselhorn & W. Schneider (Hrsg.): Handbuch der Entwicklungspsychologie, Göttingen, S. 381–391.

Opp, G. & Fingerle, M. (Hrsg.) (1999): Was Kinder stärkt. Erziehung zwischen Risiko und Resilienz, München.

Opp, G. (2006): Kindheit und Jugend heute. Chancen und Risiken in der Zeit des Heranwachsens. In: Opp, G. & Unger, N. (Hrsg.): Kinder stärken. Positive Peer Culture, Hamburg, S. 23–48.

Opp, G. & Fingerle, M. (2000): Risiko und Resilienz in der frühen Kindheit am Beispiel von Kindern aus sozioökonomisch benachteiligten Familien. Amerikanische Erfahrungen mit Head Start. In: Weiß, H. (Hrsg.): Frühförderung von Kindern und Familien in Armut. München & Basel, S. 164–174.

Richter, A. (2006): Was brauchen arme Kinder? Resilienzförderung und Armutsprävention. In: Kindertageseinrichtungen aktuell. Sonderausgabe Nr. 4, S. 9–13.

Walper, S. (1999): Auswirkungen von Armut auf die Entwicklung von Kindern. In: Lepenies, A. & Nunner-Winkler, G. u. a.: Kindliche Entwicklungspotentiale. Normalität, Abweichung und ihre Ursachen. Materialien zum 10. Kinder- und Jugendbericht, Opladen, S. 291–360.

Werner, E.E. & Smith, R.S. (2001): Journeys from childhood to midlife: Risk, resilience and recovery, Ithaka.
Wustmann, C. (2004): Resilienz. Widerstandsfähigkeit von Kindern in Tageseinrichtungen fördern, Weinheim & Basel.
Zander, M. (2008): Armes Kind – starkes Kind? Die Chance der Resilienz. Wiesbaden.

Entwicklungsaufgaben in den ersten drei Lebensjahren unter besonderer Berücksichtigung der emotionalen Entwicklung

Annette Boeger

Nie mehr im Leben entwickelt und verändert sich der Mensch so stark wie in den ersten drei Lebensjahren, genauer, wie in seinem ersten Lebensjahr. Bedeutende Schritte werden insbesondere in der körperlichen, aber auch in der sprachlichen, sozialen, kognitiven und emotionalen Entwicklung vollzogen. Im Folgenden wird der Fokus auf einen Ausschnitt der Entwicklung, nämlich auf die sozial-emotionale Entwicklung gelegt und für diesen Bereich seien den Ausführungen folgende Thesen vorangestellt, die im Weiteren näher erläutert werden:

1. Das Kleinkind ist mit vielerlei Kompetenzen ausgestattet: Es ist keineswegs ein passives Wesen, sondern aktiv, differenziert und beziehungsfähig.
2. Für eine optimale frühkindliche Entwicklung in den sensorischen, neuromotorischen und kommunikativen Funktionsbereichen ist es auf den Austausch mit einer oder mehreren Bezugspersonen angewiesen.
3. In der vorsprachlichen Zeit sind Gefühle die wichtigste Ausdrucksform.
4. Wesentliche Schritte in der Persönlichkeitsentwicklung des Kleinkindes sind der Aufbau von Bindung und die Entwicklung von Autonomie.
5. Entwicklung verläuft in hohem Maße individuell unterschiedlich.

1 Was ist Entwicklung und wie läuft sie ab?

Wenn wir uns mit Entwicklung und Entwicklungsaufgaben beschäftigen, muss zunächst definiert werden, was „Entwicklung“ eigentlich ist: Ein psychisches Phänomen lässt sich immer dann unter dem Entwicklungsaspekt betrachten, wenn es sich über die Zeit (Lebenszeit) verändert (Oerter und Montada 2008, S. 17), d. h. Entwicklung ist zunächst einmal ganz allgemein „Veränderung in der Zeit“. Dabei ist zu berücksichtigen, dass es keinen spezifischen Weg der Entwicklung gibt, sondern dass Entwicklung ein höchst individueller Prozess ist, der multidirektional verläuft, d. h. sie kann viele unterschiedliche Richtungen einschlagen und es gibt zusätzlich eine große individuelle Variabilität zwischen den Menschen.

Weiterhin geschieht Entwicklung auf verschiedenen Dimensionen: im kognitiven, emotionalen, sozialen und körperlichen Bereich. Man kann diese Bereiche zwar getrennt betrachten, trotzdem hängen sie eng miteinander zusammen. So findet menschliche Entwicklung immer im sozialen Kontext statt und viele Untersuchungen weisen z. B. darauf hin, dass die kognitive Entwicklung eines positiven emotionalen Kontextes bedarf.

2 Wie findet frühkindliche Entwicklung statt, wie kommt es zu Veränderungen?

Entwicklung hat vielfältige Quellen, denen verschiedene Modelle und Erklärungen Rechnung tragen. Ein Modell ist das Konzept der Reifung. Mit Reifung ist die gengesteuerte Entfaltung biologischer Strukturen und Funktionen gemeint, die universell in einer Altersperiode und weitgehend ohne Lernen auftritt. Säuglinge werden mit einem umfangreichen Verhaltensrepertoire geboren, das nicht durch Lernen erklärt werden kann. Beispiele hierfür sind das universell auftretende Lächeln um die sechste Lebenswoche, das selbstständige Gehen um den 12./13. Lebensmonat oder die Fähigkeit zu Zwei-Wort-Sätzen um den 18. Lebensmonat. Reifung wird meist negativ definiert als Erwerb, der nicht auf Lernen, Erfahrung, Übung, Erziehung und Sozialisation zurückgeführt werden kann. Reifungsprozesse sind kontextbezogen, d. h. es muss die Möglichkeit gegeben sein, die Fähigkeit zu zeigen. Die Voraussetzungen für den Erwerb bestimmter Fähigkeiten sind erst mit einem bestimmten Reifestand gegeben. Zur rechten Zeit mit der „Sauberkeitserziehung" begonnen, gelingt sie mit wenig Aufwand. Versucht man es zu früh, ist es langwierig und zum Scheitern verurteilt. In diesem Zusammenhang ist ein weiterer wichtiger Begriff das aus der Biologie entlehnte Konzept der sensiblen Phasen. Sensible Phasen sind Zeitfenster, in denen Erfahrungen maximal positive oder negative Wirkungen haben. So ist heute bekannt, dass es eine sensible Phase für das Spracherlernen gibt. Diese Phase liegt im Alter zwischen achtzehn Monaten und vier Jahren. In dieser Periode können sogar mühelos mehrere Sprachen in ihrer ganzen grammatikalischen Komplexität parallel erlernt werden. Später ist das Sprachlernen erheblich mühsamer. Auch bezüglich der Ätiologie psychopathologischer Störungen geht man von dem Konzept der sensiblen Phase, d. h. der besonderen Verletzlichkeit während der frühen Kindheit aus: Emotionale Deprivation in dieser Phase hat dauerhafte Nachwirkungen im Erwachsenenalter. Das Gleiche gilt für körperliche oder kognitive Deprivationszustände.

Mit einem weiteren Entwicklungsmotor, der Erziehung und Sozialisation, ist all das gemeint, was das Kind in der Kultur, in der es aufwächst, lernen muss: Sitten, Gebräuche, Sprache, Symbole, Regeln des sozialen Umgangs, Funktion von Werkzeugen etc. Der Sozialisationsprozess erfolgt durch Anleitung, Anforderung, Information, Belehrung, Beobachtung, Nachahmung, durch Strafe und Belohnung und beteiligt an diesem Prozess sind zunächst die Familie und der Kindergarten bzw. Hort, später die Schule, Freunde, der Beruf, die Medien usw.

Lange Zeit ist nur der Einfluss der Umwelt, verkörpert durch die Eltern, auf die Kinder untersucht worden. Entwicklungspsychologische Forschung konnte aber den systemischen Ansatz bestätigen: Sozialisation im Sinne von Erziehung ist nicht einseitig: Auch kindliches Verhalten hat Einfluss auf die Eltern. So steuert das Baby z. B. durch Weinen oder Lächeln den Unmut oder das Wohlbehagen und damit die Stimmungslage der Eltern.

3 Das Konzept der Entwicklungsaufgaben

Die Entwicklungspsychologie hat für alle Altersstufen Entwicklungsaufgaben formuliert, die es zu bewältigen gilt. Was sind „Entwicklungsaufgaben"? Das Konzept der Entwicklungsaufgaben sieht Entwicklung als einen Lernprozess an, bei dem Fertigkeiten und Kompetenzen erworben werden müssen, die zur Bewältigung des Lebens in einer Gesellschaft notwendig sind. Es handelt sich hierbei um alterstypische Belastungen und Herausforderungen, die aus der biologischen Reifung, aus gesellschaftlichen und kulturellen Erwartungen entstehen (z. B. die Aufnahme in den Hort oder Kindergarten, die Sauberkeitserziehung, Tischmanieren als gesellschaftliche Erwartungen; dagegen das Lernen von Krabbeln oder Laufen als biologische Herausforderung).

Tabelle 1 stellt nicht nur wesentliche Entwicklungsaufgaben in Bezug auf die emotionale Entwicklung in der frühen Kindheit dar, sondern geht auch auf die entsprechenden entwicklungsadäquaten Reaktionen der erwachsenen Bezugspersonen ein und wird somit einer systemischen, d. h. einer Sichtweise der wechselseitigen Beeinflussung gerecht.

Tab. 1: Themen (Aufgabenbereiche) in der frühen Entwicklung (Waters und Sroufe 1983, S. 85).

Alter (in Monaten)	Thema (Aufgabenbereich)	Aufgabe der Bezugsperson
0– 3	physiologische Regulation	behutsame Pflegeroutinen
3– 6	Handhabung von Spannungen	sensitive, kooperative Interaktion
6–12	Aufbau einer effektiven Bindung (attachment)	Erreichbarkeit, Bereitschaft zu antworten
12–18	erfolgreiche Exploration	sicherer Bezugspunkt
18–30	Individuation (Autonomie)	nachhaltige Unterstützung
30–54	Handhaben von impulsiven Regungen, Geschlechtsrollenidentifikation, Beziehung zu Gleichaltrigen	klare Rollen und Werte, flexible Selbstkontrolle

4 Das Zusammenspiel kindlicher und elterlicher Kompetenzen: Eine differenzierte Interaktion

Die physiologische Regulation, d.h. der komplexe postnatale Anpassungsprozess und die Handhabung von Spannungen durch den Säugling, belegen eindrucksvoll, dass dieser keineswegs, wie lange Zeit angenommen, ein hilfloses, passives Wesen ist, sondern dass er vielmehr, obgleich abhängig von den Bezugspersonen, in der Lage ist, diese Anforderungen zu bewältigen.

Bereits bei viermonatigen Säuglingen lässt sich nachweisen, dass Emotionen und Motivation nicht nur vorhanden sind, sondern auch durch Lernen verändert werden können (Papousek und Papousek 1999, S. 139). So belohnte man Säuglinge für eine richtige Antwort auf ein bedingtes Signal hin mit Milch und zwar so viele Male, bis sie aufgrund der Sättigung die Belohnung ablehnten. Trotzdem reagierten sie weiterhin auf die Signale schnell, richtig und mit positiven Emotionen, verweigerten aber die Milch und wandten sich sogar angeekelt ab. Bei diesem Versuch wird deutlich, dass nicht nur die Milch als Belohnung einen motivierenden Effekt hatte, sondern dass auch die Freude am Erfolg als positive Motivation beteiligt war.

Auf das Verhalten der Säuglinge reagieren die Eltern mit „intuitiver, elterlicher Didaktik" (ebd., S. 149 ff.): Sie nehmen die Schlüsselreize der sich ständig neu entwickelnden kindlichen Fähigkeiten wahr und beantworten diese mit einer Vielfalt an unterstützenden Verhaltensformen. Die Eltern sind also Regulatoren der kindlichen Emotionen. Sie erfassen die Befindlichkeit und Interaktionsbereitschaft des Säuglings und stimmen ihr mimisches, gestisches und stimmliches Verhalten darauf ein. Besonders in unbekannten, beunruhigenden Situationen leitet die Bezugsperson den Säugling durch stimmliche und mimische Signale und gibt ihm dadurch Orientierung. Schon bei wenige Monate alten Säuglingen konnte nachgewiesen werden, dass diese sich in unbekannten Situationen durch Blickzuwendungen zur Mutter an dieser orientierten und diese nachahmten. Diese soziale Rückversicherung mit seinen emotionalen Komponenten spielt in allen frühen Entwicklungsphasen eine zentrale Rolle bei der Integration neuer Erfahrungen. Aber auch der umgekehrte Prozess findet statt: Der Säugling steuert und reguliert das elterliche Verhalten, indem er positive Rückkopplungssignale aussendet wie zum Beispiel Lächeln, Anschmiegen oder ruhige Vokalisation als Antwort auf elterliche Interventionen. Hiermit wirkt er als Quelle positiver emotionaler Erlebnisse bei den Eltern. Besonders das soziale Wiederlächeln (sechste Woche) stellt einen qualitativen Wendepunkt in der frühkindlichen emotionalen Entwicklung dar. Das Kind nimmt einen intensiven Blickkontakt auf und die Mimik des Partners wird zu einer wichtigen Informationsquelle über die emotionale Gestimmtheit des Gegenübers. Im Rahmen der Bindungstheorie wird das soziale Wiederlächeln des Säuglings als aktives Beziehungsherstellen und -vertiefen interpretiert. Da der Säugling eine physiologische Frühgeburt ist und zu einem Zeitpunkt sozialen Einflüssen ausgesetzt ist, wo er eigentlich von seiner biologischen Ausstattung her noch den intrauterinen Schutz brauchen würde, hilft das Beziehungsherstellen – evolutionsbiologisch gesehen – dem Säugling, sein Überleben zu sichern.

Indem die Eltern alles tun, um beim Säugling positive Emotionen wie zum Beispiel das Lächeln hervorzulocken, richten sie sich intuitiv an den Bedürfnissen des Kindes aus und fördern hiermit auch sein Lernverhalten, denn erfolgreiches Lernen geht mit positiven Emotionen einher.

Abgesehen von diesen Beeinflussungsfähigkeiten in Bezug auf andere, verfügt der Säugling aber über weitere Kompetenzen, nämlich über die Fähigkeit, bis zu einem gewissen Grad auch seine eigenen Emotionen zu beeinflussen bzw. zu regulieren.

Wenn auch der Säugling im ersten Lebensjahr seine Emotionen weitgehend interpsychisch reguliert, d. h. Adressat seines Emotionsausdrucks eine andere Person ist, so bestehen doch bereits emotionsauslösende Situationen, die er auch ohne Mithilfe der Bezugspersonen bewältigen kann. Erste Schritte in diese Richtung sind die Selbstberuhigungsstrategien des Säuglings. Hierzu zählen körperbezogene Selbstberuhigungsstrategien wie zum Beispiel Nuckeln am Daumen, Haare drehen oder Blickabwendungsbewegungen bei Müdigkeit, Frustrationen oder Angst. Waters und Sroufe (1983) bezeichnen diese Strategien als Handhabung von Spannungen (vgl. Tab. 1). Bereits Säuglinge unterscheiden sich voneinander hinsichtlich ihrer Fähigkeit, mit diesen Selbstberuhigungsstrategien Stresssituationen zu bewältigen.

5 Physische und psychische Abhängigkeit als Grundbeschaffenheit im ersten Lebensjahr

Der Veränderungsprozess von der interpsychischen zur intrapsychischen Bewältigung belastender Situationen ist ein bedeutsamer Entwicklungsschritt, der bereits im Säuglingsalter beginnt und sich durch die gesamte Kindheit zieht.

Die weitgehend interpsychischen Bewältigungsmechanismen der frühen Kindheit werden in dem von der Psychoanalyse entworfenen Modell der emotionalen Entwicklung als das prägende Erlebnis der Abhängigkeit bezeichnet. Hiernach besteht beim Säugling nicht nur die biologische Abhängigkeit von anderen, sondern darüber hinaus auch ein Abhängigkeitsbedürfnis, ein Wunsch nach Bindung. Nach der psychoanalytischen Neurosenlehre führt die Frustration dieser grundlegenden Abhängigkeitsbedürfnisse zu schweren Störungen im späteren Leben, die von Verlust- und Verlassenheitsängsten begleitet werden (Hoffmann und Hochapfel 2004, S. 23). Der Neopsychoanalytiker Erikson (1973) nennt als charakteristischen emotionalen Entwicklungsschritt für das erste Lebensjahr das Entstehen von Urvertrauen, welches aus dem Erleben von positiver Bindung entsteht. Die Befriedigung der psychischen Abhängigkeitsbedürfnisse und das Entstehen von Urvertrauen entwickeln sich durch die kontinuierliche Präsenz einer oder mehrerer emotional zugewandter Bezugspersonen und ihre interessierte und fürsorgliche Teilnahme am Geschick des Kindes. Waters und Sroufe (1983) meinen Ähnliches, wenn sie die Aufgaben der Bezugsperson mit den Begriffen „sensitive, kooperative Interaktion und Bereitschaft, auf den Säugling zu antworten", zusammenfassen (vgl. Tab. 1).

In der Mitte des ersten Lebensjahres tritt ein Phänomen auf, das als zweiter emotionaler Wendepunkt bezeichnet werden kann und welches das auffälligste emotionale Verhalten dieser Altersstufe ist: Das Fremdeln oder die Acht-Monats-Angst. Das Kind zeigt heftige Angstreaktionen beim Anblick von Fremden. Das Fremdeln offenbart auch kognitive Errungenschaften des Kindes: Das Kind hat die Fähigkeit, nicht anwesende, bekannte Personen im Gedächtnis zu speichern, was von Piaget mit Objektpermanenz bezeichnet wird und es kann weiterhin die Personen der Umwelt in vertraut und fremd klassifizieren. Im Wesentlichen spiegelt das Fremdeln aber die emotionale Beurteilung der Situation durch das Kind wider: Das Kind hat Angst vor dem Fremden, weil es zu der vertrauten Bezugsperson Bindung aufgebaut und Vertrauen entwickelt hat. Somit hat es einen wichtigen Entwicklungsschritt erfolgreich bewältigt, nämlich den Aufbau von Bindung.

6 Der Aufbau von Bindung

„Unter Bindung versteht man ein lang andauerndes affektives Band zu ganz bestimmten Personen, die nicht ohne weiteres auswechselbar sind, deren körperliche, psychische Nähe und Unterstützung gesucht wird, wenn z. B. Furcht, Trauer, Verunsicherung, Krankheit, Fremdheit usw. in einem Ausmaß erlebt werden, das nicht mehr selbständig regulierbar ist" (Seiffge-Krenke 2004, S. 60).

Bindung ist nicht eine Eigenschaft, sondern eine zwischenmenschliche Qualität, die von den Interaktionspartnern hergestellt wird. Bindung erfüllt das Bedürfnis des Kindes nach Nähe, sie bietet eine sichere Basis für das Neugierverhalten und für explorative Versuche; unter den Bedingungen von Gefahr bietet es eine Gewähr für Schutz, Trost und Unterstützung. Bindung ist das grundlegende Vertrauen in eine Person.

Als Vorläufer der Bindungsforschung können die Untersuchungen von Harlow (1958) und von Spitz (1965) bezeichnet werden, die sich experimentell mit den Auswirkungen von Mutterdeprivation beschäftigten.

In seinen berühmt gewordenen Experimenten untersuchte Harlow mutterlos aufgewachsene Rhesusaffen. Er konstruierte einen Testraum, in dem die Affen spielen und die Umgebung erkunden konnten. Wurden die Affen von der Mutter getrennt und in einen Maschendrahtkäfig gesetzt, starben diese innerhalb von fünf Tagen. Besser war das Wohlbefinden der Affen, wenn sich als Mutterattrappe ein Maschendrahtkegel, an dem eine Milchflasche gefestigt war, im Raum befand. War in einer weiteren Variation die Mutterattrappe mit Stoff überzogen, entwickelten sich die Affen zunächst normal. Harlow beobachtete nun in seinem Versuchsaufbau, der darin bestand, dass sich in dem Käfig eine „Plüschmutter" ohne Flasche und eine „Drahtmaschenmutter" mit Flasche befand, wie oft die Affenbabys schutz- und kontaktsuchend diese Mutterattrappen aufsuchten. Auf diese Weise stellte er die Kontakthäufigkeit fest, welche er als Maß für Bindung definierte. Im Ergebnis hielten sich die Affen fast immer bei der „Plüschmutter" auf, nur zum Hungerstillen wechselten sie zur „Drahtmutter". Der Forscher bezeichnete dieses Verhalten der Affen als „Kontaktbehaglichkeit" (anklammern, schaukeln, Blickkontakt). In angstauslösenden Situationen (ein lärmender Roboterbär wurde in den Käfig gestellt) flohen die Affen ebenfalls zu der Stoffattrappe und kuschelten sich an. Harlow als Lerntheoretiker glaubte, den idealen Mutterersatz erfunden zu haben, musste diese Ansicht aber revidieren, weil sich herausstellte, dass die mutterlos aufgewachsenen Affen sozial inkompetent waren: In ihrem Affenrudel kamen sie nicht zurecht und konnten sich sexuell nicht mit einem Partner verbinden. Befruchtete man sie künstlich, entpuppten sie sich als rabiate „Rabenmütter". Diese erschreckenden Phänomene konnten durch das Aufwachsen mit Gleichaltrigen unter den Versuchsbedingungen nur geringfügig abgemildert werden.

Wie sehen die Folgen dauerhafter Trennung von wichtigen Bezugspersonen bei Menschen aus? Hierzu geben uns Untersuchungen von Rene Spitz (1965) ersten Aufschluss, der die Auswirkungen des Aufwachsens im Heim auf Säuglinge und Kleinkinder untersuchte. Die Studien von Spitz erlauben Einblick in die Folgen der frühen Hospitalisierung. Spitz verglich Säuglinge in einem „Findelhaus" (die damalige Bezeichnung für ein Kinderheim), die von ihren Müttern weggegeben worden waren und auf ihre Adoption warteten, mit Säuglingen, die in einem Frauengefängnis aufwuchsen und dort von ihren Müttern stundenweise versorgt wurden. Die typischen Findelhäuser zeichneten sich zwar durch einwandfreie Hygiene und ausreichende Ernährung aus. Die Säuglinge waren aber in großen Schlafsälen in isolierten Glasboxen untergebracht und wurden durch ein vielköpfiges Kollektiv von Schwestern betreut. Diese konnten nur wenig Zeit auf jeden einzelnen Säugling verwenden und führten rasch und mechanisch die Pflegehandlungen durch. Spitz testete ein Jahr lang alle zwei Monate den Entwicklungsstand der Säuglinge. Die Ergebnisse zeigten bei den Findelhauskindern, die ihr erstes Lebensjahr in weitgehender Isolierung verbracht hatten, am Ende des ersten Lebensjahres einen Entwicklungsquotienten von 70, was einer Debilität entspricht. Die Gefängniskinder hatten einen Entwicklungsquotienten von 100, was dem Durchschnitt entspricht. Spitz stellte durch seine Längsschnittstudie fest, dass die kritische Periode, in der die Entwicklungsfortschritte der beiden Stichproben auseinander drifteten, zwischen dem sechsten und zehnten Monat lag. Dies ist die Zeit, in der sich die Beziehung zur Mutter bzw. zur Hauptbezugsperson entwickelt und festigt und der Säugling beim Anblick unvertrauter Personen fremdelt. Werden die Kinder während oder nach dieser Periode von ihren Bezugspersonen länger als drei Wochen getrennt, erleiden sie psychische Schäden.

Diese auf experimentellem Weg ermittelten Befunde über (un-)günstige Umweltbedingungen für die emotionale Entwicklung des Säuglings werden untermauert von der gegenwärtig aktuellen Bindungstheorie (u. a. Bowlby 1984, Spangler und Zimmermann 1995). Die Bindungstheorie verbindet als eine motivational-emotionale Entwicklungstheorie sowohl biologische und soziale als auch kognitive und emotionale Elemente miteinander. Sie geht von einem grundlegenden Bedürfnis des Kindes nach Geborgenheit, Kontakt und Liebe aus sowie der angeborenen Neigung auf Seiten des Säuglings, die Nähe einer vertrauten Person aufzusuchen. John Bowlby, der Vater der Bindungstheorie, hat Bindung als ein Primärbedürfnis definiert und phylogenetisch durch seine biologische Funktion erklärt, die darin besteht, dass dem Säugling durch die Nähe zur Bezugsperson Schutz vor Gefahren gewährt wird und Möglichkeiten zum Lernen geboten werden. Fühlt er sich also müde, krank, unsicher oder allein, werden Bindungsverhaltensweisen wie Lächeln, Schreien, Anklammern und Nachfolgen aktiviert mit dem Ziel, die Nähe zur vertrauten Person wiederherzustellen. Dieses Verhalten wird im Verlauf des ersten halben Lebensjahres immer spezifischer auf ein oder mehrere Bezugspersonen gerichtet.

Diesem ethologisch und funktional zweckgerichteten Bindungsverhaltenssystem (attachment) auf Seiten des Kindes entspricht auf der Seite des Erwachsenen komplementär das Fürsorgeverhalten (bonding).

Das Kleinkind aktiviert sein konkretes Bindungsverhalten nur in Alarmsituationen, zum Beispiel wenn die Bezugsperson weggeht, sich zu weit entfernt, die Bittsignale um Schutz abweist, die Situation unvertraut ist oder das Kind sich unwohl fühlt. Räumliche Nähe zur Bezugsperson oder körperlicher Kontakt beenden das Bindungsverhalten. Dem Bindungsverhalten ist komplementär das Erkundungssystem zugeordnet. Wenn das Kind sich bindungssicher fühlt, also kein Bindungsverhalten zeigt, dann wagt es sich weiter fort in den Raum, erkundet Gegenstände und Personen, oft mit Rückversicherungsblicken zur sicheren elterlichen Basis. Dieses Explorationsverhalten ermöglicht vielfältige Lernerfahrungen und fördert deshalb die kognitive Entwicklung. Das Bindungsverhaltenssystem entwickelt sich je nach Erfahrungen des Kindes mit seinen Bezugspersonen zu unterschiedlichen Bindungsqualitäten.

Doch wie stellt sich der Entwicklungsverlauf des Bindungsverhaltens zunächst dar? Das Kind entwickelt im ersten Lebensjahr in mehreren Etappen eine personenspezifische Bindung:

1. *Vorphase* (bis 3 Monate): Das Kind ist ohne Unterschied auf Personen sozial ansprechbar.
2. *Personenunterscheidende Ansprechbarkeit* (ab 4 Monate): Das Kind wendet seine Signale bevorzugt an bekannte Personen.
3. *Eigentliche Bindung* (ab 7/8 Monate): Das Kind kann sich (durch Krabbeln) in die Nähe der Person bringen (Lokomotion); es vermisst sie bei Abwesenheit,

weil es eine innere Vorstellung von der Person entwickelt hat (Objektpermanenz, Personenpermanenz).

4. *Zielkorrigierte Partnerschaft* (3 Jahre): Das Kind versucht je nach Situation das Verhalten der anderen zu beeinflussen.

Mit zunehmendem Alter bildet das Kind aufgrund seiner Erfahrungen mit seinen Bezugspersonen ein spezielles Bindungsmuster aus. Mit diesen unterschiedlichen Bindungsqualitäten hat sich zunächst Mary Ainsworth (2004), eine Schülerin von Bowlby, experimentell beschäftigt. Das von ihr entwickelte Standardexperiment provoziert ein „Mini-Drama", welches aus Trennung und Wiederkehr besteht. Die Beobachtung dieser systematisierten Situation erlaubt die Diagnose von Bindungsstrategien. Nach Ainsworth sind für die Einschätzung der Qualität der Bindung bei 1- bis 1,5-Jährigen zwei Verhaltensweisen des Kindes im Rahmen des Experiments maßgeblich: 1. Wie reagiert das Kind auf die kurze Trennung von der Bezugsperson und 2. Wie begrüßt das Kind die Bezugsperson bei der Rückkehr?

Folgendermaßen ist die Standard-Prozedur des „Fremde-Situations-Tests" zwischen Bezugsperson und dem 1- bis 2-jährigen Kind aufgebaut. Der Test besteht aus acht Episoden, von denen jede etwa drei Minuten dauert.

1. Bezugsperson und Kind betreten das Spielzimmer.
2. Sie akklimatisieren sich; das Kind hat Gelegenheit zur Erkundung.
3. Eine fremde Person betritt den Raum und nimmt zu beiden Kontakt auf.
4. Die Bezugsperson verlässt den Raum, die Fremde bleibt mit dem Kind zurück.
5. Die Bezugsperson kommt zurück, die Fremde geht.
6. Die Bezugsperson geht, das Kind bleibt alleine zurück.
7. Die Fremde kommt.
8. Die Bezugsperson kommt und die Fremde geht.

Anhand einer Klassifikation der Beobachtungen ließen sich drei verschiedene Bindungsqualitäten feststellen, die später noch um eine vierte ergänzt wurden:

Sichere Bindung (B-Kinder): Kinder dieser Gruppe suchen Nähe und Kontakt zur Bezugsperson und die Interaktion mit ihr. Das Kind zeigt intensives Bindungsverhalten, indem es Kummer, Protest und Suchverhalten bei Trennung von der Bezugsperson zeigt. Zur fremden Person verhalten sich die Kinder teils freundlich, teils distanziert, zur Bezugsperson aber in jedem Fall herzlicher. Bei Wiederkehr der Bezugsperson begrüßt das Kind diese freudig und möchte zu ihr wieder Nähe und Kontakt herstellen. Dieses Verhalten wird als angemessene Reaktion auf die Trennung von der geliebten Person bewertet und spiegelt eine positive und sichere Bindung zur Bezugsperson wider.

Unsicher-vermeidende Bindung (A- Kinder): Ein weiterer Modus ist die unsicher-vermeidende Bindung. Hier zeigt das Kind kaum Tendenzen, Nähe, Kontakt und Interaktion zur Bezugsperson herzustellen und aufrecht zu erhalten, vielmehr vermeidet es den Kontakt. Bei Wiederkehr der Bezugsperson ignoriert das Kind diese, meidet Körperkontakt oder wendet sich ab. In den Trennungssituationen wirkt es nicht bekümmert und lässt sich von der fremden Person trösten. Es hat die Tendenz, die Fremde fast wie die Bezugsperson zu behandeln.

Unsicher-ambivalente Bindung (C-Kinder): Bei der unsicher-ambivalenten Bindung sind starke emotionale Reaktionen bei Abwesenheit der Bezugsperson zu erkennen, sie sind wütend oder auffällig passiv. Kommt diese jedoch zurück, zeigen diese Kinder eine Mischung aus Kontakt und Kontakt-Widerstand. Sie sind ärgerlich und zwischen Nähe und Widerstand hin- und hergerissen.

Desorganisierte Bindung (D-Kinder): Im Fremde-Situations-Test fanden sich Kinder, die kein klar erkennbares Bindungsmuster aufwiesen. Sie waren nicht nur unsicher-vermeidend oder ambivalent gebunden, sondern zeigten darüber hinaus ein „desorganisiertes" Verhalten: Sie zeigten widersprüchliche Verhaltensmuster, ungerichtete, unterbrochene Bewegungsabläufe, stereotype Bewegungen, ein Einfrieren des Gesichtsausdrucks. Es kommt zu einem Zusammenbruch von Verhaltensstrategien.

7 Der Beitrag der Bezugsperson

Als entscheidenden Faktor für die Entstehung dieser unterschiedlichen Verhaltensmuster sieht die Entwicklungspsychologie Beziehungserfahrungen an, die das Kleinkind mit seinen Bezugspersonen gemacht hat. Die Beziehungserfahrung, welche als maßgebliche Determinante der mit einem Jahr festgestellten Bindungsqualität herausgestellt wird, ist die Feinfühligkeit der Bezugsperson hinsichtlich der Signale des Säuglings im ersten Lebensjahr.

Was bedeutet „Feinfühligkeit"? Aufgrund umfangreicher, sorgfältig protokollierter und analysierter Beobachtungen der Eltern-Kind-Interaktion in häuslicher Umgebung (Ainsworth 2004, Spangler und Zimmermann 1995) konnte nachgewiesen werden, dass das Ausmaß an Sensitivität oder Feinfühligkeit der Bezugsperson in der Interaktion mit ihrem Kind für die Entwicklung einer sicheren Bindung ausschlaggebend ist. Das Konzept der Sensitivität wird weit gefasst und beinhaltet die Fähigkeit zum Verstehen der kindlichen Signale, die realistische Wahrnehmung und Interpretation der kindlichen Äußerungen und die Bereitschaft zu prompter und angemessener Reaktion. Wichtig für die angemessene Reaktion ist nicht nur die realistische Interpretation der Signale des Kindes, sondern auch die Einfühlung in die Gefühle und Wünsche des Kindes. So kann die Bezugsperson beispielsweise den emotionalen Zustand des Kindes zwar angemessen erfassen, aber auf diesen unangemessen reagieren, weil sie sich nicht in das Kind einfühlen kann, seine Perspektive nicht übernehmen kann. Sie erfasst etwa, dass es dem Kind nicht gut geht, aber statt es auf den Arm zu nehmen und zu trösten, lacht sie es aus oder ignoriert es. Eine ausgeprägt unsensitive Bezugsperson wird von Ainsworth (2004, S. 114) als jemand beschrieben, der sich ausschließlich nach den eigenen Wünschen, Stimmungen und Aktivitäten richtet.

Interaktionen zum Kind sind hauptsächlich durch eigene Impulse motiviert, auf Signale des Kindes reagiert sie verzögert oder gar nicht. Eine sehr sensitive Bezugsperson dagegen ist gut eingestimmt auf die Signale des Kindes und beantwortet diese prompt und angemessen. Sie kann die Dinge aus der Sicht des Babys sehen. Die Wahrnehmung der Signale ist nicht durch die eigenen Bedürfnisse oder Abwehrhaltungen verzerrt. Sie erfüllt dem Baby seine Bedürfnisse; wenn sie es allerdings für besser hält, die Forderungen nicht zu erfüllen, bietet sie eine akzeptable Alternative an. Feinfühligkeit unterscheidet sich jedoch von Überbehütung, weil eigene Entwicklungsschritte nicht abgenommen werden. Die Bezugsperson macht Angebote, gibt aber nichts, nach dem nicht verlangt wurde. Dadurch wird die kindliche Autonomie geachtet.

Eine feinfühlige Bezugsperson kann sich auf die Individualität, das Temperament oder auf eventuelle Beeinträchtigungen des Babys einstellen. Feinfühligkeit beinhaltet also die Annahme des Kindes in seiner speziellen Eigenart und die Kooperation mit ihm. Untersuchungen zeigten, dass sich Säuglinge mit einem anfänglich schwierigen Temperament (z. B. sogenannte „Schreikinder") durch feinfühlige Interaktion umgänglicher entwickelten, anfangs umgängliche Säuglinge dagegen durch uneinfühlsame Versorgung schwierig wurden.

Zusammenfassend kann elterliche Feinfühligkeit durch vier Merkmale charakterisiert werden:

- Das Befinden des Säuglings wird wahrgenommen. Die Bezugsperson hat das Kind „im Blick".
- Die Äußerungen des Säuglings werden „richtig" interpretiert und nicht durch eigene Bedürfnisse gefärbt wahrgenommen.
- Die Reaktion auf das Bedürfnis des Säuglings ist „prompt". Dadurch kann der Säugling einen Zusammenhang zwischen seinem Verhalten und mütterlicher Handlung herstellen. Es wird ihm dadurch ein intensives Gefühl der eigenen Effektivität, der Selbstwirksamkeit vermittelt im Gegensatz zu Hilflosigkeitsgefühlen.
- Die Reaktion auf den Säugling ist „angemessen", d. h. er bekommt, was er braucht. Die Angemessenheit der elterlichen Reaktion verändert sich mit der Entwicklung des Kindes.

Bezugspersonen, deren Kinder im Test ein ambivalentes Verhalten zeigten, waren wenig einfühlsam und zeigten ein inkonsistentes Interaktionsverhalten. Wenn ihre Kinder bekümmert waren und Trost brauchten, konnten sie sich manchmal auf ihre Bedürfnisse einstellen, manchmal nicht. Häufig übertrieben sie den Trost, andere Male trösteten sie gar nicht. Ihr Verhalten war nicht vorhersehbar und stürzte die Kinder in Ungewissheit. Diese Kinder entwickelten aufgrund der Inkonsistenz der Eltern ein ambivalentes Verhältnis zu ihnen. Bei ihnen persistierten Bindungsbedürfnisse, wobei der Ärger über die unzureichende Befriedigung ausgedrückt wird. Die Eltern unsicher-vermeidender Kinder waren im Umgang mit dem Kind zurückweisend, sie trösteten also ihr Kind nicht, wenn es Trost brauchte, nahmen es nicht auf den Arm usw. Bei den D-Kindern zeigten Untersuchungen, dass desorganisiertes Verhalten in der fremden Situation in bis zu 80 % der Fälle auf Kindesmisshandlung zurückzuführen war. Die Eltern sicher gebundener Kinder reagierten konsistent und eindeutig auf die Bedürfnisse ihrer Kinder. So konnten diese Kinder verinnerlichte Erwartungen von der Zuverlässigkeit und Zugänglichkeit dieser Person entwickeln. Zusammengefasst kann festgehalten werden:

- Reagiert die Bezugsperson prompt und angemessen, wird das Kind sicher gebunden sein.
- Reagiert die Bezugsperson zurückweisend auf die Bindungsbedürfnisse, entwickelt das Kind einen unsicher-vermeidenden Bindungsstil.
- Reagiert die Bezugsperson inkonsistent und wenig vorhersehbar, entwickelt das Kind eine unsicher-ambivalente Bindung.

Das Modell der Bindungstheorie geht davon aus, dass das Kind aufgrund seiner ersten Bindungserfahrungen ein inneres Bild von Bindung aufbaut. Dieses beinhaltet Vorstellungen über sich selbst, den eigenen Selbstwert und die Einschätzung der eigenen Kompetenzen, emotional beanspruchende Situationen zu lösen. Nichts anderes meint die Psychoanalyse, wenn sie die bereits erwähnte Bedeutung der Befriedigung der Abhängigkeitsbedürfnisse des Säuglings und die Entwicklung von Urvertrauen als wesentlich für die spätere Lebensgestaltung betont. So baut eine weitere Entwicklungsaufgabe (vgl. Tab. 1) auf einen gelungenen Bindungsaufbau auf, nämlich die im zweiten Lebensjahr beginnende Autonomieentwicklung: Erste Erprobungen des eigenen Willens äußern sich in dem zu beobachtenden sogenannten „Trotzverhalten“ und stellen einen wichtigen Schritt in der Persönlichkeitsentwicklung dar. Auch hier haben wir es wieder mit einem bedeutsamen Fortschritt in der menschlichen Selbststeuerung zu tun. Das Ich konstituiert sich in Konfrontation mit dem anderen und erreicht auf diesem Weg der Abgrenzung Identität. Dieser Entwicklungszeitraum ist geprägt von einer Auseinandersetzung mit aggressiven Bestrebungen und die Aufgabe des Kindes besteht darin, mit seinen aggressiven Regungen fertig zu werden. Eigenständigkeit gewinnt das Kind weiterhin, indem es sich mit großer Aktivität (Aggression von *aggredi* = auf etwas zugehen) der Umwelt zuwendet und diese exploriert. Inwieweit das Kind zur Exploration in der Lage ist, hängt davon ab, ob genügend emotionale Absicherung und Vertrauen in der vorausgegangenen Entwicklungsphase gewonnen wurde. Aus der Bindungsforschung wissen wir, dass sicher gebundene Kinder ein ausgeprägteres Explorationsverhalten zeigen als unsicher gebundene Kinder und auf diesem Weg auch mehr kognitive Erfahrungen machen können. Wird dieser erste Schritt der Autonomieentwicklung nicht erreicht, zum Beispiel durch zu restriktive Erziehungspraktiken, entsteht nach Erikson (1973) beim Kind ein Grundgefühl der Scham und des Zweifels, da seine Welterkundungen nicht positiv verstärkt werden, sondern vielmehr seine Misserfolge auf diesem Weg von den Eltern betont werden. Es muss die Aufgabe der Eltern sein, das Kind in seinem Entdeckungsstreben nachhaltig zu ermutigen und zu unterstützen.

Zahlreiche Längsschnittuntersuchungen haben ergeben, dass durch günstige Bindungserfahrungen beim Kind auch langfristig wichtige Grundlagen für die Entwicklung seiner Emotionsregulierung geschaffen werden. Diese wiederum ist wichtig für eine angemessene Bewältigung von Situationen, die emotionale Anforderungen stellen, wie etwa der Übergang in neue Lebenssituationen (Krippe, Kindergarten, Schule) oder die Aufnahme neuer sozialer Beziehungen. So konnten Studien zeigen, dass emotional sicher gebundene Kinder zum Beispiel weniger Anpassungsprobleme beim Eintritt in die Kinderkrippe zeigten als unsicher gebundene (z. B. Rottmann und Ziegenhein 1988). Auch im Kindergarten und der Schule gelang es diesen Kindern besser, ihre individuellen und sozialen Ressourcen zu nutzen und so Problemsituationen kompetenter zu lösen (vgl. zusammenfassend Dornes 2006).

Verinnerlichte Bindungserfahrungen sind recht stabil über die Zeit und sogar die spätere Wahl eines Partners erfolgt nach dem verinnerlichten Muster von Bindung. Ein weiterer Befund der Bindungsforschung ist auch, dass eben nicht die Quantität – wie über lange Zeit betont und als Argument gegen mütterliche Berufstätigkeit benutzt –, sondern die Qualität der Interaktion im ersten Lebensjahr entscheidend für die Beziehungsgestaltung und die Entwicklung von Bindung ist.

8 Was geschieht mit der Bindungsentwicklung bei Krippenkindern?

Lange Zeit bestand die Meinung, dass eine Krippenbetreuung die Mutter-Kind-Bindung beeinträchtigt. Repräsentative Studien haben dies nicht bestätigt. So konnte eine Studie an 1100 Kindern und ihren Familien zeigen, dass Krippenerfahrung als alleiniger Faktor in keinerlei Beziehung zur Bindungsqualität von 15 Monate alten Kleinkindern steht (NICHD Early Child Care Research Network 2005). Vielmehr ließ sich eine unsichere Bindung am ehesten aus geringer Sensitivität der Mutter in Verbindung mit einer pädagogisch schlechten Krippe vorhersagen. Deutsche Studien führten zu ähnlichen Ergebnissen (Rottmann und Ziegenhain 1988): Die Sensitivität der Mutter im Umgang mit ihrem dreimonatigen Säugling sagte die Bindungsqualität mit 12 und mit 21 Monaten gut voraus, der Krippenbesuch oder der Zeitpunkt des Beginns des Krippenbesuchs sagte nichts über die Bindungsqualität aus. Der Krippenbesuch beeinflusst also nicht die Bindung zwischen Mutter und Kind, wohl aber ist der umgekehrte Zusammenhang festgestellt worden, nämlich dass die Eingewöhnung in die Krippe von der bisherigen Mutter-Kind-Beziehung abhängt. So zeigten einjährige Kinder mit sicherer Bindung die geringsten Belastungswerte in der Eingewöhnungsphase (Ahnert und Rickert 2000).

Wenn also Kinder in Tagesbetreuung sich auch nicht anders entwickeln als Kinder ohne diese Erfahrung und Ahnert (2005, S. 17) weiterhin festgestellt hat, dass in Ostberlin aufgewachsene Kinder, die sich in Tagesbetreuung befanden, sogar etwas häufiger den Modus der sicheren Bindung aufwiesen als Kinder in Westberlin, die nicht in Tagesbetreuung waren, so wurden dennoch Bedingungen gefunden, welche das Wohlbefinden der Krippenkinder steigern und weiterhin Einfluss nehmen auf die Mutter-Kind-Beziehung: Wie die Bindungsforschung herausgefunden hat, ist soziale Nähe und Interaktion ein grundlegendes menschliches Bedürfnis und für die gesunde Entwicklung unerlässlich. Säuglinge und Kleinkinder benötigen also eine Betreuungssituation, in der die Betreuungspersonen soziale Nähe herstellen und Interaktion gestalten (Ahnert 2005, S. 33 ff.). Die Gruppenatmosphäre sollte also durch ein empathisches Erzieherverhalten bestimmt sein und die wichtigsten sozialen Bedürfnisse eines Kindes zum richtigen Zeitpunkt erfüllen. In der Frühphase des Kleinkindalters (bis 18 Monate) kann am besten durch dyadische Interaktionen auf Tempo und Informationsverarbeitung des Kindes eingegangen werden. Deshalb empfiehlt Ahnert (2005, S. 35) einen Betreuungsschlüssel von 1:3 bis 1:4, damit sich die Erzieher auf wenige Kinder konzentrieren können. Weiterhin kann die Qualität der Mutter-Kind-Beziehung durch die Art der Eingewöhnungszeit beeinflusst werden. So verschlechtert eine zu kurze Eingewöhnungszeit die Mutter-Kind-Beziehung, während von einer sanften Eingewöhnungszeit sowohl Mutter als auch Kind profitieren.

9 Die Rolle des Vaters als „andere" Bindungsperson

Die meisten Kleinkinder haben mehr als eine Bindungsperson. Es gibt häufig zwei Elternteile, Großeltern, andere Verwandte, ältere Geschwister oder eine Kinderfrau. Jedes Kleinkind bevorzugt aber eine bestimmte Bindungsperson, insbesondere, wenn es müde, krank oder ängstlich ist. Andere Bindungspersonen werden dann nur widerstrebend akzeptiert. Man spricht hier von einer „Hierarchie der Bindungspersonen". Ist der Vater regelmäßig anwesend und übernimmt Pflegefunktionen, lässt sich die Vater-Kind-Bindungsqualität ebenfalls im Fremde-Situations-Test erfassen. Im Gegensatz zu der Mutter-Kind-Interaktion kann aber die väterliche Feinfühligkeit im ersten Lebensjahr die Qualität der Vater-Kind-Bindung nicht vorhersagen. Einen größeren Einfluss auf die Vater-Kind-Bindungsqualität haben die Einstellung des Vaters zur Familie, seine Zufriedenheit in der Ehe und seine Bewertung seiner Rolle als Vater. Während also die mütterliche Feinfühligkeit im ersten Lebensjahr die Bindungsqualität im Fremde-Situations-Test vorhersagt, gilt dies nicht für die Vater-Kind-Bindungsqualität. Das Gesamtengagement des Vaters im ersten Lebensjahr des Kindes sagt seine Feinfühligkeit im Spiel im zweiten Lebensjahr voraus, aber nicht die Beziehungsqualität im Fremde-Situations-Test. Die Spielfeinfühligkeit des Vaters im zweiten Lebensjahr scheint die Vater-Kind-Beziehung besser abzubilden als das Verhalten im Fremde-Situations-Test. Auch die weitere emotionale und soziale Entwicklung wird von der Spielfeinfühligkeit des Vaters beeinflusst.

Längsschnittuntersuchungen zeigen, dass mütterliche Feinfühligkeit für das Bindungssystem des Säuglings im ersten Lebensjahr vorherrschend ist. Sie ermöglicht die Entwicklung von Vertrauen in die Zuwendungsbereitschaft anderer. Väterliche Spielfeinfühligkeit beeinflusst vornehmlich das Explorationssystem im zweiten Lebensjahr. Sie ermöglicht Vertrauen in die eigenen Fähigkeiten und Sicherheit bei Herausforderungen. Beide Eltern tragen also auf unterschiedliche Weise zur Sicherheit und zum Vertrauen des Kindes in andere bei, obwohl sie beide Funktionen feinfühlig übernehmen können. Allerdings muss erwähnt werden, dass sämtliche Ergebnisse dieser Forschungsfrage auf Untersuchungen an Familien beruhen, in denen die klassische Rollenverteilung herrscht: Der Vater ist viele Stunden außer Haus, die Mutter übernimmt die Kinderpflege. Ob ein gelebtes anderes Rollenmodell auch zu anderen Ergebnissen führen würde, kann zurzeit nicht beantwortet werden.

Literatur

Ahnert, L. et al. (2005): Bildung, Betreuung und Erziehung von Kindern unter sechs Jahren. München.

Ahnert, L. & Rickert, H. (2000): Belastungsreaktionen bei beginnender Tagesbetreuung aus der Sicht früher Mutter- Kind Bindung. In: Psychologie in Erziehung und Unterricht 47, 187–200.

Ainsworth, M. (2004): Ein ethologischer Zugang zur Persönlichkeitsentwicklung. In: Grossmann, K. & Grossmann, K.: Bindungen – das Gefüge psychischer Sicherheit, Stuttgart, 112–145.

Bowlby, J. (1984): Bindung. Frankfurt am Main.

Dornes, M. (2006): Die frühe Kindheit. Frankfurt am Main.

Erikson, E. (1973): Identität und Lebenszyklus. Frankfurt am Main.

Harlow, H. (1958): The nature of love. American Psychologist 13, 673–685.

Hoffmann, S. & Hochapfel, G. (2004): Neurosenlehre, Psychotherapeutische und Psychosomatische Medizin. Stuttgart.

NICHD Early child care research network (2005): Results from the NICHD study of early child care and youth development, New York.

Oerter, R. & Montada, L. (2008): Entwicklungspsychologie. München.

Papousek, H. & Papousek M. (1999): Symbolbildung, Emotionsregulierung und soziale Interaktion. In: W. Friedlmeier & M. Holodynski: Emotionale Entwicklung, Heidelberg, 135–155.

Rottmann, U. & Ziegenheim, U. (1988): Bindungsbeziehung und außerfamiliäre Tagesbetreuung im frühen Kindesalter. Unveröffentlichte Dissertation. Freie Universität Berlin.

Seiffge- Krenke, I. (2004): Psychotherapie und Entwicklungspsychologie. Berlin.

Spangler, G. & Zimmermann, P. (1995): Die Bindungstheorie. Stuttgart.

Spitz, R. (1965): The first year of life. New York.

Waters, E. & Sroufe, L. (1983): Social competences as a developmental construct, Developmental Review 3, 79–97.

„Doing-Gender" in der Elementarpädagogik. Eine Fallrekonstruktion zur Herstellung binärer Geschlechtlichkeit und pädagogische Konsequenzen für die Bildungsarbeit mit Kindern

Cornelia Giebeler

Ein anderer Blick auf die frühe Konstruktion von Geschlechtlichkeit in der Kita hat seine Tradition in der Schule des symbolischen Interaktionismus, in der Goffman (1994) bereits erste Ansätze zur Rekonstruktion von Geschlecht versucht hat. Verfangen in der jeweiligen eigenen Geschlechtlichkeit und den gesellschaftlichen Normierungen ist und bleibt es eine der schwierigsten Aufgaben, hier aus dem Gefangen-Sein in die Geschlechtlichkeit der Eigenkonstruktion auch des Forschers herauszutreten. Subjektive Eigentheorien versperren gerade den Pädagogen der Kindheit den Blick auf die Entstehung von Geschlechtlichkeit, die vor allem in der frühen Phase bis zu drei Jahren spannende Beobachtungen erlaubt. Die hier im Folgenden diskutierten Fallbeispiele entstammen einem Forschungsprojekt zur Kleinstkindpädagogik in Tageseinrichtungen für Kinder, durchgeführt in der „Kleinen Altersmischung", der Gruppenform, in der bis 2008 in NRW 15 Kinder von vier Monaten bis zu sechs Jahren zusammengefasst wurden (Giebeler 2002, 2006 a). Der hier publizierte und 2002 erstmalig in Ausbildungseinrichtungen und in der Lehre vorgetragene Vorschlag zum Umgang mit „Doing Gender" hat immer wieder gezeigt, dass die „andere" Denkweise von Geschlechtlichkeit großes Interesse hervorrief. Daher soll dieser Beitrag, der zeitgleich mit und in Veranstaltungen des Forschungsverbundes thematisiert wurde, in dieses Buch Eingang finden. Zunächst jedoch die Frage:

1 Was ist „Geschlecht"?

In der Kita sind wir damit konfrontiert, dass „Geschlechtsrollen" aus der Beobachterposition immer wieder als fest erlebt werden, dass wir es mit Prinzesssinnen und Rittern, mit Hexen und Zauberern, mit Puppen spielenden Mädchen und Häuser bauenden Jungen, mit klugen Harry Potters und neunmalschlauen Hermines zu tun haben. Geschlecht scheint nach wie vor eine unverrückbare Dualität in der menschlichen Erfahrung zu sein – jeder weiß, was sie ist oder er sein soll: Nämlich unzweideutig Mädchen oder Junge.

In den akademischen Diskursen der vergangenen Jahrzehnte jedoch hat sich hier ein tiefgreifender Wandel vollzogen: Es ist keineswegs mehr so klar, wer wer ist, und auch nicht, wohin die pädagogische Reise in und mit der Körperlichkeit des Geschlechtes gehen soll. Seit langem fragen sich Wissenschaftler, ob nicht Geschlecht eine „Konstruktion" sei, etwas nicht biologisches, nicht kulturell oder sozial immer schon Existierendes, sondern etwas, das erst durch „Diskurse" oder „soziale Herstellungsprozesse" gemacht wird.

Und dafür gibt es eine Reihe von Gründen, die auch zu einer neuen Sicht auf die Möglichkeiten einer Geschlechtsbezogenen Pädagogik in Kindertagesstätten führen können und darüber hinaus auch die Fragen nach der Repräsentanz von Geschlecht in Tageseinrichtungen für Kinder aufwirft.

Seit Anfang der 1990er Jahre behaupten einige Autoren, die bekannteste von ihnen Judith Butler, dass Geschlecht etwas sei, das erst im Diskurs, also in Gesprächen über die Existenz von Geschlechtern entstehe. „Gender Trouble" hat die US-amerikanische Philosophin Judith Butler ihre Perspektive auf Grundannahmen und Strategien des Feminismus genannt und damit die Unterscheidung zwischen sex und gender und die Identitätspolitik des Feminismus auf einen neuen, anti-essentialistischen Weg gebracht (Butler 1991). Gleichzeitig hat die deutsche Debatte um die These von der sozialen Konstruktion der Zweigeschlechtlichkeit (Hagemann-White 1988, 1993, Gildemeister und Wetterer 1993) eine bis dato auch im Feminismus vorfindbare fundamentale Differenz der Geschlechter in Frage gestellt und als „Doing Gender" neu empirisch aufgearbeitet. Theoretische Bezüge lassen sich einerseits in der Mikrosoziologie von Garfinkel, Kessler und McKenna sowie Goffman (Goffmann 1994, Keller und McKenna 1978, Garfinkel 1967) finden, andererseits in den Versuchen der Frauenbewegungen, sich aus dem Käfig von Weiblichkeitszuschreibungen zu befreien, ohne dass jedoch die Frage nach der Leiblichkeit als trennende Kategorie grundsätzlich in Frage gestellt worden wäre. Mit Gender Troubles hat sie gezeigt, dass Geschlecht etwas ist, das unabhängig von einer „wirklichen", naturhaften biologischen Existenz hergestellt wird. Auch andere Autorinnen wie Hagemann-White und Bilden (Hagemann-White 1988, 1993, Bilden 1991) kommen zu der Erkenntnis, dass Geschlecht etwas sei, das erst „hergestellt" werde, indem während des miteinander Handelns erst festgelegt wird, wer „männlichen" und wer „weiblichen" Geschlechts sei. Erst die Art, wie wir Menschen wahrnehmen und sie in unserem Handeln als Mann oder Frau darstellen, schafft die heutige „Selbstverständlichkeit" der zwei Geschlechter, schafft die „Kulturelle Konstruktion der Zweigeschlechtlichkeit".

Diese seit Beginn der 1990er Jahre neuen Sichtweisen auf Geschlecht bilden seither eine Basis der hierauf aufbauenden Genderforschung, die seither die Konstruktionen von Geschlechtern in den Blick nimmt und damit der feministischen und Frauenforschung zwei neue Perspektiven verleiht – nämlich zum einen eine nicht-essentialistische Betrachtung von Geschlechtszugehörigkeit und zum anderen die Einbeziehung weiterer Geschlechter in den Diskurs. Diese theoretischen Überlegungen sollen uns hier insofern interessieren, als sie der pädagogischen Arbeit in der Kindertagesstätte neue Impulse gibt, um die Herstellungsprozesse von Geschlechtlichkeit in der frühen Kindheit zu rekonstruieren. Damit können die entstehenden Geschlechterrollen anders gesehen und alternative Handlungsformen entwickelt werden.

Selbst wenn Professionelle im pädagogischen Alltag ganz anders vorgehen möchten und gerade nicht die „typischen" Jungen- und Mädchenverhaltensweisen unterstützen möchten, bleiben sie doch der Dualität Mädchen – Junge verhaftet. Die so selbstverständliche Aufteilung der Menschen in zwei Geschlechter schafft auch in der Kita soziale Situationen, in denen es schwierig wird, eine andere Pädagogik zu entwickeln, die ähnliche Entfaltungsmöglichkeiten für alle Kinder ermöglicht. Ob wir wollen oder nicht, die Muster in zwei Geschlechtern wahrzunehmen sind tief verwurzelt, fast undenkbar ein Ansatz, der die Zweigeschlechtlichkeit nicht nur theoretisch, sondern auch in den Praxisvollzügen negiert.

Dies führt dazu, dass die Zuordnung von kleinen Menschen zu dem einen oder anderen Geschlecht auch von den Kindern bereits sehr früh vorgenommen wird und nur wenig Freiraum bleibt für das Ausprobieren von Verhaltensweisen, Kleidungs- und Körpergestaltung, die nicht der einen oder anderen Zuordnung von „typischem" Aussehen und Verhalten von Jungen oder Mädchen entsprechen. Mädchen, die so „sind wie Jungen", und Jungen, die sich „verhalten wie Mädchen", sind damit die „Ausnahme", sie haben es nicht leicht und Erziehungs- und Bildungsprozesse neigen selbstläufig zu korrektiven Interventionen, so dass sich diese „auffälligen" Verhaltensweisen verändern werden.

Auch wenn viele Pädagogen die geschlechtsspezifischen Muster nicht weitergeben wollen, bleibt es schwierig, aus dem Kreislauf der Zuschreibungen von dem, was Jungen oder Mädchen seien, zu entkommen. Zunächst kann hier eine Klärung der Begriffe weiterhelfen, die lange vor Butler bereits kritisch hinterfragt und differenziert wurden.

2 Sex und Gender: Biologische und kulturelle Konstruktion von Geschlecht

Bereits Ende der 60er Jahre hat Ann Oakley (1978) die amerikanischen Begriffe Sex und Gender in die Debatte eingeführt und damit die undifferenzierte Geschlechtsdefinition innerhalb der deutschen Sprache durch die Einführung der im englischen Sprachraum möglichen Differenziertheit durch die zwei Begriffe verändert.

Wir können in der deutschen Sprache nicht zwischen dem biologischen und dem sozial-kulturell geprägten Geschlecht unterscheiden: Deshalb benutzen wir hier seitdem die Unterscheidung von Sex = biologischem Geschlecht und Gender = kulturellem Geschlecht. Die Zweigeschlechtlichkeit wurde von Oakley als biologischer Tatbestand verstanden, in dem sich deutliche Unterschiede zwischen zwei Geschlechtern ausmachen lassen: The two sexes. Die daraus entstehenden sozialen und kulturellen Zuschreibungen, die historisch, gesellschaftlich und kulturell sehr unterschiedlich mit den Geschlechtern verbunden werden, werden folglich als „Gender", als kulturelles Geschlecht bezeichnet.

Allerdings stellte sich bei näherer Betrachtung schnell heraus, dass auch diese Differenzierung bei genauem Hinsehen nicht haltbar war: Auch die hier von Ann Oakley als feststehende Kategorie gedachte biologische Geschlechtsfestlegung „Sex" wurde bezogen auf die primären Geschlechtsorgane durchlässig:

Selbst die biologische Geschlechtlichkeit ist weder im *interkulturellen Vergleich* eindeutig festlegbar (Rösing 1995, Giebeler 2006) noch greift sie für die Fragen nach der *Transsexualität* (Garfinkel 1973, Hirschauer 1993, 1994).

Erkenntnisse der Endokrinologie besagen, dass sowohl die Gene als auch die hormonelle Verteilung und die Keimdrüsenentwicklung bei „Männern" und „Frauen" vorhanden sind. Sowohl eine penisähnliche Klitoris ist bekannt ebenso Männer mit weiblichen Keimdrüsen und weiblichen Hormonen.

Nach diesen Erkenntnissen könnten Geschlechter ebenso nach Lang- und Kurznasen definiert werden statt nach Penis und Uterus. Wer dieser Sichtweise folgen will, kann das Wort „Mann" oder „Frau" in der Folge im Grunde nur noch in Anführungszeichen in den Mund nehmen.

3 „Doing Gender" in der Elementarpädagogik

Aus vielen Untersuchungen – bereits 1984 zusammengestellt von Hagemann-White – wissen wir, dass „Jungen" und „Mädchen" über ein weitgehend identisches Verhaltensrepertoire verfügen, das lediglich unterschiedlich in der kulturellen Welt abgefragt wird (Hagemann-White 1984).

Es sind die vermittelten Normen und Erwartungen, die an Mädchen und Jungen gerichtet werden, die jeweils Unterschiedliches je nach „Sex" abrufen und dazu führen, dass Mädchen „weiblich" und Jungen „männlich" werden. Wie dies funktioniert, hat Marianne Grabucker bereits 1985 ausführlich geschildert (Grabucker 1985). Seit Mitte der 1990er Jahre wurden auch in Kindertagesstätten geschlechtsbezogene, emanzipatorische oder feministische Ansätze (u. a. Permien und Frank 2002) und seit jüngstem auch die institutionsbezogenen Methoden des Gender Mainstraming umgesetzt.

Zu diesen Fragen ist in den vergangenen Jahrzehnten viel gestritten, viel gearbeitet und ausprobiert worden. Allerdings verblieben die meisten Studien der binären Geschlechterordnung verhaftet, die theoretische Dekonstruktion der Zweigeschlechtlichkeit hat praktisch keine Wirkungen gezeigt. Gleichzeitig ist in den letzen Jahren das Thema Gender bzw. Frauen oder Feminismus noch einmal mehr und wieder randständig geworden – die meisten jungen „Frauen" sehen keine Notwendigkeit, sich mit dem Thema zu befassen, „Männer" noch weniger. Dies geht einher mit einer – aus meiner Wahrnehmung – immer seltener gewordenen Behandlung von geschlechts*pädagogischen* Fragen. Dies hat vielleicht auch mit dem Umstand zu tun, dass die – geschlechtsbinär verhaftete – Erfahrung immer wieder zeigt, dass „Rollenbilder" „Junge" und/oder „Mädchen" ähnlich geblieben sind, so sehr auch auf geschlechtsspezifische Gleichbehandlung oder Unterstützung der Mädchen oder Jungen geachtet worden ist.

In den 1990er Jahren ist sehr viel geschehen, um eine Sensibilität für Erziehungs- und Bildungsprozesse von Geschlechtern zu erreichen. Allerdings setzen hier die meisten Untersuchungen in der Grundschule an. Für den Kindergartenbereich, gar für die sensible Phase der Unter-3-Jährigen gibt es wenig an Konzepten oder gar Forschungen.

Auch wenn mittlerweile deutlich geworden ist, dass Angebote wie „Tischlern für Mädchen" und „Puppen für Jungen" nur einen begrenzten Erfolg haben können, scheinen diese Versuche immer wieder ausprobiert zu werden – mit begrenztem Erfolg. Zwar wissen wir aus den Koedukationsstudien der 1980er und 1990er Jahre, dass homogene Lerngruppen Mädchen wie Jungen in den Bereichen stärken, in denen sie qua Geschlechtszuordung eher weniger verortet sind, die Ansätze bleiben jedoch dem Konstrukt der Zweigeschlechtlichkeit verhaftet und finden hier keine „Zwischenräume". Sie eröffnen nicht die Möglichkeit des „Dazwischen-Seins", erlauben keine Fluidität, Transversalität und Neukonstruktion von Geschlecht, wie sie nach der Dekonstruktion von Zweigeschlechtlichkeit sich auch in pädagogischen Prozesse umsetzen lassen müssten.

Die Verhältnisse sind offensichtlich erheblich komplexer als zunächst vermutet und es steht bis heute aus, empirische Wege zu finden, die der dekonstruktiven Theorie eine praktikable Weiterführung in der Pädagogik ermöglicht.

Ein neuer Weg, den wir eingeschlagen haben, ist, danach Ausschau zu halten und zu analysieren, wie in jeder sozialen Interaktion „Geschlecht gemacht" wird, zu sehen, ob und wenn ja wie in jeder sozialen Welt der Begegnungen die Möglichkeiten der „Konstruktion von Geschlecht" genutzt und umgesetzt werden: Wie erschließt sich „Doing Gender" in der Kita?

„Doing Gender" ist ein Fachbegriff, der mit der Kritik an binärer Zweigeschlechtlichkeit für die Herstellungsprozesse von Geschlecht eingeführt wurde (Hagemann-White 1988, Gildemeister 1992a). Forschungen analysieren, wie das soziale oder kulturelle Geschlecht in einzelnen Interaktionen hergestellt wird. Geschlecht ist nicht einfach unwiederbringlich da, sondern wird immer neu und tagtäglich „gemacht". Darin enthalten ist die Perspektive, Geschlecht „anders" zu machen, neu zu gestalten und damit der binären Zuschreibungsordnung zu entkommen. Allerdings sind in diesem Ansatz der ethnomethodologischen Tradition die auf Dauer gestellten Strukturkonstellationen von Gesellschaften und ihre handlungsbegrenzenden Korsettagen nur wenig enthalten, so dass diese Perspektive aus der Sicht einer strukturanalytischen Soziologie relativiert werden muss. Dennoch: Wird dieser, mittlerweile weitgehend geteilte Ansatz des Doing Gender ernst genommen, heißt das, dass (theoretisch) auch alltäglich immer wieder neu ein anderes Geschlecht gemacht wird. Anders gesagt: Wenn die Konstruktionsroutinen von Geschlecht einmal durchschaut sind, lassen sich damit auch unerwünschte Konstruktionsprozesse verhindern und erwünschte neu gestalten. Dass Konstruktionen und Dekonstruktionen nicht alltäglichen Veränderungsmöglichkeiten unterliegen, hat mit der spezifischen Zusammensetzung aller sozialen Welten zu tun: Auch sie sind einem Institutionalisierungsprozess unterworfen, in dem Alltagsroutinen entwickelt, Normierungen und Alltagspraxen zu sozialen unzweifelhaften Selbstverständlichkeiten werden und damit ein festes System von Erwartungshaltungen und Response entsteht, das es verbietet, sich den Normierungen zu entziehen. Dies geschieht auch im Feld der Tageseinrichtungen für Kinder.

Im Rahmen des von mir von 1998 bis 2004 geleiteten Forschungsprojekts „Kleinstkindpädagogik in Tageseinrichtungen für Kinder" wurden auch geschlechtsbezogene Aspekte untersucht und in Interviews und Beobachtungen festgehalten.

Mit einer ganz unspektakulären Alltagssituation aus einer Feldforschung in der Kita möchte ich nun vorstellen, wie ich mit dem theoretischen Ansatz der Ethnomethodologie eine Alltagssituation in der Kita, in der Geschlecht gemacht wird, analysiert habe und welche Vorschläge sich daraus für ein pädagogisches Handeln ergeben. Der Ansatz entstammt der rekonstruktiven Sozialarbeitsforschung, mit dem auf unterschiedliche Weise fallanalytische Vorgehensweisen konzeptualisiert werden. Dem hier vorgeschlagenen Vorgehen liegt der Blick des Perspektivenwechsels in der Fallanalyse zugrunde (Giebeler 2007).

4 Fallanalyse: „Doing Gender" in einer Kinder-Pädagogen-Interaktion

Das Beispiel:

„Kurz nachdem wir auf dem Spielplatz ankamen, gab es einen Konflikt zwischen Florian und Eileen an der Wippe. Eileen saß darauf und Florian wollte darauf. Er bedrängte und schubste sie wortlos. Eileen fing an zu weinen, was von den ErzieherInnen auch bemerkt wurde. Sie schritten aber nicht ein, haben nur zu ihnen rübergerufen, das Florian Eileen nicht schubsen soll.

Florian schubste Eileen weiter, bis sie schließlich von der Wippe runterging. Sie weinte immer noch, ging zum Karussell, setzte sich weinend darauf und beruhigte sich nach kurzer Zeit von allein und spielte weiter" (aus: Kita 1999 2/7 – Beobachtungsprotokoll).

Diese Episode innerhalb der Falldarstellungen aus einem Tagebuch zur teilnehmenden Beobachtung in einer Kita betrachte ich hier unter dem Gesichtspunkt, welche Botschaft in dieser kurzen Interaktionssequenz an die beteiligten Kinder weitergegeben wird und was die Beteiligten in der Situation „lernen" bzw. erfahren. Es geht darum, in alltäglichen Begebenheiten im Kitaalltag Genderkonstruktionen zwischen Kindern und Pädagogen wahrzunehmen, zu analysieren und pädagogische Interventionen im Hinblick auf eine zu verändernde Praxis zu reflektieren.

Dabei ist die Vorgehensweise die Folgende:

1. Die Textanalyse anhand der Fragestellung: Was ist hier Thema?
2. Die Sequenzanalyse mit der Fragestellung: Wer erlebt hier was aus der jeweiligen Perspektive?
3. Die Analyse der Perspektiven mit der Fragestellung: Wer lernt hier was?
4. Die Interpretation der Sequenz aus der Perspektive der Kinder mit der Fragestellung: Was bedeutet das Gelernte auf der Folie geschlechterstereotyper Zuordnungen?

Die Ergebnisse können so festgehalten werden:

1. Zunächst stellen wir fest: Worum geht es hier? Was ist das „Thema" der Szene? Thema: Ein gleichaltriges Mädchen wird von einem Jungen von dem von ihr gewählten Spielgerät vertrieben. Sie sucht und findet eine alternative Spielmöglichkeit.
2. Die Sequenzanalyse: Wer erlebt hier was aus der jeweiligen Perspektive? Wir gehen die einzelnen Sequenzen der Szene durch und arbeiten heraus, was die beteiligte Eileen und was der beteiligte Florian an Erfahrungen mitnimmt. Dazu ist es notwendig, die jeweilige Perspektive, die Sichtweise und Erlebnisweise von Eileen und Florian getrennt und unterschieden wahrzunehmen. Für Florian ist in der gleichen Situation etwas anderes geschehen als für Eileen. Wenn wir beide Perspektiven zusammenstellen und untersuchen, was Florian und Eileen in der Situation lernen und erfahren, kommen wir auf folgende „Lernschritte":
3. Die Analyse der Perspektiven mit der Fragestellung: Wer lernt hier was?

   Eileen:
   - Eileen erfährt, dass in der Situation eine verbale Maßregelung gegenüber Florian ausgesprochen wird, der sich davon nicht beeindrucken lässt und fortfährt, sie von dem Spielgerät zu vertreiben.
   - Eileen lernt, dass ihre Tränen keine Reaktion bei dem Jungen und der Erzieherin hervorrufen.
   - Eileen lernt, dass sie den Platz zu räumen hat.
   - Sie lernt zu gehen, bevor sie sich eine „blutige Nase" holt.
   - Eileen lernt, dass sie mit ihren Tränen und der „Vertreibung" allein zurechtkommen kann.

   Florian:
   - Florian lernt, dass die körperliche Bedrängung ein Mittel ist, um eigene Interessen durchzusetzen.
   - Florian lernt, dass er verbale Ermahnungen durch die Erzieher nicht befolgen muss.
   - Florian lernt, die Tränen eines anderen Kindes zu ignorieren.
   - Florian lernt, sich Dinge ohne verbale Interaktion zu nehmen.

- Er lernt, den zuvor von dem Mädchen besetzten Raum zu erobern.
- Florian erhält negative Wertschätzung durch Beachtung.
  Diese Erfahrungen können von allen Kindern in der jeweiligen Rolle gemacht werden: Die Geschichte wäre auch in der vertauschten Rolle von Eileen als Schubserin und Florian als weinendes vertriebenes Kind denkbar. Doch löst allein die Vorstellung davon bei Erziehern wie bei Eltern ein Schmunzeln aus: Eine Umkehrung der Rollen durchbräche die erwarteten Geschlechterstereotype.

4. Die Interpretation der Sequenz aus der Perspektive der Kinder mit der Fragestellung: Was bedeutet das Gelernte auf der Folie geschlechterstereotyper Zuordnungen?

Bezogen auf unsere Geschlechtsthematik kann diese Fallszene aber auch so interpretiert werden, dass sich Erfahrungen wie diese in das Gedächtnis und die körperliche Erinnerung eines Kindes eingraben. Florian und Eileen haben eine Erfahrung mit ihren persönlichen Möglichkeiten bei der Besetzung von Raum und der Durchsetzung von Interessen gemacht. Dabei lernt Eileen, auszuweichen und alternative Möglichkeiten des Spiels zu suchen. Florian lernt, dass seine körperlich verdrängende Präsenz erfolgreich eingesetzt werden kann. Wiederholen sich diese Erfahrungen bei diesen Kindern zu „Erfahrungsaufschichtungen" im biographischen Verlauf, prägen sich erst hierdurch die sogenannten „typisch" männlichen und weiblichen Verhaltensweisen aus. Würde Eileen die Erfahrungsaufschichtungen zusammentragen wie sie Florian erlebt, und Florian umgekehrt die von Eileen, würde sich ebenfalls aus diesen Erlebnissen Verhalten verfestigen, ohne dass allerdings die Zuschreibung als eher typisch männlich oder eher typisch weiblich erfolgreich wäre. Gäbe es die zuschreibende Geschlechterstereotypisierungen nicht, wäre Eileen vielleicht ein Kind, das eine intelligente Lösung findet, um der Vertreibungssituation das Beste abzugewinnen, und Florian ein Kind, das gelernt hat, sich durchzusetzen und sich zu nehmen, was es will, und Mitgefühl, soziale Grenzen, verbale statt körperliche Auseinandersetzung und Kooperation noch lernen sollte. Dass diese Verhaltensweisen in der Begegnung jedoch ohne die Zuschreibungen an das jeweilige Geschlecht kaum wahrgenommen werden können, liegt an der kulturellen Zuschreibung, wie ein Junge und wie ein Mädchen zu sein haben und wie ihre geschlechts-„spezifische" Rolle zu definieren sei. Letztlich bleibt es gleich, ob die Zuschreibung erfolgt mit dem Wunsch, diesen Zustand zu verändern oder ob die Rollen festgeschrieben werden sollen, wie sie sind.

Durch diese ganz banalen unspektakulären alltäglichen Erfahrungen von Kindern werden die Kinder erst „männlich" und „weiblich", werden sie zu Jungen und Mädchen.

Im Sozialisationsverlauf können Kinder prinzipiell die gleichen Erfahrungen machen: Auch „Mädchen" setzen sich durch, nehmen weg, beißen und schubsen. Auch „Jungen" erfahren weggeschubst zu werden, nicht unterstützt zu werden, traurig zu sein und sich nicht behaupten zu können. Doch die Erwartungshaltungen von uns Erwachsenen, unsere eigenen bewussten und unbewussten Vorstellungen, von dem, wie sich Jungen und Mädchen zu verhalten hätten, um im Leben gut zurecht zu kommen, rufen dann das erwünschte Verhalten ab. Florian wird gelassen und Eileen nicht unterstützt.

Eileen lernt, dass es besser ist, besetzte Räume freizugeben, wenn jemand diese beansprucht, es gräbt sich in ihren Körper ein, sie hat die Erfahrung gemacht: Florian ist stärker. Florian kommt damit durch, sie von der Schaukel zu schubsen. Nun kommt es in Zukunft darauf an, ob auch sie mit diesem Verhalten, wenn sie ein anderes Kind von der Schaukel schubst, durchkommt oder ob nicht. Und es kommt darauf an, ob sie irgendwann die Botschaft erhält, dass Florian damit durchkommt, weil er ja ein Junge ist und somit unterschiedlich und diese Unterschiedlichkeit die Markierung unterschiedlicher Bewertungen des gleichen Verhaltens bedeutet.

Pädagogisch sinnvolle Reaktionen auf diese Situation, die Erfahrungsaufschichtungen zu geschlechtstypischem Verhalten mildern, gäbe es eine ganze Reihe. Doch zunächst muss die Bedeutung dieser und anderer sozialer Situationen im Kitaalltag deutlich werden. Es ist keineswegs gleichgültig, wie mit alltäglichen Verhaltensweisen in den Kitas umgegangen wird. Hier in der frühen Kindheit und der Vorschulzeit wird der Grundstein auch für die geschlechtsbezogene Persönlichkeitsentwicklung des Einzelnen gelegt. Damit liegt die alleinige Verantwortung für die Entwicklung der Kinder nicht bei den professionellen Pädagogen – aber sie sind ein wichtiger Puzzlestein auf dem Weg zu einer selbstbewussten Persönlichkeit, die ihre Identitätsentwicklung über alle Möglichkeiten der gesellschaftlichen Zuordnung von Geschlechtsstereotypien hinaus zu entfalten vermag.

5 Interventionsmöglichkeiten: Überlegungen zu „Undoing Gender"

Betrachten wir nun die Interaktionssequenzen mit den Erziehern. Die Beobachterin der Szene beschreibt, dass die Erzieher das Weinen von Eileen wahrnehmen. Sie beschreibt weiter, dass sie Florian auffordern, das Schubsen bleiben zu lassen, dass dieser jedoch dennoch Eileen durch Schubsen vertreibt. Auch diese Nicht-Intervention ist als Intervention zu werten – was wird hier den Kindern vermittelt?

Was hätten die Erzieher hier tun können? Letztlich bleiben diese Überlegungen einer Konzeption zum „Doing Gender" in Kindertagesstätten vorbehalten, doch einige denkbare Interventionsmöglichkeiten sollen genannt werden:

- hingehen,
- intervenieren,
- Grenzen deutlich machen,
- auf Gefühle hinweisen,

- Kooperationsabsprachen versuchen,
- das Schubsverbot als allgemeine – nicht nur auf Florian bezogene – Regel formulieren.

6 Umsetzung des „Doing Gender-Ansatzes" in der Elementarpädagogik

Wie zu Beginn dargestellt, gibt es keineswegs nur zwei Geschlechter auf dieser Erde. Auch im interkulturellen Vergleich stellen wir die Existenz der Definition von mehreren Geschlechtern in bestimmten Gesellschaften fest, die sozial konstruiert, akzeptiert und kulturell verankert sind. So sind die „Muxe" in Juchitán/Mexiko als drittes Geschlecht der Gesellschaft beschrieben worden (Giebeler 2002), die zehn Geschlechter von Amarete verweisen auf eine noch größere Vielfalt von geschlechtsbezogener Differenziertheit (Rösing 1995).

Doch nicht nur in fremden Kulturen, auch in unserer Gesellschaft werden Geschlechter „gemacht" – wir nennen diesen Prozess „Doing Gender". Ein wesentlicher Bestandteil des Doing Gender ist die fortlaufende (Wieder-)Herstellung von Macht- und Abhängigkeitsstrukturen und die Anerkennung derselben in der sozialen Welt. Dieser Prozess beginnt in der frühen Kindheit. Schon die Unter-3-Jährigen erfahren, dass sie für eine Vielzahl von Menschen in erster Linie „Mädchen" oder „Junge" sind und dass es einen Unterschied macht, als was sie bezeichnet werden.

Wenn der „Doing-Gender-Ansatz" für die Praxis der sozialpädagogischen Arbeit in Kindertagesstätten umgesetzt werden soll, heißt dies:

- Dass Konzeptionen entwickelt werden, die Alltagssituationen analysieren und professionelles Handeln auf diesen Analysen aufbauen.
- Dass personale Kompetenzen der Sensibilisierung gegenüber Geschlechterfragen trainiert werden.
- Dass theoretische Einsichten in die kulturelle Definition der Zweigeschlechtlichkeit vermittelt werden.
- Dass Handlungs- und Interventionsstrategien eingeübt und praktisch umgesetzt werden.

7 „Doing Gender" für die Zukunft

Wir alle möchten sicher, dass jedes Kind so viel an Neugierde befriedigen kann wie nur irgend möglich, alle denkbaren Erfahrungen mit dem eigenen Körper durchleben kann, alle Möglichkeiten des Kindseins erleben darf und vielleicht bis zum Alter von sieben Jahren auch die Erfahrungen machen darf, die Elschenbroich in ihrem Buch als neuen „Bildungs-Kanon" festgehalten hat.

Dazu gehört auch typisches Jungen- und Mädchenspielzeug zu kennen und nach der eigenen Meinung gefragt worden sein (Elschenbroich 2001). Damit erfragen wir die Erfahrungen von Kindern mit ihrer eigenen Geschlechtlichkeit: Wir gestalten nicht für sie, sondern erforschen mit ihnen.

Die neue Debatte um die Bildung im Elementarbereich bietet hier möglicherweise einen Ausweg: Wenn Kinder als Forscher und Experimentierer, als Erfinder und Künstler gesehen werden und die primären – wie auch immer ausgestalteten – Geschlechtsmerkmale nicht zu der Erwartungshaltung führen, dass die eine dies und der andere jenes zu tun hätte oder besser könnte, bestünde vielleicht eine neue Chance. Dies kann jedoch wohl nur gelingen, wenn die Konstruktionen des binären Geschlechts bereits früh als ausschließende Festlegung verlassen und neue Wege gefunden werden, die den Herstellungsprozess von zwei Geschlechtern in eine Vielfalt von geschlechtlichen Möglichkeiten umwandelt. Damit besteht auch die Chance, den permanenten Herstellungsprozess von Über- und Unterordnung über Geschlechtlichkeit zu verändern. Einbezogen werden müssen jeweils die übrigen querliegenden körperbezogenen Hierarchisierungsmittel wie Ethnisierung, Beeinträchtigung und Alter, die hier jedoch nicht mitthematisiert werden können.

Für die geschlechterbezogene Arbeit in Kindertageseinrichtungen heißt dies: Es geht darum, Fragen zur Geschlechtlichkeit zu stellen und keine vorschnellen Antworten bereit zu halten. Es geht darum, die Möglichkeiten der Kinderversammlung zu nutzen, Kinderparlamente einzurichten, die Bildungsbereiche zu thematisieren und dabei die Anliegen der Kinder ernsthaft in den Mittelpunkt zu stellen. Kinder können lernen, mit und ohne andere Geschlechter ihre Erlebnisse, Sorgen und Ideen in der Gruppe zu präsentieren, indem sie zuhören und den anderen kennenlernen und dabei die binäre Geschlechterordnung hinterfragen lernen. Dazu zum Abschluss eine weitere Beobachtung:

Wie bewerten Sie, wie gehen Sie mit folgender Situation um?

„Kevin (2 Jahre, 3 Monate alt) legte sich auf die Kuscheldecke und deckte sich zu. Mulan kam dazu, legte sich neben Kevin und sagte zu ihm ‚Schlafen'. Die beiden lagen dann nebeneinander unter einer Decke und lachten sich an. Kevin nannte Mulan ‚Mama Mulan', was er in weinendem Ton immer wieder zu ihm sagte. Daraufhin nahm Mulan Kevin in den Arm und tröstete sein ‚Baby', indem er sagte: ‚Baby nicht weinen'. Sobald Kevin nicht mehr ‚weinte' legte sich Mulan wieder neben ihn. Nach kurzer Zeit weinte Kevin wieder, wurde wieder von ‚Mama Mulan' getröstet usw. Dies spielten sie gut 30 Minuten" (aus Kita 7/5).

Literatur

Bilden, Helga (1991): Geschlechtsspezifische Sozialisation. In: Hurrelmann, Klaus/Ulrich, Dieter (Hrsg.): Neues Handbuch der Sozialisationsforschung. Weinheim/Basel, S. 279–301.

Butler, Judith (1991): Das Unbehagen der Geschlechter. Gender Studies. Frankfurt/M.

Elschenbroich, Donata (2001): Weltwissen der Siebenjährigen. Wie Kinder die Welt entdecken können. München.

Garfinkel, Harold (1967): Studien über die Routinegrundlagen von Alltagshandeln. In: Steinert, Heinz (Hg): Symbolische Interaktion. Arbeiten zu einer reflexiven Soziologie. Stuttgart, S. 280–293.

Giebeler, Cornelia (2007): Perspektivenwechsel in der Fallarbeit und Fallanalyse. In: Giebeler, Cornelia, u. a. (Hg): Fallanalyen und Fallstudien. Interdisziplinäre Beiträge zur Sozialarbeitsforschung. Leverkusen, S. 9–22.

Giebeler, Cornelia (2006): Die „Kleine Altersmischung NRW" als Modell für gelingende Kleinstkindpädagogik. In: Bertelsmannstiftung/Staatsinstitut für Frühpädagogik; „Wach, neugierig, klug – Kinder unter 3". Ein Medienpaket für Kitas, Tagespflege und Spielgruppen. Adaption des englischen Medienpakets „Birth to three matters", CD – Fachliche Zusatzinformationen, Praxisthemen. Gütersloh.

Giebeler, Cornelia (2002): Kleinstkinder in der Tagesstätte und was Erzieherinnen davon halten. Erste Ergebnisse einer Feldforschung als Beitrag zur Qualitätsentwicklung öffentlicher Kinderbetreuung. In: Zeitschrift für Supervision 1, S. 44–50.

Giebeler (2002): Frauen feiern Feste. Geschlechtliche Beziehungsgestaltung und Körperkultur in Juchitán, Hispanorama Nr. 96, S. 60–67.

Giebeler, Cornelia (1986): Feministische Gesellschaftsanalyse – eine kritische Einführung in die Debatten der Frauenbewegung zum Thema Arbeit und Geschlecht. In: Institut für Europäische Ethnologie (DGV), Rund um die Uhr – Frauenalltag in Stadt und Land. Marburg, S. 21–37.

Gildemeister, Regine (1992 a): Die soziale Konstruktion von Geschlechtlichkeit. In: Ostner, Ilona/ Lichtblau, Klaus (Hg.): Feministische Vernunftkritik. Ansätze und Traditionen. Frankfurt/M., New York, S. 220–239.

Gildemeister, Regine/Wetterer, Angelika (1992 b): Wie Geschlechter gemacht werden. Die soziale Konstruktion der Zweigeschlechtlichkeit und ihre Reifizierung in der Frauenforschung. In: Knapp, Gudrun-Axeli/Wetterer, Angelika (Hrsg.) (1995): Traditionen Brüche. Entwicklungen feministischer Theorie. Forum Frauenforschung Bd. 6, Freiburg i. Br., S. 201–254.

Goffman, Erving (1994): Das Arrangement der Geschlechter. In: Goffman, Erving (1994): Interaktion und Geschlecht. Hrsg. u. eingeleitet von Knoblauch, Hubert A. mit einem Nachwort von Kotthoff, Helga. Frankfurt/M., New York, S. 105–158.

Grabucker Marianne (1985): Typisch Mädchen – Ein Tagebuch. Frankfurt.

Hageman-White, Carol (1984): Sozialisation: Weiblich – männlich? Bd. 1 der Reihe Alltag und Biographie von Mädchen. Opladen.

Hageman-White, Carol (1988): Wir werden nicht zweigeschlechtlich geboren. In: Hageman-White, Carol/Rerrich, Maria (Hrsg.): FrauenMännerBilder. Männer und Männlichkeit in der feministischen Diskussion. Bd. 2 der Reihe Forum Frauenforschung. Bielefeld, S. 224–235.

Hageman-White, Carol (1993): Die Konstrukteure des Geschlechts auf frischer Tat ertappen? Methodische Konsequenzen einer theoretischen Einsicht. In: Feministische Studien. Kritik der Kategorie Geschlecht. 11. Jahrgang, Heft 2, 1993, S. 68–78.

Hirschauer, Stefan (1993): Die soziale Konstruktion der Transsexualität. Über die Medizin und den Geschlechtswechsel. Frankfurt a. M.

Hirschauer, Stefan (1994): Die soziale Fortpflanzung der Zweigeschlechtlichkeit. In: Kölner Zeitschrift für Soziologie und Sozialpsychologie. Heft Nr. 4, 1994, S. 668–692.

Kessler, Suzanne/McKenna, Wendy (1978): Gender. An Ethnometodological Approach. New York et. al.

Oakley, Ann (1978): Soziologie der Hausarbeit. Frankfurt a. M.

Permien, Hanna/Frank, Kerstin (1995): Schöne Mädchen – Starke Jungen? Gleichberechtigung: (k)ein Thema in Tageseinrichtungen für Schulkinder. Freiburg.

Rösing, Ina (1995): Die zehn Geschlechter von Amarete. In: E. Heinemann/G. Kraus (Hrsg.): „Geschlecht und Kultur". ISKA Nürnberg 1995.

Individuelle und begabungssensible Förderung von Kindern

Christa Hartmann

1 Begabungsförderung heute

Die individuelle Förderung jedes Kindes nach seinen Bedürfnissen und Fähigkeiten ist die Forderung der Bildungspolitik und der pädagogisch-psychologischen Forschung. Jedes Kind hat einen Anspruch auf individuelle, chancengerechte Förderung. So sieht es die Schulpolitik des Landes Nordrhein-Westfalen vor: „Ziel ist die Schaffung eines Schulwesens, in dem jedes Kind und jeder Jugendliche unabhängig von seiner Herkunft seine Chancen und Begabungen optimal nutzen und entfalten kann. Die individuelle Förderung aller Schülerinnen und Schüler ist zentrale Leitidee des Schulgesetzes" (Ministerium für Schule, Jugend und Kinder des Landes Nordrhein-Westfalen 2002). Es werden Handlungsfelder hervorgehoben, in denen diese spezielle individuelle Förderung auch mit Hilfe des Schulministeriums umgesetzt werden sollen, unter anderem auch auf dem Gebiet der „Besonderen Begabungen und Hochbegabung".

Doch wie sieht die Realität aus? Begabte, interessierte und kluge Kinder sind für Erwachsene eine Herausforderung. Nicht erst als Schulkind ist ein Anspruch auf Förderung gegeben, sondern auch bei jüngeren Kindern ist die besondere Begabung bereits existent. Die Kinder haben einen Entwicklungsvorsprung vor den Gleichaltrigen und Interessen und Neugierde, die sich auch auf ihre Persönlichkeit auswirken, sie sind doch irgendwie anders. Stapf (2003, S. 11) beschreibt dies folgendermaßen: „Klein- und Vorschulkinder, die sich mit ungewöhnlichen Themen intensiv beschäftigen, schwer zu beantwortende, durchaus sinnvolle Fragen stellen und brennend gerne Lesen und Rechnen wollen, unterscheiden sich von den anderen Kindern. Diese Vorlieben und Verhaltensweisen entsprechen in der Regel nicht den Erwartungen und Vorstellungen von Erwachsenen." So entsteht schnell die Situation, dass trotz des Anspruchs und Rufs nach individueller Förderung Erwachsene, speziell auch Pädagogen ihre Sicherheit und Professionalität verlieren, wenn sie mit einem „unerwartet" begabten und interessierten Kind konfrontiert werden.

Dieser Text wird sich im Schwerpunkt mit dem begabungssensiblen Umgang von Kindern mit intellektuellen Begabungen und Entwicklungsvorsprüngen beschäftigen. Kinder, die auf sportlichem, kreativem und musikalischem Gebiet über vorzügliche Begabungen verfügen und ebenfalls der Aufmerksamkeit und begleitenden Förderung bedürfen, werden in diesen Ausführungen nur indirekt berücksichtigt und in der Regel dann, wenn das intellektuell begabte Kind auch auf diesen Gebieten besondere Begabungen zeigt. Kombinationen aus den unterschiedlichsten Begabungen sind häufig zu beobachten.

2 Begabte Kinder schon im Kindergarten entdecken und fördern?

Die Notwendigkeit, aber auch die Möglichkeit, jüngere begabte Kinder zu fördern, wurde bereits von Urban (1992) erkannt. Er begleitete ein zukunftsweisendes, wissenschaftliches Modellprojekt, eine erste Gruppe für begabte Vorschulkinder 1987 in Hannover.

In den Erfahrungen im Umgang mit den jüngeren Kindern in diesem Modellprojekt fanden sich weitere Hinweise, dass begabte Kinder rechtzeitig erkannt und gefördert werden müssen. Ziel dieser präventiven Angebote war stets das Bemühen um die eigene, innere Zufriedenheit, die Stärkung von Selbstvertrauen und eine individuelle, glückliche Zukunftsperspektive der Kinder.

Die Persönlichkeit eines Kindes ist auch von seiner Begabung, die ganz unterschiedlich ausgeprägt sein kann, beeinflusst. Die intellektuelle Begabung beeinflusst das Verhalten des Kindes, es kommt zu Verhaltensbesonderheiten, mit denen die Umwelt angemessen umgehen muss. Die Art des Weltaneignungsprozesses sieht einfach anders aus.

Ein begabtes Kind nicht als solches zu erkennen, es nicht in seiner Persönlichkeit so wahrzunehmen und zu akzeptieren, wie es eben gerade auch aufgrund seiner Klugheit ist, grenzt an unterlassene Hilfeleistung. Die individuelle Förderung will ja genau diese Besonderheiten jedes Kindes unterstützen, also muss auch das besonders begabte Kind als solches erkannt werden.

3 Kennzeichen begabter Kinder

Ziel dieses Beitrags ist es, Menschen, die begabte Kinder begleiten und fördern wollen, eine spezielle Einstellung und damit Haltung zu diesen Kindern zu vermitteln, die für beide Seiten zu einer zufriedenstellenden Kooperation führt.

Es gibt keine Checklisten für begabte Kinder – aber es gibt einige Merkmale, die häufiger bei begabten Kindern zu finden sind. Diese Anzeichen für spezielle Begabungen, die für den intellektuellen Bereich zutreffen, sollten auf jeden Fall von Pädagogen erkannt werden.

Da ist häufig als wesentliches Merkmal ein deutlicher Entwicklungsvorsprung zu sehen, d. h. eine allgemein vorgezogene Entwicklung. Eine frühere Entwicklung insbesondere im intellektuellen Bereich, im Verhältnis zu den gleichaltrigen Kindern.

Dies kann sich auch auf das vorzeitige Laufen, Sprechen oder eine frühe Blickkontaktaufnahme, die Sauberkeitsentwicklung und ein präzises Erinnerungsvermögen beziehen.

Im Folgenden sollen einige der Erkennungsmerkmale, wie sie auch von anderen Autoren und Praktikern (Feger 1998, Stapf 2003) aus dem alltäglichen Umgang mit den Kindern geschildert werden, beschrieben werden.

Mit diesen besonderen Verhaltensmerkmalen soll auch eine Abgrenzung zu den durchschnittlichen Entwicklungsverläufen von Kindern getroffen werden. Bei vielen begabten Kindern lässt sich folgendes beobachten und erkennen:

Vorzügliche frühe sprachliche Entwicklung

Am Auffälligsten ist das sehr frühe Sprechen. Begabte Kinder sprechen oft schon vor dem ersten Lebensjahr. Sie sprechen in ganzen Sätzen und lassen häufig die sogenannte Kleinkindsprache, z. B. Einwortsätze, aus. Sie entwickeln sehr schnell einen umfangreichen Wortschatz und sprechen in grammatikalisch einwandfreier Weise. Je früher ein Kind sich sprachlich ausdrücken und verständigen kann, umso eher wird es mit der Umwelt, d. h. mit denjenigen, mit denen es kommunizieren kann, in Kontakt treten. Das Kind wird sich natürlicherweise nicht an den noch sprachlosen Gleichaltrigen orientieren, sondern es wendet sich folgerichtig an die Erwachsenen oder älteren Kinder. In diesem Fall verhält sich das Kind also sehr klug und sucht sich dort (Gesprächs-)Partner, wo es sich mit ihnen austauschen kann.

Dieses Verhalten der Kinder wird häufig kritisiert oder kommentiert, denn es wird als zu erwachsenenorientiert bewertet. Auch die Eltern dieser Kinder werden kritisch betrachtet und den Eltern wird unterstellt, dass sie sich zu sehr mit dem Kind beschäftigen, es auf Erwachsene fixiert und altklug ist. Es wird unterstellt, dass es zu selten mit anderen Kindern zusammen kommt. Das redegewandte Kind stellt seine Fähigkeiten gerne in Diskussionen mit den Erwachsenen dar. Dies wiederum ruft Überraschung und Erstaunen hervor und gipfelt in dem Eindruck, etwas sei nicht normal.

Neugierde und Wissen

Alle Kinder sind interessiert an ihrer Umwelt und wollen lernen, dies ist in der Natur der Menschen angelegt (vgl. Spitzer 2007). Bei begabten Kindern ist Neugierde und Wissbegierde in ganz außergewöhnlich hohem Maße ausgeprägt. Die Kinder beobachten unablässig, wollen alles begreifen (im wörtlichen Sinn), sich alles erklären lassen und vor allem alles verstehen. Weil die Kinder so ungeheuer neugierig sind, sind sie immer in Bewegung, sie sehen hier und da zu, sie laufen umher und sind, weil es immer etwas zu entdecken gibt, natürlich auch nicht still auf einem Fleck sitzend. Das heißt sie wirken lebhaft und unruhig, was schnell den

Verdacht aufkommen lässt, es handelt sich um hyperaktive Kinder. Aber begabte Kinder stillen auf diese Weise nur ihren Wissensdrang, denn man kann an ihnen auch beobachten, dass sie sich lang und ausdauernd konzentrieren können. Wenn sie etwas Spannendes und Interessantes für sich gefunden haben, dann sind sie oft stundenlang mit dieser Sache beschäftigt. So lange, bis sie wieder auf eine neue Frage stoßen, dann beginnt die Suche nach einer Antwort auf das Neue. Haben sie die Antwort auf ihre Frage gefunden, dann integrieren sie diese Antwort in ihren Wissensbestand, d. h. sie bauen Wissen und Bildung auf, sie werden immer klüger. Sie wissen häufig wesentlich früher als die Gleichaltrigen schon sehr viel und wirken damit, auf ihre am Durchschnitt der Entwicklung orientierte Umwelt, altklug.

Merkfähigkeit und Auffassungsgabe

Begabte Kinder merken sich die Antworten auf ihre Fragen. Sie überraschen die Erwachsenen damit, dass sie sich an Begebenheiten oder Orte erinnern, die diese schon lange wieder vergessen hatten. Es scheint so, als ob sie ein hervorragendes visuelles Gedächtnis hätten. Sie merken sich aber auch Geschichten die ihnen vorgelesen wurden ganz genau, so dass die Erwachsenen von ihnen korrigiert werden, wenn ein Wort in der Geschichte einmal anders vorgelesen oder etwas weggelassen wird. Im Alltag sieht das z. B. häufig so aus, dass begabte Kinder im Uno oder Memoryspielen nicht leicht zu besiegen sind. Ein Stuhlkreis, in dem immer die gleichen Rituale und Lieder gepflegt werden, ist für dieses Kind vielleicht eher langweilig und es wartet ungeduldig auf etwas Neues.

Logisch-analytisches und schlussfolgerndes Denken

Im Bereich des logischen und analytischen Denkens können bei begabten Kindern verschiedene Beobachtungen gemacht werden, die deutliche Hinweise auf ihre intellektuell überdurchschnittlichen Fähigkeiten geben. Die Kinder sind häufig begeistert von Spielen mit vorgegebenen Strategien, dies können Kartenspiele, Schach, „Vier Gewinnt" und all die anderen Spiele sein, die nach klaren Regeln aufgebaut sind. Die Kinder halten sich gerne an diese Regeln, können sie aber auch nach ihren Vorstellungen erweitern oder auf andere Spiele übertragen. Die Kinder sind dazu in der Lage, Regeln zu erkennen, sie abzuleiten oder in eine vernünftige Abfolge zu bringen, d. h. Dinge auch von Anfang bis zum Ende zu durchdenken.

Nicht selten ist bei begabten Kindern ein Hang zum systematisieren und ordnen zu beobachten. Buntstifte, Autos, Kuscheltiere sind nach Form, Farbe, Größe oder anderen Merkmalen sortiert. Die Kinder sammeln auch gerne bestimmte Dinge aus ihren jeweiligen Interessengebieten und legen dabei Wert auf Vollständigkeit. Leider bedeutet dieser Sinn für Ordnungssysteme nicht, dass jedes begabte Kind ordentlich ist und bereitwillig sein Kinderzimmer immer aufgeräumt hat, da viele Kinder ihre Ordnung nur auf ihre jeweiligen sie besonders interessierenden Bereiche übertragen. Hinsichtlich der Ursachen für dieses Sammeln, Systematisieren und Ordnen kann man zu verschiedenen Überlegungen kommen.

Ein Versuch der Erklärung könnte darin gesehen werden, dass diese Kinder von der Vielfalt der Eindrücke, die sie aufgrund ihrer hervorragenden Auffassungsgabe aufnehmen können, erdrückt würden. Es wird von den Kindern klugerweise Ordnung in ihrem angehäuften Wissen geschaffen.

Ehrgeiz und Perfektionismus

Viele begabte Kinder haben einen ihnen innewohnenden Ehrgeiz, eine intrinsische Motivation (Weinert 1998) zur Bewältigung selbst gestellter Ziele, Aufgaben und Anforderungen. Niemand hat ihnen vermittelt, wie den Eltern häufig unterstellt wird, sich diese schweren, viel zu hohen Aufgaben zu stellen. Es ist das Kind selbst, das sich überlegt hat, es will für sich jetzt genauso gut zeichnen, wie es im Buch abgebildet ist. Das Kind will die Zahlen so hinbekommen, dass sie perfekt aussehen. Es geht ins Schwimmbecken und will sofort schwimmen können. Dass Üben und Wiederholen Zwischenschritte zum Erfolg darstellen, ist den jüngeren Kindern noch nicht bekannt, sie sehen nur das Können der älteren Kinder oder Erwachsenen, an denen sie sich orientieren. Ehrgeiz und Perfektionismus der begabten Kinder können sich jetzt in die eine wie andere Richtung entwickeln.

Das eine Kind wird solange und ausdauernd üben, bis das Ergebnis seinen Vorstellungen entspricht. Der Erzieher wird eventuell der Auffassung sein, nun sei es aber zu viel mit dem immer neuen Ausprobieren, er glaubt, das Kind vor einer all zu großen Anstrengung schützen zu müssen.

Das andere Kind wird nach dem ersten Versuch sehen, dass das mit den Zahlen oder dem Schwimmen nicht sofort klappt. Die Fünf sieht überhaupt nicht aus wie im Buch und beim Schwimmen hat es ganz viel Wasser geschluckt – also kann es die Dinge nicht so gut und schnell erreichen, wie es seiner Vorstellung entspricht. Dieses begabte Kind beurteilt sein vermeidliches Unvermögen hart, es ist wütend, schreit und wirft alles in die Ecke. Nichts geht mehr, alle anderen können alles besser. Der wohlmeinende Erwachsene wird dem Kind sagen, es sei ja gar nicht so schlimm, das Kind müsse nur mehr üben, dann werden sich die Erfolge schon einstellen. Das begabte Kind, das diese Einwände hört, wird denken: „falsch", dieser Mensch versteht mich nicht, ich bin ganz schlecht, es ist alles ganz schrecklich und niemand versteht meinen Kummer. An diesen Stellen findet die Überleitung zum nächsten Persönlichkeitsmerkmal des Kindes statt, es ist seine hohe Sensibilität für den gerechten Umgang mit seinen, wie es findet, berechtigten Gefühlen. Auch wenn wir die Versagensängste des begabten Kindes für nicht gerechtfertigt halten, müssen Erwachsene sehen, dass das Kind diese Empfindungen hat, darunter leidet, sie müssen ernstgenommen werden.

Sensibilität und Gerechtigkeitssinn

Die hohe Aufnahmefähigkeit, das ungewöhnlich frühe Wissen und die genaue Beobachtung der Umwelt führen bei vielen begabten Kindern zu einem großen Maß an Sensibilität. Die Kinder stellen sich früh die philosophischen Fragen nach Leben und Tod, dem Unrecht in der Welt und nach religiösen Inhalten. Viele Familien beschreiben die Geräusch- und Geruchsempfindlichkeit des Kindes. Die Kinder beobachten sehr genau die Handlungs- und Beziehungsabläufe zwischen den anderen und nehmen häufig erst dann am Gruppengeschehen teil, wenn sie sich sicher sind, alle Abläufe verstanden zu haben. Dazu an anderer Stelle mehr, nämlich dort, wo es speziell um das Kind in der Kindergruppe geht.

Erwachsenen, Eltern wie Pädagogen, fällt der Umgang mit begabten Kindern oft dann nicht leicht, wenn sie mit dem ausgeprägten Gerechtigkeitssinn der Kinder konfrontiert werden. Es ist den Kindern außergewöhnlich wichtig, dass das einmal Gesagte oder Vereinbarte auch wirklich eingehalten wird und in der Kindergruppe z. B. auch für alle Kinder und an allen Tagen gilt. Wenn ein begabtes Kind der Erzieherin berichtet, dass ein anderes Kind verbotenerweise mit gerade weggeräumten Bauklötzen wirft, dann kann man der Auffassung sein, dass es petzt. Eine andere Sicht bekommt dieses Verhalten dann, wenn man erkennt, das Kind will nur helfen, die vereinbarten Regeln einzuhalten und es empfindet es als ungerecht und sein Gerechtigkeitsempfinden störend, dass andere Kinder dies nicht ebenso sehen.

Interesse an Zahlen, Buchstaben und besondere Wissensgebiete

Die sogenannten Papier- und Bleistiftaufgaben üben eine große Faszination auf viele begabte Kinder aus. Sie wollen schon ungewöhnlich früh ihren Drang zum Lernen damit stillen, dass sie Hefte und Bücher „bearbeiten“. Sie sind stolz, wenn sie zeigen können, was sie schon können und bemühen sich intensiv, den häufig selbst gestellten Anforderungen zu entsprechen oder sie übernehmen gerne von Älteren oder Erwachsenen eingeforderte Aufgaben, um beweisen zu können, dass sie dazu gehören und ernst genommen werden wollen.

Von der Umwelt oft erst später bemerkt, erlernen sie das Lesen ohne fremde Hilfe. Sie rechnen spielerisch im alltäglichen Leben aus, was wie viel kostet und sie interessieren sich für Alter, Geburtstage und freuen sich auf jede Möglichkeit von Zahlenspielen.

Die beschriebenen Besonderheiten begabter Kinder finden häufig ihren Ausdruck darin, dass die Kinder Interessengebiete oder Spezialwissen haben, das man von ihnen in diesem Alter überhaupt nicht erwartet. Elschenbroich (2000) beschreibt für die Siebenjährigen das Phänomen dieser ungewöhnlichen Interessengebiete, auf die die Umwelt ungläubig, aber Eltern eben auch stolz reagieren. Bei begabten Kindern sind diese Spezialgebiete, seien es Dinosaurier, Fossilien, Vulkane, Wale oder Stadt- und Fahrpläne, häufig schon viel früher zu beobachten.

Alle Kinder sollten ein Recht auf Begleitung dieser besonderen Lernbegeisterung haben, die sich häufig in Spezialgebieten zeigt.

Dies sind einige der Merkmale, die man häufiger bei begabten Kindern beobachten kann, es bedeutet aber nicht, dass ein Kind, das alle Merkmale erfüllt, automatisch begabt sein muss. Es gibt selbstverständlich auch begabte Kinder, bei denen nur einige dieser Kennzeichen zu finden sind, andere gar nicht oder in ganz anderer Ausprägung. Es wird zum Beispiel gelegentlich über ältere Kinder berichtet, die ganz offensichtlich begabt sind, dass sie erst ganz besonders spät das Sprechen erlernt hätten, dann allerdings sofort perfekt gesprochen hätten. Die Kinder hatten wahrscheinlich die selbst gewählte (perfektionistische) Vorstellung, man solle erst dann sprechen, wenn man es wirklich beherrscht.

Will man wirklich Gewissheit, ob dieses Kind begabt ist, dann muss man es einer professionell dafür ausgebildeten Fachkraft, in der Regel einem auf diese Thematik spezialisierten, erfahrenen Psychologen vorstellen.

4 Begabungsdiagnose als Teil geglückter Persönlichkeitsentwicklung

Wenn eine Aussage zum Stabilitätsmerkmal der Intelligenz schon im frühen Alter gemacht werden soll, sind viele Vorurteile zu überwinden und vielen selbsternannten Mahnern ist entgegen zu treten, die es geradezu für fahrlässig halten, Kinder vor dem sechsten Lebensjahr als begabt zu identifizieren. Es ist nicht das Anliegen, Kinder im Kindergartenalter als hochbegabt zu identifizieren und ihnen damit einen Lebensweg als Hochleister, mit ausgezeichneten Zeugnissen und Studienerfolgen auferlegen zu wollen. Die Feststellung der besonderen, hohen intellektuellen Begabung eines Kindes ist ein Faktor, der eher mit seiner Persönlichkeitsentwicklung und seinem Wohlbefinden als mit seinen Schulleistungen und seiner beruflichen Karriere, zu tun hat.

Bei einer vernünftigen Einstellung von Familie und Gesellschaft spricht nichts dagegen, Kinder zum Zeitpunkt ihrer ersten „Auffälligkeiten" zu testen. „Methodische Einwände bezüglich der Unzuverlässigkeit von Intelligenztestdiagnosen ... bereits bei Vier- oder Fünfjährigen sind nach empirischen Befunden bei hochbegabten Kindern weniger gravierend als allgemein erwartet" (z. B. von Casey und Quisenberry 1982). Entwicklungspsychologen plädieren deshalb eher für frühzeitige Begabungsdiagnosen. Dabei sind vor allem Argumente für eine „Optimierung individueller Sozialisationschancen" vorgetragen worden (Heller 2001, S. 35, vgl. auch Lehwald 1990 und Perleth 1993).

Sich dem zu verschließen, begabte Kinder eben als solche auch bei den ersten deutlichen Anzeichen zu erkennen – eventuell darauf zu setzen, dass sich dies schon wieder auswachsen wird –, kann fahrlässig sein. Nur weil Pädagogen und

Psychologen die Furcht vor einer eventuellen Etikettierung des Kindes – selbstverständlich durch andere – umtreibt, kann man nicht argumentieren, dass eine Diagnostik der besonderen Begabung erst für Schulkinder oder später gesichert möglich ist.

Dazu noch einmal Heller: „Eine als notwendig erkannte individuelle Entwicklungsförderung kann nicht von der Entscheidungsverantwortung des Klienten und/oder Sozialisations- bzw. Beratungsagenten dispensieren, selbst wenn dies der bequemere Weg für den Entscheidungsträger wäre" (Heller 2001, S. 35).

Wenn das begabte und interessierte Kind entdeckt worden ist, kann man seine besondere Persönlichkeit, mit den daraus resultierenden Verhaltensbesonderheiten, richtig zuordnen und entsprechend begabungssensibel damit umgehen.

5 Pädagogische Begleitung begabter Kinder

Jahrhunderte herrschte das Bild vom Kind als einem unfertigen Wesen, dem durch Erziehung diejenigen Fähigkeiten, Kenntnisse und Einstellungen beigebracht werden müssten, die es – aus der Sicht der Erwachsenen – zum Leben braucht. Das Kind als Zögling war das Leitbild der Pädagogik.

Seit Jahren wird daran gearbeitet, dass sich die Einsicht durchsetzt, dass Kinder von Beginn ihrer Existenz an eigenständig und selbsttätig lernen. Sie eignen sich die Welt von Tag zu Tag mehr an und erfahren, wie die Dinge um sie herum funktionieren, sich wiederholen und verändern. Das lernende Kind ist „Akteur seiner Selbst", es bildet sich selbst bzw. es ko-konstruiert seine eigene Welt, durch Selbsttätigkeit findet ein ganz eigener Weltaneignungsprozess statt.

Bildung entwickelt sich aus der subjektiven Weltaneignung und der Reflexion des Wahrgenommenen sowie der Systematisierung des Lernvorgangs. Die Subjektivität des Bildungsprozesses darf nicht in der Weise missverstanden werden, dass Kinder nicht der Anleitung bedürfen. Bildung entsteht zwar nirgendwo anders als im Menschen selbst, aber nicht aus sich heraus. Bildungsprozesse sind immer auch kommunikative Prozesse zwischen Kindern und zwischen Kindern und Erwachsenen. Bildung ist also ein kooperatives Produkt der zwischenmenschlichen Beziehungen.

Alle Menschen, zu denen Kinder besonders vertrauensvolle und dauerhafte Beziehungen haben, wie Eltern, Geschwister, Freunde und auch Erzieher, nehmen dabei eine wichtige Rolle ein, sie sind Vorbilder und Wertevermittler. Lust auf Lernen verspüren alle Kinder dann, wenn sie einem Vorbild nacheifern können, wenn sie positive Rückmeldungen bekommen, wenn sie Erfolge erleben und sie ermuntert werden, weiter zu machen. Für begabte Kinder trifft dies in ganz besonders intensiver Weise sowie in rasantem Tempo und einem bemerkenswerten Tiefgang zu. Erwachsene sind stets herausgefordert, den Kindern den Zugang zur Welt rechtzeitig, also für sehr junge Kinder schon sehr früh, zu ermöglichen. Ohne diese wegweisenden Erwachsenen bleiben viele Wege unentdeckt, enden in der Sackgasse oder ängstigen und überfordern begabte Kinder, die häufig sehr empfindsam und sensibel sind.

6 Die praktische Umsetzung am Beispiel der alltäglichen Betreuung in der Kindertagesstätte

Für eine begabungssensible pädagogische Arbeit sind fünf Aufgabenbereiche von besonderem Interesse. Die besten und schlüssigsten Anregungen aus allen pädagogischen Ansätzen sind dazu geprüft worden. Dies gilt insbesondere auch für einige wesentliche Elemente aus der Reggio-Pädagogik, die in den pädagogischen Alltag in der praktischen Arbeit mit begabten und interessierten Kindern umgesetzt wurden (vgl. Hartmann 2001). Die Erfahrungen aus dieser Arbeit werden im Folgenden in fünf Bereichen vorgestellt. Es sind die Vorstellungen und Haltungen zu den Kindern, das begleitende und entdeckende Lernen, die Projektarbeit, die materielle Dokumentation und der Pädagoge als neugieriger und kompetenter Begleiter des Kindes.

Vorstellungen vom begabten Kind

Das pädagogische Handeln der Erzieher, die mit begabten Kindern „arbeiten", sollte davon bestimmt sein, welche Vorstellungen sie genau von diesen Kindern, also welches Bild sie von begabten Kindern haben. Die philosophischen Gedanken, Ideen und Handlungen, wie sie sich auch aus Reggio-Pädagogik (vgl. Knauf et al. 2007, Dreier 2006) ergeben, sind bei der Entwicklung entsprechender erzieherischer Haltungen – als Verständigungsprozess über das Bild vom begabten Kind – ein ausgezeichneter Leitfaden gewesen. Dieser Verständigungsprozess über das Kind führt zu einem optimistischen Bild vom Kind. Das Kind ist ein Wesen, das sich aktiv mit seiner gegenständlichen und sozialen Welt auseinandersetzt. Es ist der Konstrukteur seiner Entwicklung und seines Wissens. Man geht davon aus, dass das Kind am besten weiß, was es braucht, und dieses auch mit Energie und Wissbegierde zur Vervollständigung seiner Kompetenzen verfolgt. Kinder verfügen über natürliche Gaben und Potentiale von ungeheurer Vielfalt und Vitalität. Aber das Kind wird keineswegs als ein in sich ruhendes Wesen betrachtet, sondern es entwickelt sich weiter, indem es neue Fähigkeiten dazu gewinnt und fortlaufend eine eigene Identität aufbaut. Das Kind wird gesehen als Träger seiner eigenen Kultur, in der sich Realitätssinn und Fantasieorientierung produktiv verknüpfen und eine wechselseitige Verbindung geschaffen wird.

Doch um Lebenskompetenz zu entwickeln und seine Begabungen entfalten zu können, braucht das Kind Ressourcen und Impulse. Das Kind braucht Erwachsene, die ihm Geborgenheit, Vertrauen und Zuneigung geben, aber auch Rückmeldungen, Handlungsanstöße, Freiräume. Es braucht Menschen, die mit ihm gemeinsam in Spiel, Handlungen und Projekten emotionale, soziale, sinnliche und gegenständliche Erfahrungen machen und über die Erfahrungen Deutungen austauschen. Das Kind braucht Gegenstände, die die Komplexität der Welt repräsentieren und die es dazu herausfordern, durch Experimentieren etwas von der Magie der Welt herauszubekommen.

Lernen als Erprobung von Annäherungen an Wahrheit

In der Praxis steht der Begriff Lernen für entdeckendes und begleitendes Lernen. Durch das Handeln im Spiel nimmt das Kind auf, verarbeitet und speichert Informationen. Ein Prozess, der bei begabten und interessierten Kindern sehr früh, parallel zur Sprachentwicklung einsetzt, der gefördert und unterstützt werden muss. Lernen ist nie fertiges, sondern nur vorläufiges Wissen, das immer wieder neuer Deutungen bedarf und sich ständig erweitert. Diesem Denken liegt ein konstruktivistisches Weltbild zu Grunde. In dem Forschungsprozess der Kinder geht es daher nicht vordergründig um den Erwerb des einen, richtigen Wissens, sondern um die Erprobung von Strategien zur Annäherung an Wahrheit.

Projekte als wichtige Impulsgeber

Kinder leben und lernen in Projekten mit ganz unterschiedlicher Zeitdauer. Projektthemen basieren auf dem authentischen Interesse oder konkreten Erleben der Kinder. Projekte sind etwas Alltägliches. Sie entwickeln sich aus Spielhandlungen, Gesprächen oder Beobachtungen der Kinder. In der Morgenversammlung kann über mögliche Projektthemen diskutiert und entschieden werden.

Natürlich können auch Erzieher verbal oder über mitgebrachte Gegenstände Impulse für Projekte vermitteln. Die Anzahl der Projektteilnehmer hängt allein von der Interessenbindung der Kinder ab. Die Zusammensetzung der Projektteilnehmer orientiert sich nach dem Interesse und, dies ist häufig zu beobachten, auch nach der Begabung der Kinder, es findet ein natürlicher Prozess des Zueinanderfindens ähnlich begabter Kinder statt.

Der Erfolg und die Dauer eines Projekts hängen entscheidend von den intrinsischen Interessen der Kinder an diesem Projekt ab, und die Beteiligung der Erwachsenen beschränkt sich häufig darauf, verstärkende oder bereichernde Impulse sowie Ressourcenbereitstellung zu betreiben.

Dokumentation des Erarbeiteten

Ein weiteres zentrales Element der Projektarbeit ist die konkret praktische, gegenständliche Dokumentation oder Präsentation, z. B. als großflächige Wanddokumentationen oder kopierbare Heftdokumentationen. Die Bestandteile der Dokumentationen sind sehr vielfältig, es können gegenständliche Kinderarbeiten,

Kinderäußerungen, Kinderfotos sein, die den Aktionsprozess darstellen, Überschriften, kurze Kommentare, Bemerkungen u. a. Die Erzieher und Kinder sind für die Gestaltung, d. h. auch die Materialauswahl der Dokumentation gemeinsam verantwortlich.

Begabte Kinder scheuen sich häufiger als andere Kinder zu dokumentieren, was sie erreicht oder eben in ihrem Verständnis eigentlich noch nicht gut genug erreicht haben. Ihr Perfektionismus und die hohe intrinsische Motivation stehen ihnen auch bei der Beendigung eines Projekts oft im Wege, nach ihrem Empfinden sind die Dinge nie gut genug. Durch das Dokumentieren lernen die Kinder, Schritt für Schritt, sich mit den eigenen hohen Ansprüchen auseinanderzusetzen und behutsam zu korrigieren.

Die Dokumentation verleiht dem Projektverlauf häufig eine Struktur, sie vermittelt den Kindern Wertschätzungen, Rückmeldungen, Anlässe, sich zu erinnern, und sie bietet natürlich auch Materialien zum späteren Vergleichen der eigenen Weiterentwicklung.

Rolle des Erziehers als Begleiter und Dialogpartner

Der Erzieher versteht sich als Begleiter und Dialogpartner der Kinder. Er betrachtet das handelnde und nachdenkende Kind als kompetent und autonom. Erziehung ist ein für sie von Erwachsenen und Kindern gemeinsam gestalteter und verantworteter Aktionsprozess. Der Erzieher und das Kind werden gleichermaßen zum Staunen, Nachdenken, Fragen stellen und Experimentieren herausgefordert. Der Erzieher schafft eine Atmosphäre des sozial emotionalen Wohlbefindens. Die Kinder fühlen sich angesprochen, können Ängste überwinden, eigentätig Spiel- und Projektthemen entwickeln. Der Erzieher soll ganzheitlich verstehend beobachten und zuhören können. Er soll das Kind nicht nur als intellektuelles Wesen sehen und so in Teilfunktionen zerlegen. Ebenfalls soll er Gestik, Mimik und Gefühle, d. h. ganz besonders die große Empfindsamkeit der Kinder einfühlsam wahrnehmen und interpretieren.

Begabte Kinder kommen mit großen Erwartungen in die Kindertagesstätte. Sie unterscheiden zwischen dem, was in der Familie geschieht, und dem, was die Institution Kindertagesstätte ihnen andererseits anbieten kann. Sie freuen sich auf die speziellen, andersartigen Angebote, die ihnen neues, interessantes Wissen vermitteln. Die Erzieher gehen auf diese Wünsche und Erwartungen der Kinder ein, und es werden besondere Angebote vorgestellt und die Kinder dürfen selbst auswählen, welches Angebot ihnen jetzt attraktiv erscheint. Dabei ergeben sich diese Angebote häufig aus den Projekten.

Was kann man für Kinder darüber hinaus tun, dies ist die Frage, die Erzieher sich stellen. Natürlich ist Zuhörenkönnen und Staunen die eine Seite, aber genauso müssen sie auch Impulse geben, die Kinder zum stetigen Weiterentwickeln und eigenständigem Denken herausfordern.

Kinder brauchen ihren eigenen Rhythmus und haben ein eigenes Zeitverständnis, das häufig nicht dem der Erwachsenen entspricht. Es ist ein wichtiger Aspekt, das kindliche Zeiterleben zu respektieren. Es ist nicht leicht, Kindern das kindliche Zeitgefühl zu lassen, ohne in eine hektische Betriebsamkeit zu verfallen. Es ist wieder die eigene Haltung des Erziehers, der prüfen muss, welchen Zeitbegriff er hat und ob man es wert ist, in der Weise verteidigt zu werden, wie man es bisher getan hat. Es ergibt keinen Sinn, Kinder bei einer hochkonzentrierten Beschäftigung etwa an sich immer weiter ausdehnenden Burganlagen zu unterbrechen, sie zu stören, nur weil jetzt der Gang nach draußen geplant ist. Gerade begabte Kinder können außergewöhnlich intensiv und ausdauernd, sehr kreativ und weltvergessen an einer Sache tüfteln. Die Erzieher, die ein Kind plötzlich und ohne ersichtlichen „guten" Grund unterbrechen, zerstören nicht nur ein Bauwerk, ein Projekt, eine verabredete Aktion, sondern auch Motivation und Konzentration, Planungsabsichten und Zeitgefühl sowie das Vertrauen des Kindes in das gerechte Handeln des Erziehers.

Nach den Vorstellungen des Begleitens, gemeinsamen Erforschens und Entdeckens zu arbeiten, bedeutet Partizipation, demokratische und soziale Teilhabe aller am Geschehen zu realisieren. D. h. Kinder erhalten Regeln und ethische Maßstäbe, nach denen eine Gemeinschaft nur funktioniert, wenn sie für alle verbindlich sind. Hier haben zum einen die Erzieher Vorbildfunktion, andererseits gibt es Vorgaben, die von den Erwachsenen gemacht werden. Es geht um Gerechtigkeit, Sinnhaftigkeit, Glaubwürdigkeit und Respekt im Denken und Handeln, um eigene, die Ziele eines anderen und/oder gemeinschaftliche Ziele zu erreichen.

Wenn ein Kind sich intensiv beschäftigt – arbeitet – kann sich das „Phänomen" der Konzentration einstellen. Konzentration ist ein Entwicklungsprodukt und kein Ergebnis von Erziehungsmethoden, so wie es von Montessori (2005) beschrieben wird. Wenn es beabsichtigt ist, dass Kindern die Möglichkeit von Gelassenheit, Ruhe und Konzentration vermittelt wird, dann sollte besser, sensibler beobachtet werden. Es ist möglich abzuwarten, bis das Spiel beendet, die Aufgabe erledigt oder durch das Kind unterbrochen wird. Auch für ein Lob soll das Spiel des Kindes nicht unterbrochen, die Konzentration missachtet, werden.

Kinder, besonders die intellektuell begabten, die alles hinterfragen, brauchen zur Entwicklung ihrer außergewöhnlichen Fähigkeiten alltäglich wiederkehrende nachvollziehbare, gerechte Strukturen zur Orientierung. Es ist in der Kindertagesstätte oder Schule eben nicht beliebig, wann man kommt und geht, ob ein Kind nie mit anderen in Gemeinschaft etwas erlebt oder immer nur streitet. Begabte Kinder fordern uns heraus, sie sind ganz besonders stark an der Durchsetzung ihrer, bei Kindern durchaus legitimen, eigenen Vorstellung interessiert. Es ist für die Erzieher durch ihre innere Haltungen zum Kind klar, welche Grenzen und Strukturen jetzt angemessen und hilfreich für das Kind sind und wo sie dem Kind andererseits eine unnötige Einengung seiner Selbstentfaltung aufzwingen. Begabte, sprachgewandte Kinder diskutieren gerne alles ausführlich, der Erwachsene muss darauf vorbereitet sein, wann er mitdiskutiert und wann ein Endpunkt gesetzt werden sollte.

Die Ausgewogenheit zwischen Freiraum und Schutzraum macht die Erzieher zu professionell handelnden Begleitern des Kindes, dem sie damit eine notwendige Orientierungshilfe zur Weltaneignung geben.

7 Der Weg zu einer professionellen Begleitung begabter Kinder

Zusammenfassend lässt sich feststellen, dass die folgenden Aspekte einen professionellen Umgang mit begabten Kindern in Kindertageseinrichtungen kennzeichnen:

1. Rechtzeitiges Erkennen der besonderen Interessen und Begabungen eines Kindes.
2. Angemessene, kindgerechte Bereitstellung von Förderangeboten in einem anregungsreichen Umfeld.
3. Auf die richtige Haltung der Erwachsenen zum begabten Kind kommt es als wichtigstes Kriterium an.

Jedes Kind soll entsprechend seinen Gaben und Fähigkeiten Förderung erfahren, dies richtet sich nach dem individuellen Entwicklungstempo jedes einzelnen Kindes. D. h. wenn begabte Kinder in ihrer geistigen Entwicklung deutlich weiter als die Gleichaltrigen sind, dann kann eine Gemeinschaft von gleich befähigten und gleich weit entwickelten Kindern ihnen ein Umfeld geben, in dem sie sich wohlfühlen. Sie sind nicht die bestaunten Außenseiter, sondern sie gehören dazu. Die Erfahrung, nicht dem Durchschnitt der anderen Kinder in der Entwicklung zu entsprechen, müssen viele begabte Kinder leidvoll in ihrer Umwelt machen, daher ist es für ihre Persönlichkeitsentwicklung und ihre seelische Gesundheit so wichtig, einmal – und sei ein auch nur in der kurzen Kindergartenzeit – von Menschen umgeben zu sein, die sie ohne Wenn und Aber verstehen.

Literatur

Dreier, A. (2006): Was tut der Wind wenn er nicht weht? Berlin.

Elschenbroich, D. (2000): Das Weltwissen der 7-jährigen. Weinheim.

Feger, B. & Prado, T. (1998): Hochbegabung. Darmstadt.

Heller, K. (Hrsg.) (2001): Hochbegabung im Kindes- und Jugendalter. Göttingen.

Hartmann, C. (2004): Förderung hochbegabter Kindergartenkinder – Reggio-Pädagogik in der Praxis. In: Fischer, C. (Hrsg.): Curriculum und Didaktik der Begabtenförderung. Münster.

Knauf, T. (2007): Handbuch Pädagogische Ansätze. Berlin.

Lehwald, G. (1990): Wissbegier und Explorationsverhalten bei Vorschul- und Schulkindern. In: Wieczerkowski, W. & Prado, T. (Hrsg.): Hochbegabte Mädchen. Bad Honnef, S. 81–92.

Ministerium für Schule, Jugend und Kinder des Landes Nordrhein-Westfalen (2002): Chancen 2002. Düsseldorf.

Montessori, M. (2005): Kinder sind anders. Freiburg.

Perleth, C. et al. (1993): Indicators of high ability in young children. In: Heller, K. (Hrsg.): International handbook of reseach an developement of giftedness and talent, Oxford, S. 283–310.

Spitzer, M. (2007): Lernen. München.
Stapf, A. (2003): Hochbegabte Kinder. Persönlichkeit Entwicklung Förderung. München.
Urban, K. (1992): Begabungsförderung im Vorschulalter. In: Hany, E. & Nickel, Ho.: Begabung und Hochbegabung, Bern, S. 159–169.
Weinert, F. E. (1998) Entwicklung im Kindesalter. Weinheim.

Zwischen Aufbruch und Abbau – Elementarpädagogik am Beginn des 21. Jahrhunderts

Helen Knauf

Widersprüchliche Entwicklungen und einander zunächst ausschließende Trends sind ein zentrales Merkmal der Moderne. Auch im Elementarbereich kann diese Entwicklung beobachtet werden: Im Zuge von Finanzknappheit schließen derzeit einige Träger ihre Kindertageseinrichtungen. Neue Gesetze (etwa das KiBiz in Nordrhein-Westfalen) vermitteln vielen Betroffenen den Eindruck, dass nun auf breiter Front der Rotstift angesetzt wird. Effizienz und Kosten-Nutzen-Denken haben nun auch im Elementarbereich Einzug gehalten. Gleichzeitig ist in der öffentlichen Diskussion eine echte Aufbruchsstimmung zu erleben: Der Ausbau der Kindertagesbetreuung wird von der Politik stark forciert. Gerade in der Folge internationaler Vergleichsstudien wie PISA ist die große Bedeutung der frühen Förderung und Bildung in den Fokus gerückt. Der starke Nachholbedarf Deutschlands in der Elementarbildung ist nun stärker ins gesellschaftliche Bewusstsein gekommen. In Erziehungswissenschaft und Psychologie schon seit langem diskutierte Forschungsergebnisse, die die Bedeutung der ersten Lebensjahre hervorheben, werden jetzt auch über die Disziplingrenzen hinaus wahrgenommen. Und schließlich hat auch das wachsende berufliche Engagement von Müttern zu einem steigenden Bedarf an außerfamiliärer Kinderbetreuung geführt. Dieses Zusammenwirken unterschiedlicher Entwicklungen führt aktuell zu einer „Entdeckung der frühen Jahre" (Kahl 2007). Vier allgemeine gesellschaftliche und politische Entwicklungen tragen zur „Entdeckung" maßgeblich bei:

1. Veränderung des Bildes von Kindern.
2. Neudefinition der Frauen- und Elternrolle.
3. Steigende Bildungs- und Qualitätsstandards.
4. Wachsende Aufmerksamkeit für angemessene Mittelverwendung.

Die derzeit beobachtbaren Innovationen in frühpädagogischer Theorie und Praxis sind als Konsequenzen aus diesen Entwicklungen zu sehen, dabei sind als sichtbare Konsequenzen zu nennen:

- Ausbau des Bildungs- und Betreuungsangebotes für Unter-6-Jährige insgesamt, vor allem ein Mehr an Ganztagesbetreuung.
- Ausbau von Frühförderung und Inklusionsansätzen.
- Ausbau von Betreuungskapazitäten für Unter-3-Jährige.
- Wachsende Zahl von Hochschulen, die sich mit Frühpädagogik im Zuge einer Professionalisierung befassen.

- Damit zusammenhängend eine Akademisierung des Erzieherberufs.
- Starke Verbreitung neuerer frühpädagogischer Ansätze.
- Bedeutungszunahme pädagogischer Diagnostik.
- Entwicklung neuer Betreuungsformen, z.B. mit flexibilisierten Öffnungszeiten.
- Veränderung von Mittelzuweisungen an Kindertageseinrichtungen.
- Steigende Zahl von Bildungsangeboten für Kleinkinder.
- Wachsende gesellschaftliche Akzeptanz außerfamiliärer Kinderbetreuung.

Die Anzeichen für den Bedeutungszuwachs des Elementarbereichs sind vielfältig. Im Folgenden sollen in mehreren Punkten wesentliche Aspekte der Entwicklung diskutiert werden. Die folgenden neun Punkte sind als Thesen zu verstehen, die durch ihre teilweise auch zugespitzte Argumentation eine angeregte Diskussion über Bildung, Betreuung und Erziehung von Kindern bis sechs Jahren provozieren sollen.

1 Ein demokratisches Leitbild von Erziehung setzt sich durch

Gesellschaftliche Rahmenbedingungen für das Aufwachsen von Kindern haben sich in den letzten Jahrzehnten deutlich gewandelt. Gestiegener Respekt gegenüber den Wünschen von Kindern, mehr Mitbestimmung von Kindern und die Erziehungsziele wie Selbstständigkeit und Persönlichkeitsentfaltung haben traditionelle Werte wie Disziplin und Gehorsam abgelöst. Auf der anderen Seite ist Kindheit geprägt durch eine sinkende familiäre Stabilität, Armut, Freizeitgestaltung mit Medien, wachsenden Konsum und Umweltgefährdungen. Diese Entwicklungen werden in der Erziehungswissenschaft durch den Begriff „Veränderte Kindheit“ zusammengefasst. Das Bild, das im gesellschaftlichen Diskurs von Kindern gezeichnet wird, changiert entsprechend zwischen den Polen „Manierenlose Egozentriker“ und „Opfer der Umstände“. Grundsätzlich hat sich aber die Vorstellung eines demokratischen Umgangs mit Kindern und unter Kindern als erzieherisches Leitbild durchgesetzt, wie ihn auch Hartmut von Hentig (1986) vertritt. Überkommene Vorstellungen von einer starken Autorität, die sich durch dominantes Führungsverhalten durchsetzt, werden zwar teilweise von den Medien gerne aufgenommen, etwa im Falle Bernhard Buebs, der nach der Veröffentlichung seines Buches „Lob der Disziplin“ (2006) von der Bildzeitung (zu Unrecht) als „Deutschlands strengster Lehrer“ tituliert wurde. Solche Affirmationen von Autorität sind jedoch weniger als neuer Trend zu sehen, sondern mehr als Versuche einer untergehenden Idee, sich noch einmal Gehör zu verschaffen. In einer demokratischen Gesellschaft besteht der zentrale Auftrag des Bildungs- und Erziehungssystems in der Erziehung zu Demokratie, wie Göthson verdeutlicht (vgl. den Beitrag von Göthson in diesem Band). Dieses Leitbild wirkt auch prägend auf die pädagogischen Ansätze, auf die sich die frühkindliche Bildungsarbeit bezieht. Die Einbeziehung des Kindes und die Würdigung seiner Individualität spielt in nahezu allen Ansätzen, die im Laufe des 20. Jahrhunderts entstanden sind, eine zentrale Rolle. Das gemeinsame Lernen und Forschen von Kindern und Erziehenden und die Bedeutung des Respekts gegenüber unterschiedlichsten Ausdrucksformen („100 Sprachen") stellt hier vor allem die Reggio-Pädagogik in den Vordergrund.

Respekt vor Individualität manifestiert sich auch in einem bewussten und dennoch nicht dramatisierenden Umgang mit der Kategorie Geschlecht: Kinder brauchen die Gelegenheit, sich auch unabhängig von und quer zu bestehenden Geschlechterrollen zu entfalten (vgl. den Beitrag von Giebeler in diesem Band).

2 Verbindung von Beruf und Familie ist/wird das neue gesellschaftliche Leitmodell

Noch in den 1980er und frühen 1990er Jahren galten berufstätige Mütter in Deutschland oft als „Rabenmütter", die eine angemessene Versorgung ihrer Kinder ihrem individualistischen Karrierestreben opferten. Diese Wahrnehmung hat sich deutlich verändert. In den gesellschaftlichen Leitmilieus (vgl. Sinus-Lebenswelten-Modell 2008) wird das Modell „Beruf und Familie" in Verbindung mit einer kooperativen Partnerschaftsdefinition von immer mehr Paaren gelebt. Deutlich wird dies etwa in der Studie „Kinder und Karrieren: die neuen Paare", die von der Bertelsmann-Stiftung durchgeführt wurde (Walther und Likoschat 2008). Die Studie arbeitet ein neu entstehendes Lebens- und Familienmodell heraus, in dem Paare gleichberechtigt ihren Beitrag in der Familie leisten und zugleich beide erfolgreich im Beruf tätig sind. Bei den in die Studie einbezogenen Paaren handelt es sich schwerpunktmäßig um gut qualifizierte Fach- und Führungskräfte. Es ist aber zu erwarten, dass das von ihnen gelebte Modell zunehmend auch von anderen Milieus aufgegriffen wird, so gehen auch Walther und Lukoschat von einem großen Veränderungspotential aus, das die von ihnen beschriebene Gruppe mit sich bringt. Auch die Bourdieusche Habitustheorie, nach der die Handlungsmodi der oberen Schichten mit einiger Zeitverzögerung auch handlungsleitend für andere Schichten sind, stützt diese Perspektive (Bourdieu 1970). Diese Entwicklung hat für die Entwicklung des Elementarbereichs tiefgreifende Folgen: Wenn immer mehr Frauen sich nicht mehr zwischen Familie und Beruf entscheiden, sondern beides haben wollen, brauchen sie Unterstützung von außen. Die Betreuung von Kindern durch Tagesmütter und Kindertageseinrichtungen wird vor diesem Hintergrund deutlich zunehmen, denn die Politik hat den sich seit bereits 30 Jahren abzeichnenden demographischen Wandel (sprich: Kindermangel) jetzt erkannt. Publikationen, die die Rückkehr von Frauen in ihre ausschließliche Rolle als Hausfrau und Mutter fordern (vgl. Herman 2006, Bolz 2006), sind hier eher als

„Nachwehen“ eines vergangenen Rollenmodells zu sehen und unterstützen in der Vehemenz ihres Auftretens eher die Vermutung, dass diese Vorstellung endgültig der Vergangenheit angehört.

3 Kooperatives Modell der Arbeitsteilung in der Familie erhöht die Bedeutung externer Betreuung

Die wachsende Erwerbsorientierung von Frauen führt vielfach auch innerhalb der Partnerschaften zu einer neuen Arbeitsteilung. Zwar tragen weiterhin Frauen den größeren Teil der Familienarbeit, aber zunehmend engagieren sich auch Männer intensiv bei Kinderbetreuung und Hausarbeit. Es entsteht ein kooperatives Arbeitsteilungsmodell, das nach dem Motto „Halbe-Halbe“ funktioniert. Doch wenn beide Partner (voll) erwerbstätig sind, dann führt dies auch zu einer wachsenden Notwendigkeit externer Betreuung. Schon jetzt zeichnet sich eine deutlich erhöhte Nachfrage ab: Die mit der Einführung des neuen Kindergartengesetzes in Nordrhein-Westfalen (KiBIZ) angenommenen Betreuungsbedarfe wurden deutlich unterschätzt – Eltern haben deutlich längere Beutreuungskontingente abgerufen als erwartet und deutlich mehr Eltern von Kindern unter drei Jahren haben ihre Kinder angemeldet. Die in den Leitmilieus sich abzeichnende Entwicklung hin zu mehr externer Kinderbetreuung setzt sich offenbar schon jetzt zunehmend auch in der breiten Mittelschicht durch.

4 Das im Elementarbereich entwickelte Bildungsverständnis hat Vorbild-Charakter für das gesamte Bildungssystem

Bildungsprozesse werden in der Frühpädagogik heute als Vorgänge gedeutet, bei denen Kinder weitgehend selbstständig Erfahrungen sammeln, Wissen aufnehmen, Kompetenzen erwerben – oder, wie Humboldt sagt, der Mensch soll „soviel Welt als möglich zu ergreifen und so eng, als er nur kann, mit sich zu verbinden“ suchen (Humboldt 1980, S. 235). Je nach Lesart spielt dabei die erwachsene Erziehungsperson eine größere Rolle (Ko-Konstruktion) oder tritt eher in den Hintergrund (Selbstbildung). Die Individualität des einzelnen Kindes, seine Aneignungsprozesse und Ausdrucksformen werden dabei in hohem Maße wahrgenommen, respektiert und im pädagogischen Handeln berücksichtigt. Dieses Bildungsverständnis kann in der Frühpädagogik auf eine lange Tradition zurückblicken (vgl. den Beitrag von Gerd Schäfer in diesem Band) und ist entsprechend eng mit der pädagogischen Praxis verbunden, wird also von Erziehern in ihrem Kindergartenalltag vielfach umgesetzt. Dieses differenzierte Verständnis von Bildungsprozessen treffen wir aber in den anderen Institutionen des Bildungswesens nur selten an. In der Schule herrscht trotz aller neueren (und weniger neuen) Erkenntnisse eine überkommene Belehrungspädagogik. Der schon in den 1960er Jahren identifizierte „Heimliche Lehrplan“ ist noch immer hoch wirksam: Kinder sollen vor allem lernen, sich still zu verhalten, Interesse zu heucheln und zwischen verschiedenen Unterrichtsthemen hin- und herzuspringen. Wäre es nicht in der Schule möglich, vom Kindergarten zu lernen? Bildungsprozesse stärker vom Kind aus zu denken, inhaltliche Zusammenhänge dort zuzulassen, wo sie hingehören und nicht, wo der Lehrplan sie vorsieht, die verschiedenen Ausdrucksformen und Lernstrategien von Kindern zu akzeptieren und einzubeziehen. Die Schule und das Schulsystem sehen sich immer noch der Idee verpflichtet, eine Selektionsfunktion zu erfüllen. Das mag den einzelnen Lehrer in seinem pädagogischen Handeln entschuldigen und macht im Kern auch den Unterschied von Schule zum Kindergarten aus. Wem die Beweise aus Skandinavien nicht schon ausreichen: Der Elementarbereich macht sehr deutlich, Bildung braucht keine Selektion. Es bleibt die Hoffnung, dass dieser Gedanke aus dem Elementarbereich auch das weitere Bildungssystem erreicht.

5 Vorbild Kita: Verbindung von Bildung und Dienstleistung wird auch im Schulwesen an Bedeutung gewinnen

In einem weiteren Bereich haben die frühpädagogischen Einrichtungen in den letzten Jahren eine Vorreiterrolle eingenommen: Bei der Übernahme einer deutlichen Entlastungsfunktion für Familien. Die Diskussion über Bildung im Kindergarten sollte nicht darüber hinwegtäuschen, dass die Betreuungsfunktion eine wesentliche Aufgabe von Kindergärten ist. Jüngste Entwicklungen, wie der Ausbau von Kindertageseinrichtungen zu Familienzentren (wie von Heide Marie Syassen in diesem Band beschrieben), bestätigen die wichtige Rolle als familienbegleitende und -entlastende Institution. Doch mit dem Schuleintritt der Kinder bricht diese Unterstützung bislang jäh ab. Der Aufbau von Ganztagsschulen in Deutschland geht voran, doch meist gibt es – wie im Konzept der Offenen Ganztagsschule – eine strikte Trennung zwischen Bildungsinhalten am Vormittag und sozialpädagogischer Betreuung am Nachmittag. Eine als Ganzes gedachte und an den familiären Erfordernissen orientierte Schule entpuppt sich oftmals als Illusion. Es gibt keinen Grund, warum Eltern mit Kindern im Schulalter auf einmal einen geringeren Betreuungsbedarf haben sollten als zuvor. Dieser Anspruch an Schule ist jedoch neu, versteht sich Schule doch nach wie vor schwerpunktmäßig als Ort der Vermittlung von Fachwissen. Hier ist ein Umdenkprozess notwendig, der zu einer differenzierteren Funktionsbestimmung von Schule führen muss und bei dem die Kindergärten eine orientierende Rolle übernehmen können.

6 Wettbewerb um die beste Qualität nimmt zu – die positiven Seiten des Marktes

Bei allen positiven Beurteilungen der Entwicklung des Elementarbereichs darf nicht übersehen werden, dass es auch hier noch Defizite gibt. Trotz umfangreicher Qualitätsentwicklungsprogramme und der Entwicklung von Bildungsplänen in den Bundesländern gibt es nach wie vor große qualitative Unterschiede zwischen den einzelnen Einrichtungen. Es ist wichtig, die einzelnen Einrichtungen stärker anzuspornen, noch besser zu werden. Angesichts geringer werdender Kinderzahlen wird in den nächsten Jahren für viele Einrichtungen ohnehin die Notwendigkeit bestehen, das eigene Angebot so attraktiv zu machen, dass Eltern sich für diese Einrichtung entscheiden. Doch auch diese Bemühungen können durch die politische Steuerung weiter unterstützt werden. In den Bundesländern wurden dazu bereits erste Anläufe unternommen, die aber jeweils mit Problemen behaftet sind und deshalb weiterentwickelt werden müssen. So ist etwa die Mittelzuweisung pro Kind und gebuchter Betreuungszeit in nordrhein-westfälischen Einrichtungen seit dem Kindergartenjahr 2008/2009 ein Schritt in diese Richtungen. Problematisch ist hier allerdings der aufgrund der engen Kopplung von Leistung und Budget geringe Planungshorizont, der unter den Mitarbeiter zu großen Unsicherheiten und unklaren Perspektiven für die Entwicklung der Einrichtungen führt. Auch das in Hamburg praktizierte Gutscheinmodell kann ein sinnvoller Weg sein, auch wenn es in der Umsetzung noch immer große Schwächen gibt. Diese Ansätze sollten weiterverfolgt werden, ermöglichen sie doch eine stärkere Bedarfsorientierung des Angebots, und das nicht nur in Hinblick auf die Betreuungszeit. Mit den Bildungsgutscheinen wird Eltern eine Währung an die Hand gegeben, mit der sie die in ihren Augen guten Einrichtungen unterstützen können. Das Problem in der bisherigen politischen Steuerung dieser aus meiner Sicht positiven Ansätze liegt darin, dass stets versucht wurde, sie mit dem Ziel, Geld einzusparen, zu verknüpfen (vgl. Punkt 8).

7 Glück für Eltern – Druck für Einrichtungen: Der „Markt" für frühkindliche Bildung entwickelt sich vom Verkäufer- zum Käufermarkt

Eine Marktsicht auf Bildung wird in Pädagogenkreisen weitgehend abgelehnt. Das ist historisch verständlich, verhindert jedoch eine klare Analyse. Eine bildungsökonomische Sicht hilft auch dem Elementarbereich, indem man genau beobachtet, was zurzeit insgesamt auf dem „Markt" der elementaren Bildung und Betreuung passiert: Das Angebot wächst, die Anzahl potentieller Nutzer nimmt ab. Die Abnahme liegt in der sinkenden Geburtenrate. Die wachsende Zahl von betreuten Kindern unter drei Jahren wird durch eine Vorverlagerung des Einschulungszeitpunktes ausgeglichen. Mit dem wachsenden Angebot und sinkenden Zahlen wird eine historische Wende erreicht, denn bisher waren Betreuungskapazitäten (besonders unter 3 Jahren und Ganztagesangebote) knapp, vor allem in Westdeutschland. Ökonomisch handelte es sich um einen Verkäufermarkt. D. h. die Einrichtungen werden nachgefragt und bestimmen die Preise, auch bei mäßiger Qualität. Schon Schwangere meldeten ihre noch nicht geborenen Kinder in Einrichtungen an. Eine vergleichbare Situation gab es auf den Märkten für materielle Güter (wie Autos) in den 1960er-Jahren. Jedoch führt das größere Angebot zu zunehmender Konkurrenz unter den Anbietern – unabhängig davon, ob es um Autos oder Kindergartenplätze geht. Es entwickelt sich ein Käufermarkt. Für materielle Produkte sind die meisten Märkte in der Überflussgesellschaft Käufermärkte geworden, für Bildung findet der Übergang von Verkäufer- zum Käufermarkt aktuell statt (wie auch bei anderen Themen ist der Elementarbereich hier Vorreiter für das Bildungssystem). Die Eltern überlegen sich sehr genau, welche Kita sie für ihr Kind wählen und für welche Kita sie ihren Gutschein opfern. Das ist zunächst paradiesisch für Eltern, setzt jedoch die Einrichtungen unter Zugzwang – ihr Alltag wird deutlich kompetitiver. Denn letztlich werden sich nur die qualitativ guten Einrichtungen am Markt etablieren. Und machen wir uns nichts vor: Das Internet schafft eine Markttransparenz, wie wir sie noch nie kannten, nicht nur für MP3-Player auch für die Qualität von Bildungseinrichtungen! Soweit die Analyse – wie man mit ihr umgeht, ist der nächste Schritt. Das System muss so gestaltet werden, dass es zwar Wettbewerb gibt, aber die Einrichtungen vor einem übermäßigen Druck geschützt werden. Denn in pädagogischen Einrichtungen sind keine Effizienzgewinne mittels Maschineneinsatz (und damit niedrige Preise) möglich, sondern hier erbringen qualifizierte Erzieher direkt Arbeit an den Kindern und dazu braucht es ein besonderes Maß an wettbewerbsfreiem Schutzraum. Insbesondere wenn die Ansprüche an Qualität und Bildung weiter steigen. Die Wirksamkeit von Marktgesetzen für den Elementarbereich ist an vielen Stellen schon Fakt, ganz unabhängig davon, ob wir dies begrüßen oder nicht. Wichtig ist es jetzt, diesen Markt so zu gestalten und zu steuern, dass er dem komplexen Gut Bildung gerecht wird.

8 Angleichung an den internationalen Standard: Die Akademisierung der Ausbildung für die Arbeit im Elementarbereich schreitet voran

Die Beiträge dieses Buches zeigen exemplarisch, welcher anspruchsvollen Aufgabe sich Einrichtungen des Elementarbereichs stellen (müssen). Etwa die hohen diagnostischen Kompetenzen, die ein angemessener Umgang mit begabten Kindern erfordert (vgl. den Beitrag von Christa Hartmann in diesem Band), das hohe Reflexionsvermögen, das zur Förderung von Resilienz notwendig ist (vgl. den Beitrag von Susanne Miller in diesem Band) oder die entwicklungspsychologischen Kenntnisse, wie sie die Betreuung Unter-3-Jähriger erfordert (vgl. den Beitrag von Annette Boeger in diesem Band), machen eine umfassende Qualifizierung des pädagogischen Personals in Kindertageseinrichtungen erforderlich. Vor dem Hintergrund dieser vielschichtigen Anforderungen, verwundert die wachsende Zahl frühpädagogischer Studiengänge an Fachhochschulen, aber auch an Universitäten nicht (vgl. König und Pasternack 2008). Die traditionelle Fachschulausbildung wird sicher nicht durchgängig durch ein Hochschulstudium ersetzt werden. Professionalisierung ist auch nicht allein durch eine akademische Ausbildung zu gewährleisten (vgl. Thole und Cloos 2006). Die Qualifikationsprofile der Mitarbeiter in Kitas werden aber in Zukunft vielfältiger und differenzierter sein. Dabei werden – auch im Zuge einer internationalen Angleichung – akademisch ausgebildete Pädagogen aber deutlich an Bedeutung gewinnen.

9 Finanzielle Ressourcen müssen wachsen

Dieser Abschnitt steht nicht am Ende des vorliegenden Textes, weil er randständig ist – im Gegenteil: Das Thema Geld steht am Ende, weil es quer zu den anderen bereits genannten Punkten steht, sie gleichsam wie ein roter Faden durchzieht. Der in den letzten Jahren forcierte Ausbau des Elementarbereichs betrifft sowohl eine qualitative als auch eine quantitative Dimension: Der gesellschaftliche Bedarf nach mehr Betreuungsplätzen für Kinder bis sechs Jahren und nach längeren Betreuungszeiten am Tag ist vorhanden, gleichzeitig wächst das Bewusstsein für die Notwendigkeit von Bildung von Anfang an. Diese doppelte Expansion wird nicht ohne zusätzliche finanzielle Ressourcen zu haben sein. Harold Göthson hat in seinem Beitrag für diesen Band deutlich gemacht, dass der in Schweden praktizierte einseitig quantitative Ausbau der Betreuungskapazitäten auf Kosten einer aus heutiger Sicht niedrigen Qualität stattgefunden hat. Diesen Fehler sollten wir in Deutschland nicht wiederholen. Viele neue Gesetze, so auch das KiBiz in NRW, verbinden einen neuen inhaltlichen Anspruch mit dem Versuch, Geld zu sparen.

Betreuungsschlüssel werden verschlechtert, niedrig qualifizierte Kräfte bevorzugt, Vor- und Nachbereitungszeiten gekürzt. Unter diesen Bedingungen ist ein so ambitioniertes Projekt wie der qualitative *und* quantitative Ausbau des Elementarbereichs nicht zu haben.

Literatur

Bolz, N. (2006): Die Helden der Familie. München.

Bourdieu, P. (1970): Zur Soziologie der symbolischen Formen. Frankfurt/Main.

Bueb, B. (2006: Lob der Disziplin: Eine Streitschrift.

Bundesministerium für Familie, Senioren, Frauen und Jugend (2006): Siebter Familienbericht. Familie zwischen Flexibilität und Verlässlichkeit – Perspektiven für eine lebenslaufbezogene Familienpolitik. Berlin.

Hentig, H. v. (1986): Die Sachen klären, die Menschen stärken. Ein Plädoyer für die Wiederherstellung der Aufklärung. Ditzingen.

Herman, E.: (2006): Das Eva-Prinzip: Für eine neue Weiblichkeit. München.

Humboldt, W. v. (1980): Werke in fünf Bänden. Band I. Darmstadt.

Kahl, R. (2007): Die Entdeckung der frühen Jahre. 2 DVDs: Die Initiative „McKinsey bildet" zur frühkindlichen Bildung. Archiv der Zukunft.

König, K. & Pasternack, P. (2008): elementar + professionell. Die Akademisierung der elementarpädagogischen Ausbildung in Deutschland. Mit einer Fallstudie: Der Studiengang „Erziehung und Bildung im Kindesalter" an der Alice Salomon Hochschule Berlin (HoF-Arbeitsbericht 5/08), Hrsg. vom Institut für Hochschulforschung (HoF) an der Martin-Luther-Universität Halle-Wittenberg. Wittenberg.

Sinus-Lebensewelt-Modell (2008): www.sinus-sociovision.de.

Thole, W. & Cloos, P. (2006): Akademisierung des Personals für das Handlungsfeld Pädagogik der Kindheit. Zur Implementierung kindheitspädagogischer Studiengänge an Universitäten. In: Diller, A. & Rauschenbach, Th. (Hrsg.): Reform oder Ende der Erzieherinnenausbildung? Beiträge zu einer kontroversen Fachdebatte. Wiesbaden.

Walther, K. & Lukoschat, H. (2008): Kinder und Karrieren. Die neuen Paare. Gütersloh.

Autorinnen und Autoren

Dr. Annette Boeger, Professorin für Entwicklungspsychologie an der Universität Duisburg-Essen.

Dr. Cornelia Giebeler, Professorin am Fachbereich Sozialwesen der Fachhochschule Bielefeld, Schwerpunkt u. a. Geschlechterforschung und Pädagogik der Kindheit.

Harold Göthson, Senior chair und International coordinator am Reggio-Emilia-Institut in Stockholm, Schweden.

Dr. Christel Hartmann, Leiterin des Bega-Instituts Bad Salzuflen.

Dr. Helen Knauf, Vertretungsprofessorin für Allgemeine Pädagogik an der Universität Vechta.

Dr. Susanne Miller, Professorin an der Fakultät für Erziehungswissenschaft/AG 3-Schultheorie mit dem Schwerpunkt Grund- und Förderschulen.

Dipl. Psych. Renate Niesel, Wissenschaftliche Referentin am Staatsinstitut für Frühpädagogik, München.

Dr. Gerd Schäfer, Professor für Frühe Kindheit und Familie am Institut für Bildungsphilosophie, Anthropologie und Pädagogik der Lebensspanne an der Universität zu Köln.

Dr. Elke Schubert, Wissenschaftliche Mitarbeiterin am Institut für Pädagogik der Universität Duisburg-Essen.

Heide Marie Syassen, Leiterin des Anerkannten Familienzentrums „Oberlohmannshof“ in Bielefeld, Gründungsmitglied von Dialog Reggio und Regionalsprecherin.

Dr. Martin R. Textor, Wissenschaftlicher Referent am Staatsinstitut für Frühpädagogik, München und Mitbegründer des Instituts für Pädagogik und Zukunftsforschung (www.ipzf.de) in Würzburg.